建築生産

ものづくりから見た建築のしくみ

ものづくり研究会 編著

彰国社

ものづくり研究会
蟹澤宏剛（芝浦工業大学）
木本健二
田村雅紀（工学院大学）
堤洋樹（前橋工科大学）

はじめに｜本書の概要と使い方

　本書は、大学で建築を学ぶ学生をおもな読者として想定して執筆したものですが、建築に興味のある多くの人に読んでいただけるように、建築をものづくりの観点から、建築全般の基礎を広く紹介した、建築学の入門書です。従来であれば、『建築生産教科書』としたところを、『建築生産　ものづくりから見た建築のしくみ』というタイトルにしたのは、そのような意味を込めているからです。また各章のタイトルも、従来のような縦割りの学問の専門領域というよりは、建築というものづくりの要素であることを意識しています。

　そもそも建築というのは、非常に幅広い問題領域を対象としています。デザイン、歴史、計画、材料、構造……などの専門分野に加え、哲学や心理学、社会学、政治、経済等々にまで広がりをもっています。ゆえに、専門分化しやすく、時には建築と関係のない方向に深掘りされるような傾向もありますが、本書では、あくまでも建築というものづくりを中心に据えて、それをさまざまな視点・観点から読み解こうという方針を貫いています。

　本書は、大学の授業で利用する場合には、1章が1回の授業に相当する内容で構成されています。大まかには、建築の企画からはじまり、設計、工事、管理、維持・保全という流れになっていますが、各章は独立で扱ってもよいように書かれていますので、順不同でも必要な箇所をピックアップして利用しても問題ありません。各章は場合によっては、それだけで専門科目の1単位となるような広い領域を扱っていますが、本書では、初学者に必要な重要項目に絞って記述しています。

　各章の最初のページには、20前後の重要なキーワードを抽出しています。このキーワードはその章を代表するものですので、本文中にはゴシック体の太字で表示されます。ただし、これらの言葉は、大きな広がりを有する場合があり、すべてを本文中で説明しきれているとは限りません。その場合は、インターネットのキーワード検索によって、さまざまな意味を調べてください。インターネットが全盛の時代ですから、キーワードさえつかんでいれば、さまざまなアプローチで知を深めることができると思います。こうすることで、同じヴォリュームのほかの書籍に比べ、より多くの内容を網羅するようにしました。各ページには、必要に応じて、註が付けてあります。これについても詳しくは、ネット検索するなどしてみてください。

　また本書では、図や表を充実するように心がけています。図表は直感的に事象を理解するのにも役立ちますが、実際には文章にするよりもずっと多くの情報が含まれています。図表をもとに講義で説明を受け、自宅で文章を読んで理解し、さらに、キーワードをインターネットなどで検索して知識を深める、といった方法で利用していただければと考えています。

　著者一同、従来にない新しい教科書、あるいは建築の入門書をつくろうという目標で本書をつくり込んできました。本書を通して、建築という世界に対する関心を高めていただければ幸いです。

2012年10月

著者一同

【目次】建築生産　ものづくりから見た建築のしくみ

はじめに　3

01章　建築というものづくり　7
　　―建築生産概論

02章　建て築く意味を考える　19
　　―建築という行為

03章　建て築きによる影響度　29
　　―建築のライフサイクルと環境

04章　事業の方向性を固める　41
　　―建築企画の進め方

05章　バーチャルとリアルの世界をつなぐもの　53
　　―構工法

06章　設計という問題解決の方法　65
　　―設計と工事監理

07章　材料選定から生産設計へ　79
　　―資源循環とものづくりの関係

08章　建築のつくり方（1）　95
　　―生産設計と施工計画

09章　建築のつくり方（2）　113
　　―木造住宅とＲＣ構造建築の工事の流れ

10章　建築プロジェクトをマネジメントする　131
　　―施工管理

11章　建物を大切に使う方法　143
　　―保全と再生の取り組み

12章　建物の有効利用の仕方　153
　　―運用と管理のポイント

13章　建物の解体と資源循環　163
　　―材料リサイクル論

参考文献　178

キーワード索引　181

◎装丁：早瀬芳文
◎装画：たけなみゆうこ

01章 建築というものづくり —建築生産概論

なぜ建築生産を学ぶ必要があるのか？ それを理解するためには、建築というものの特質、なかでも建築というものづくりの特質についてまず知っておく必要がある。これに対する解釈はさまざまだろうが、その幅の広さが建築という世界の面白さともいえる。

本章では、ものづくりとしての建築、つまり建築生産という視点を通して建築というものづくりの特質、しいては建築というものの幅の広さについて学ぶ。

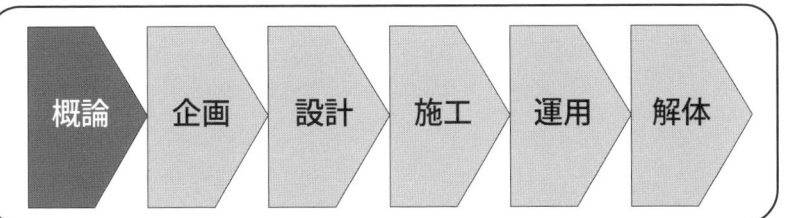

建築生産の流れ

【本書の構成】 【キーワード】

1. 建築生産を学ぶということ
   - 「いえ」のつくられ方　　　　―双務的作業　　　　　　結い、普請
   - 建築生産システムの特徴　　　―高度な生産システム　　クローズドシステム、ステークホルダー

2. 建築生産の特質
   - ものづくりとしての特質　　　―工場生産と異なるシステム　受注一品生産、人手に依存
   　　　　　　　　　　　　　　　―多様なステークホルダー　　専門職種の協同

3. 技能に依存した生産システム
   - 職人の経験と手作業に大きく依存
   　　　　　　　　　　　　　　　―ぶっつけ本番の工程　　熟練職人の技能、板図、竣工図

4. 建築におけるものづくりと技能
   - 技能とは何か　　　　　　　　―マイケル・ポランニー　　暗黙知
   - 職能としての技能　　　　　　―決して特殊な能力ではない　再現性、技能者

5. 下請けに依存した生産システムとマネジメント
   - 下請けの重層構造　　　　　　―ゼネコンという日本的なもの　下請、重層下請
   - 建築生産における契約の種別　―契約の構造　　委託契約、工事請負契約、一人親方
   - 請負という契約方式　　　　　―民法の契約類型のひとつ　請負契約、名義人

6. 建設産業と社会
   - 建設産業の社会的役割　　　　―社会的な経済基盤と生産基盤　インフラ、就労者数、住宅着工戸数
   - スクラップアンドビルドからの脱却
   　　　　　　　　　　　　　　　―量より質が求められる時代　ストック重視の時代

1．建築生産を学ぶということ

「すみか」をつくるというのは、動物の本能である。「ひと」も例外ではなく、「すみか」≒「いえ」をつくるというのは太古の昔からの人々の営みである。

「いえ」というものが、最小限の機能と規模であった時代は、家族や親族の生活活動の一部であった。それが、やや規模が大きくなると「**結い**」[1]などと呼ばれる（写真1）、近隣の共同体における双務的作業に移り変わる。家を建てることを普請というが、元来、**普請**とは、禅宗において修行者たちが共同で建物の建造にかかわる労役に従事することを指す言葉である[2]。

双務的作業とは、いわば労働の物々交換である。農作業や建築など、一人で行うことが無理ではないが、大勢でやったほうが効率的な作業において用いられる。

やがて、人々の営みが物々交換の範囲を超えた規模になると、貨幣あるいはそれを代替する基準（貴金属など）と、ものや労働を交換するようになり、分業化された経済行為となる。経済行為では、効率がよいほうが付加価値が高まるので、特定の作業や労働を専門で行う職能が確立し、建築にかかわる技術も大きく進展することになる。

建築の技術が進化すると、人々は単に生活することを超えた機能を建築に求めるようになる。それに伴って建物は大型化し、建築というものと建築するという行為は、広く社会性を有したものになる。

1）結いとは、小さな集落や共同体単位における共同作業の制度をいい、集落あるいは共同体の住民総出で助け合い、協力し合う相互扶助をいう。現代風にいうならボランティア。

2）普請とは、貨幣経済以前には近隣の協力を得て家屋を建てたことから、現在では公共事業により建設・修繕、維持することを指す。

写真1　白川郷の合掌造り民家における屋根の葺き替え作業。「結い」と呼ばれる作業で、屋根が葺き替えられていた

このような流れは、どのような世界・地域においても共通の現象である。ただし、地域ごとに手に入りやすい材料や道具が異なり、また住みやすさの概念も異なることから、地域ごとに特徴ある建築の様式が確立するのである。ゆえに、建築を生産するシステムというのは、きわめて地域的で**クローズドなシステム**であるが、視点を変えれば、高度に確立された生産システムであるともいえる。

　建築というものづくり、すなわち建築生産は、非常に広範な概念を含むものであり、学ぶべきことは無数にある。建築生産は、狭義には建築施工、すなわち現場でのものづくりを指す言葉であるが、その周辺には実に多様な営みが存在し、広く、それぞれに深い知識が求められるものである。また、影響範囲が広いということは、多様な**ステークホルダー**[3]がかかわるということであり、それぞれに価値観は異なるので、多様な評価軸が存在することになる。ゆえに、唯一無二の最適解というものは存在しない。そこが、建築というものづくりの難しいところであり、また面白いところでもある。本書は建築というものづくり、すなわち建築生産の視点から建築の基本を学ぶことを目的としたものである。

3）ステークホルダー（stakeholder）とは、利害関係者のことをいう。企業・行政・NPO等の利害と行動に直接的または間接的な利害関係を有する者を指す。利害関係者というと、金銭的な利害関係のある顧客や株主をイメージしがちだが、企業活動を行ううえでかかわるすべての人のことをいう。

2．建築生産の特質

　建築というものづくりには、工業製品や工芸品をつくるのとは異なる特質がある。第一に建築は、①注文を受けてからつくるもの、すなわち受注生産である。そして、つくられるものは、②一つ一つ異なる。これを、**受注一品（単品）生産**といい、メーカーが商品を企画し、工場で（大量に）生産して市場に供給する家電製品や自動車などとは、まったく異なるシステムである。分譲住宅のような見込み生産に類する供給形態もあるが、完全に同じものをつくることはまれで、供給の規模からいっても受注一品生産の範疇といってよい。

　また、建築というものづくりは、③**人手に依存する**生産方式である。プレハブ[4]であっても、部品が工場で生産されるだけであり、最終的には現場で「施工」しなければならない。ここで、「組み立て」より「施工」という言葉がなじむのは、単にプラモデルを組み立てるようにはいかず、納まりや取り合いを現場において擦り合わせる必要があるからである。

　こうしたものづくりは素人には難しく、④ある程度以上経験を積み、一定以上の能力を有する専門家にしかできない。なかでも優れた能力を有する人を職人という。

　しかし、どんなに優れた職人であっても、一人で建物すべてをつくれるわけではない。⑤多くの**専門職種の協同**が必要なのも建築の特質である。たとえば、超高層マンションなどの大規

4）プレハブとは、プレファブリケーション（prefabrication）の略で、「前もってつくる」という意味。建築では、工場で建物の大部分を部品に加工して、現場ではおもに組み立て作業を行うシステムを指す。

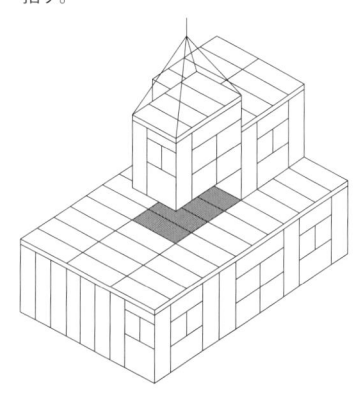

模な建物の現場では、一日に1000人を超える技能者が動員されることもある。また、木を扱うのは大工、漆喰やモルタルを塗るのは左官、足場や鉄骨を組み立てるのは鳶……というように分類していくと、少なくとも30〜60程度の職種がある。数値に幅があるのは、いくつもの分類指標があることと、新しい技術が生まれるごとに職種も増えるためである。表1に、建設業法に基づく建設業許可業種、日本標準産業分類の細分類による区分を示す。それぞれ類似の職種が横並びになるよう調整してあるが、完全にマッチングさせるのはなかなか難しい。

そして何より建築は、⑥現場でつくるものである。ゆえに、その地域の気候（暑さ寒さ、湿度、風、降雨量など）、立地（市街地か否か、道路が広いか、鉄道などの障害物が近くにあるか等々）、その他さまざまな条件に制約を受ける。これは工場生産とは異なる建築の宿命である。また、⑦対象物の規模が大きいことも重要である。だから、一人でつくることができない。

とかく建築は遅れた生産性の低い生産システムととらえられがちであるが、上述した特徴の多くは、セル生産方式[5]、一人屋台方式[6]など、製造業における最新の生産システムと共通するものであり、なかでも在庫をもたないジャスト・イン・タイム方式[7]は、建築生産では古くから当たり前のシステムである。

表2はそうした建築生産の特質をまとめたものである。その中の「⑧試作の工程がない」は次項で述べる。

表2　建築生産（ものづくり）の特質

```
①受注生産
②一品（単）生産
③人手に依存する生産方式（労働集約型の生産）
④一定以上の能力が必要（職人に依存）
⑤一人ではできない（芸術や工芸との差異）
⑥現場生産
⑦規模が大きい
⑧試作の工程がない
```

3．技能に依存した生産システム

建築生産システムは、製造業などでいうなら試作の生産システムに類似している。世界から大きな評価を受けているわが国の自動車や電気製品の生産システムは、技能、特に職人技といわれる属人的な個性を排除することで発展してきた。トヨタ自動車のカンバン方式[8]などはその代表例であり、今や国際語として通用するまでになっている。

しかし、自動車が製品として大量生産されるまでの間の、長い工程の多くは職人に依存しており、特に試作の段階では、そのほとんどが職人の手作業で行われている。製造業では工場で

5）セル生産方式とは、工場における生産方式のひとつ。大規模なベルトコンベアのラインを用いず、少人数の作業者のチームがひとつの製品の完成まですべての工程を担う方式。分担された流れ作業ではなく、また単純作業の繰り返しではなく、一人の作業者が複数の作業（工程）を受けもつのが特徴。

6）一人屋台方式とは、セル生産方式のうち、作業者一人で製品を完成させる方法をいう。

7）ジャスト・イン・タイム（Just In Time：JIT）方式は、余計な在庫やつくりかけの半製品を極力なくし、「必要なものを、必要なときに、必要な量だけ」生産する方式をいう。カンバン方式ともいう。

8）カンバン方式とは、トヨタ自動車の生産方式において、ジャスト・イン・タイム（JIT）を実現するために、カンバン（部品納入時間や数量を書いた作業指示票）と呼ばれる情報伝達ツールを使って、工程間の仕掛け在庫を最少に抑えることを目的に考案されたもので、必要なものを必要なときに生産する方式である。

表1　建設業許可業種と日本標準産業分類の対応

建設業許可業種 （国土交通省）	内容	日本標準産業分類（細分類） （総務省）
01 土木工事業	総合的な企画、指導、調整のもとに橋梁やダム等の土木工作物を建設する工事。契約から完成引渡しまで必要な工種すべてを含む	0611 一般土木建築工事業 0621 土木工事業
14 しゅんせつ工事業	河川、港湾等の水底をしゅんせつ（水底の土砂や岩石をさらうこと）する工事	0623 しゅんせつ工事業
23 造園工事業	整地、樹木の植栽、景石の据付け等により庭園、公園、緑地等の苑地を築造する工事	0622 造園工事業
13 舗装工事業	道路等の地盤面をアスファルト、コンクリート、砂、砂利、砕石等により舗装する工事	0631 舗装工事業
02 建築工事業	総合的な企画、指導、調整のもとに建築物を建設する工事	0641 建築工事業
03 大工工事業	木材の加工または取り付けにより工作物を築造し、または工作物に木製設備を取り付ける工事	0651 木造建築工事業 0711 大工工事業 0712 型枠大工工事業
05 とび・土工工事業	①足場の組み立て、機械器具、建設資材等の運搬配置、鉄骨等の組み立て、工作物の解体等を行う工事　②杭打ち、杭抜きおよび場所打ち杭を行う工事　③土砂等の掘削、盛り上げ、締固め等を行う工事　④コンクリートにより工作物を築造する工事　⑤その他、基礎的・準備的工事	0721 とび工事業 0722 土木・コンクリート工事業 0723 特殊コンクリート工事業 0796 はつり・解体工事業
11 鋼構造物工事業	形鋼、鋼板等の鋼材の加工または組み立てにより工作物を築造する工事	0731 鉄骨工事業
12 鉄筋工事業	棒鋼等の鋼材を加工し、接合し、または組み立てる工事	0732 鉄筋工事業
06 石工事業	石材の加工または積み方により工作物を築造し、または工作物に石材を取り付ける工事	0741 石工工事業
10 タイル・れんが・ブロック工事業	れんが、コンクリートブロック等により工作物を築造し、または工作物にれんが、コンクリートブロック、タイル等を取り付け、または貼り付ける工事	0742 れんが工事業 0743 タイル工事業 0744 コンクリートブロック工事業
07 屋根工事業	瓦、スレート、金属薄板等により屋根を葺く工事	0761 金属製屋根工事業 0794 屋根工事業（金属製屋根工事業を除く）
15 板金工事業	金属薄板等を加工して工作物に取り付け、または工作物に金属製の付属物を取り付ける工事	0762 板金工事業 0763 建築金物工事業
19 内装仕上工事業	木材、石膏ボード、吸音版、壁紙、畳、ビニール床タイル、カーペット、ふすま等を用いて建築物の内装仕上げを行う工事	0781 床工事業 0782 内装工事業
25 建具工事業	工作物に木製または金属製の建具等を取り付ける工事	0793 木製建具工事業 0792 金属製建具工事業
16 ガラス工事業	工作物にガラスを加工して工作物に取り付ける工事	0791 ガラス工事業
18 防水工事業	アスファルト、モルタル、シーリング材等によって防水を行う工事	0795 防水工事業
04 左官工事業	工作物に壁土、モルタル、漆くい、プラスター、繊維等をコテ塗り、吹き付け、または貼り付ける工事	0751 左官工事業
17 塗装工事業	塗料、塗材等を工作物に吹き付け、または貼り付ける工事	0771 塗装工事業（道路標識・区画線工事業を除く） 0772 道路標示・区画線工事業
08 電気工事業	発電設備、変電設備、送配電設備、構内電気設備等を設置する工事	0811 一般電気工事業 0812 電気配線工事業
22 電気通信工事業	有線電気通信設備、無線電気通信設備、放送機械設備、データ通信設備等の電気通信設備を設置する工事	0821 電気通信工事業 0822 有線テレビジョン放送設備設置工事業 0823 信号装置工事業
09 管工事業	冷暖房、空気調和、給排水、衛生等のための設備を設置し、または金属製等の管を使用して水、油、ガス、水蒸気等を送配するための設備を設置する工事	0831 管一般工事業 0832 冷暖房設備工事業
26 水道施設工事業	上水道、工業用水道等のための取水、浄水、配水等の施設を築造する工事または公共下水道もしくは流域下水道の処理設備を設置する工事	0833 給排水・衛生設備工事業
20 機械器具設置工事業	機械器具の組み立て等により工作物を建設し、または工作物に機械器具を取り付ける工事	0841 機械器具設置工事業 0842 昇降設備工事業
21 熱絶縁工事業	工作物または工作物の設備を熱絶縁する工事	0892 熱絶縁工事業
24 さく井工事業	さく井機械等を用いてさく孔、さく井を行う工事、またはこれらの工事に伴う揚水設備設置等を行う工事	0894 さく井工事業
28 清掃施設工事業	し尿処理施設またはごみ処理施設を設置する工事	――――
――――		0661 建築リフォーム工事業 0891 築炉工事業 0893 道路標識設置工事業

生産に従事する人が職人と呼ばれることはないが、試作や大量生産のための金型[9]やマザーマシーン[10]をつくる工程を担う人は職人であり、敬意を込めて「マイスター」などと呼ばれることもある。

　試作工程は、最近でこそすべてをコンピュータの中のバーチャルな世界で完結させることが可能になってきたが、まだまだ試行的段階にある。

　当然のことながら、1円のコストとわずかな時間が大きく利益を左右する企業体が、あえて不合理な選択をすることはない。ではなぜ、千分の数ミリという加工精度のハイテク機械やスーパーコンピュータを擁する産業で人が手作業する必要があるのか。

　試作の行程は不確定要素が多く、試行錯誤の連続である。そこでつくられるものは、基本的にはひとつ、多くても数個である。そのために、いちいちコンピュータプログラムを組み、機械を調整するよりは、人間がつくったほうがはるかに合理的であり、臨機応変な微調整も可能である。プレスや絞り加工に用いられる金型、鋳物の木型はより厳しい精度が要求されるが、**熟練職人の技能**は精密機械以上である。

　これらの製造プロセスには、マニュアルはもちろん、詳細な設計図などはなく、通常、許容誤差などの数値が示され、ポンチ絵などと呼ばれる手描きのスケッチで検討されるだけである。建築でいえば、「**板図**」[11]がこれに相当する（図1）。板図は、柱の位置と横架材が記された伏図の一種であるが、大工独自の工夫で順番やプロセス（工程）も記述されることがある。いわば、総合図といえるものである。逆に、詳細な寸法や納まりな

9）金型とは、工業製品の部品などをプレス加工のような塑性加工や射出成型などにより製造するための型のこと。製造業における金型は、品質や性能、生産性を左右する重要なものであり、容易に交換できない資産として扱われている。

10）マザーマシーンとは、「機械をつくる機械」のこと。製造工程における工作機械は、製品を生み出すという点においてマザーマシーンと呼ばれる。ものづくりの原点ともいえる。

11）板図は大工の図面で、建物の平面の中に土台や梁、小屋の組み方をまとめ、墨付けや加工に必要な情報を記した図面のこと。材料の大きさ、長さ、高さ、仕口、継手の位置なども書かれている。現場の大工は、これ一枚で墨付けしたり刻んだりして家を建てる。

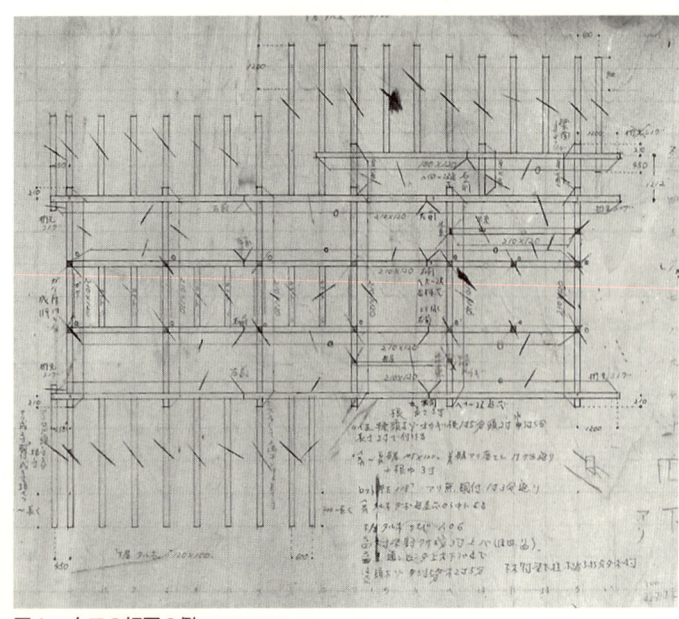

図1　大工の板図の例

どは必要がなく、職人は、経験に基づいて、その情報を補足する。だから、詳細な設計図は、結果に基づいて後付けされるといったほうが正確であろう。これを**竣工図**[12]という。現在では、このような方法は一般的ではないが、竣工図の考え方については共通するものがある。

また建築には、試作の工程がないのが一般的であり、大げさにいうならば、ぶっつけ本番である。これも建築の特質であり、ゆえに、ある程度以上の経験を積んだ職人が必要になる。試作を、経験とそれに裏打ちされた知識で代替する必要があるからである。

12) 竣工図は構造物が完成した後、将来の補修や改修などのために完成状態を表しておく図のことで、実際の工事に必要とされる施工図とは大きく異なる。

4. 建築におけるものづくりと技能

そもそも技能とは何なのであろうか。さまざまなとらえ方があると思われるが、「**暗黙知**」という言葉で有名なマイケル・ポランニー[13]による説明によれば、「技能とは、詳細に明示することができない個々の筋肉の諸活動を、我々が定義することもできない関係にしたがって結合するもの」であり、「技能をおこなう能力は、知的に知ると同時に実践的に知ることの両方である。知識のこの2つの側面は、たがいに類似した構造をもち、また、一方がなければ他方は存在することができない」ものである。

ただし、ポランニーがいうところの技能は、決して特殊な能力を対象とする概念ではなく、歯を上手に磨く、自転車に乗るといった日常行動やゴルフ、スキーといったスポーツと同じ範疇のものである。要は、説明しようと思うと難しいが、なれてしまえば誰でも無意識にできてしまう行為を司る人間の能力を暗黙知と表現しているのである。

大切なのは、技能とは決して特殊なものではないということである。よく「数ミクロンを感じ取る神の指先」などと熟練の技能者が特殊であるかのように紹介されることがあるが、それは勘違い、あるいは先入観でしかない。たとえば、人によって髪の毛の太さが違うことは、さわってみれば誰でも感じ取ることができると思うが、この差が数ミクロンなのである。要は、技能はわからないものという先入観が、技能を理解しようという動機を阻害しているだけなのである。

また、職能としての技能は、決して「手づくりの味」などというものではなく、正確無比の**再現性**に価値がある。"味"というのは、悪くいえば"ブレ"である。よってプロには、味などというごまかしがあってはいけない。そうした意味では、プロスポーツ選手に必要な能力に通じるところがある。プロの技の凄さは、その時々の気候やさまざまな条件を敏感に感じ取り、それを緻密に計算して極力"ブレ"を排除できるところにある。

13) マイケル・ポランニー（Michael Polanyi, 1891-1976）は、ハンガリーの物理化学者・社会科学者・科学哲学者。ポランニーによれば、暗黙知（tacit knowledge）とは、人は「言葉にできるより多くのことを知ることができる」という概念のこと。要は言葉に表現できる知識とできない知識があり、言葉に表現できない知識のことをいう。なお、言葉に表現できる知識のことは「形式知」と呼ばれる。

表3　技能とは何か

①決して特殊な能力を対象とする概念ではない。
②（ある程度以上の）繰り返しにより体化されるものであるが、運動神経などとは異なる（決して自律的ではない）
③最終的には、無意識化される（必ずしも、すべてが暗黙知ではない）

　建設産業は機械化が遅れているなどといわれることが多いが、そうした能力を有する**技能者**がいる限り、機械化の必要がなかったのである。
　「技能とは何か？」。そのことをまとめたのが表3であり、表中の言葉に集約される。

5．下請に依存した生産システムとマネジメント

　このように技能と職人が重要な役割を果たす生産システムであるが、大手の総合建設業（ゼネコン）[14]やハウスメーカーなどには、技能者はほとんど雇用されておらず、その大半を**下請**から調達している。同様に、一式で建設工事を請け負う機会の多い業態であっても、いわゆる地場ゼネコンや工務店などには、技能者が存在する場合もある。ただし、それは職長などの位置づけのものが主流であり、技能者すべてではない。
　図2は、一般的な建築プロジェクトの遂行にかかわる組織の概略を示したものである。上述のように、建築プロジェクトは、受注一品生産であるので、このような組織はプロジェクトごとに設置し、プロジェクトが終われば解散するものである。図には、2次下請までの組織構成を示したが、大規模な工事では3次下請、4次下請、場合によっては5次以上の下請が存在することがある。
　このように、何層にもわたって下請が繰り返されることを、**重層下請**[15]という。なぜ重層化が進むのかは、さまざまな理

14）ゼネコンとは、ゼネラルコントラクター（General Contractor）の略。総合請負業を指す。日本のゼネコンは、工事を請け負うだけでなく、社内（インハウス）に設計部門をもち、また大手は社内に技術研究所などの技術開発（Research & Development、R&D）部門を有するといった特徴がある。

15）重層下請とは、注文者から請け負った仕事の全部または一部を請負人に依頼し、その請負人がその仕事の全部または一部をさらに下請けさせる形態をいう。建設業や造船業、鋼鉄業では一般的な形態である。こうした重層下請構造の作業現場については、労働災害防止の観点から、多くの問題が指摘されている。

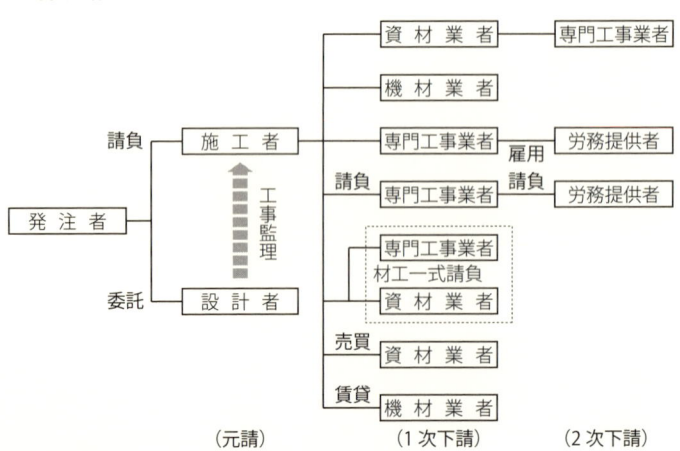

図2　建築プロジェクト遂行に関わる組織の概要

由があるが、簡単にいえば、需要は常に変動するので、いかなる場合も余剰の人員や資機材が生じないようにするためには、自らが技能者を直接雇用するのをやめ、必要に応じて外注すればよいという考えをみんながもつからである。

（1）建築生産における契約の種別

さて、こうした構造を契約という面からみてみると、建物をつくろうとする人（発注者）は設計者と、設計および工事監理に関する**委託契約**[16]を結び、施工者とは**工事請負契約**[17]を結ぶことになる[18]。施工者は、自らが直接施工できる項目以外は、専門工事業者と請負契約を締結して下請に出したり、資材を購入（売買契約）したり、賃貸契約（リース契約）により機材を借りたりして、必要な資源をその都度調達する。

現場で働く人、すなわち労務提供者は、雇用契約により会社などの組織に雇用されていると考えるのが一般であるが、建設産業ではそうではないことが多い。複雑な話であるので、重層下請と同様に詳述は避けるが、個人でありながら請負契約により仕事を行う人がいて、それを「**一人親方**」[19]ということだけは知っておいてほしい。「一人親方」は、日本だけでなく、各国でみられる建設産業の宿命のような存在である。

（2）請負という契約方式

さて、設計および工事監理については06章で詳しく述べるので、以下に請負という契約について解説する。請負とは、民法で規定された契約類型のひとつで、簡単にいえば、当事者の一方（請負人）が相手方（注文主）に対して仕事の完成を約束し、注文主は仕事の完成に対して報酬の支払いを約束することで成立する契約である。また、わが国における建設工事の**請負契約**は、公共工事、民間工事を問わず、総価契約によってなされるのが一般的である。すなわち、最初に総額を取り決めて、基本的には、増減なく建物を完成させることを約束する非常にシンプルな契約である。

しかし、現場一品生産という生産方式では、設計に不確定要素が大きくなりがちであるため設計変更のリスクがあり、また、不特定多数であるがゆえにプロジェクトごとに下請を選択して組織を編成する必要があるので、技能や技術のレベルが低ければ工事のやり直しや遅れが生じるリスクがある。

こうしたリスクを回避するための典型的な方法が、下請の選別と固定化である。信頼できるメンバーが固定化されていれば、技能や技術が未知というリスクを最小化でき、中長期的には育成することも可能になる。製造業でいうならば「系列」という仕組みが相当するが、建設業では、こうした関係を「**名義人**」などと呼ぶ。名義人とは、元来、下請（専門工事業＝サブコン[20]）の経営者を指し、特定元請の部分工程分担者としての特権を与えられた存在である。現代では、専門工事業自体を指

16）委託契約は、特定の業務の処理に関する契約で、取り扱いや実行などを代行してもらうことをいう。

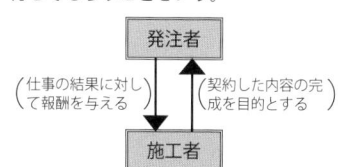

17）工事請負契約は、施工業者に工事を請け負ってもらう契約で、契約に際しては契約当事者間で、署名捺印、工事名称や場所、工期、請負代金などを記した「工事請負契約書」のほか、トラブル時の処理方法などを取り決めた「契約約款」、請け負う工事内容や費用の詳細を示す「設計図書」や「工事費見積書」が取り交わされる。

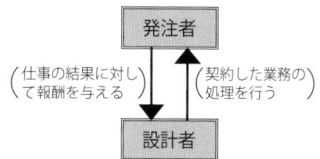

18）工事監理については06章を参照のこと。

19）一人親方とは、特定の会社などに属さず、自らが経営者であると同時に労働者という立場で、雇用契約ではなく請負契約で仕事を行っている人。制度上は、労働者ではなく経営者とみなされるので、労災保険が適用されないなどの問題がある。

20）専門工事業は、ひとつまたは数種の専門技術を有し、その技術に必要な専門作業員を雇用する建設業のことで、サブコンともいう。

し、元請の「協力会」に属することで身分が明らかになる[21]。

しかしながら下請システムは、一般的には元請に有利な片務契約[22]である。これが成立してきたのは長期的取引によるメリットが下請側にも存在したからである。経済成長を背景とした一定数量以上の工事量の確保を前提とすれば、元請側は**名義人**に労働力の安定的調達や現場の管理、信頼のおける施工を依存し、**名義人**は元請に、安定的な仕事の受注、資金の調達や生産手段を依存でき、また看板（社会的信頼）を得ることもできた。

とはいえ、こうしたしくみがうまく機能したのはバブル崩壊までで、安定的に大きな成長が見込めなくなった21世紀になってからは、よい方策を探しあぐねているという状態が続いている。少々難しい問題であるが、建築というものづくりの大きな問題であることを覚えておいてほしい。

6．建設産業と社会

建設産業は、社会的経済基盤と社会的生産基盤、すなわち**インフラ**[23]を築く役割を担うものであり、かつオープンな市場から、プロジェクトごとに資源を調達することで成立する産業なので、社会情勢の影響を受けやすい。簡単にいえば、景気がよく経済活動が活発であれば需要が増え、そうでなければ需要は減るというサイクルを繰り返す。

そのことが、統計上の数値にもよく表れている。図3は、毎年新設される住宅の着工戸数および建設産業に従事する人の数と建設投資の推移を表したものである。

中長期的に社会情勢の変化を反映しているのは、建設投資（左軸 単位：兆円）と就労者数（右軸 単位：万人）のデータである。建設投資とは、国内のすべての建設活動の実績を出来高ベースで集計した統計状の数値であるが、バブル崩壊直後の1992年までは一貫して増えつづけ、長らく国内総生産（GDP）の15～20％という大きな金額であった。

しかし、その後は一転して減少傾向が続いており、まだ平衡点はみえていない。

就労者数は長らく全産業の1割を占めてきたが、1997年をピークに減少し、2010年には8％余りになっている。建設投資に比べてピークが遅れるのは、建設産業は雇用の受け皿とされ、不景気になると他産業から人材が流入するというサイクルをたどってきたからである。このことは、長らく日本の社会の仕組みともいえ、国や地方行政が推進する政策でもあったが、もはやその機能はなくなったと考えてよかろう。

新設住宅着工戸数（左軸 単位：万戸）は、短期的に経済の動向を反映するデータである。図を読み取れば、オイルショック、バブル経済の崩壊、消費税の税率引き上げ、改正建築基準

21) 協力会は、安全衛生協力会の略。建築現場における安全と衛生を推進し、事故を未然に防ぐために活動する組織。

22) 片務契約は、契約の当事者の片方だけが債務を負担する契約をいう。贈与、消費賃貸や使用賃貸などがこれに該当する。ちなみに双務契約は、契約の当事者が互いに対価的な債務を負担する契約をいう。売買、交換、賃貸借、雇用、請負などがこれに該当する。

23) インフラはインフラストラクチャー（infrastructure）を略したもので、福祉の向上と国民経済の発展に必要な公共施設をいう。もともと「下部構造」という意味であるが、転じて、産業や生活の基盤として整備される施設を指すようになった。狭義には、道路、鉄道、上下水道、送電網、ダム、通信施設など産業の基盤となる施設を指すが、広義には、学校や病院、公園、福祉施設など生活の基盤となる施設を指す。

法の施行という大きな出来事の直後に大きく着工戸数が落ち込んでいることがわかる。このため新設**住宅着工戸数**は、景気動向指数[24]の「先行指数」[25]のひとつに選ばれている。先行指標とは、景気を先取りして変動するとされる指標である。

住宅着工戸数は、2009年に40数年ぶりに100万戸を割り込んだ。その要因は、建築基準法の改正（2007年）による建築確認手続きの厳格化や、いわゆるリーマン・ショック（2008年）による世界的な経済の停滞などにあるとされるが、図4に示すように、すでに日本は総世帯数を住宅ストック数が上回る

24）景気動向指数とは、政府機関によって、その国の経済動向を示す各種の統計資料を合成することによって経済全体としての景気の動きを把握するように作成される指数。

25）景気動向指数のうち、実際の景気の浮沈に先んじて上下動するものを先行指数といい、景気の先行きを予想する目安となる。指数には、景気動向に先行する先行指数、景気動向と同時に動く一致指数、景気動向に遅れて動く遅行指数の3つがある。

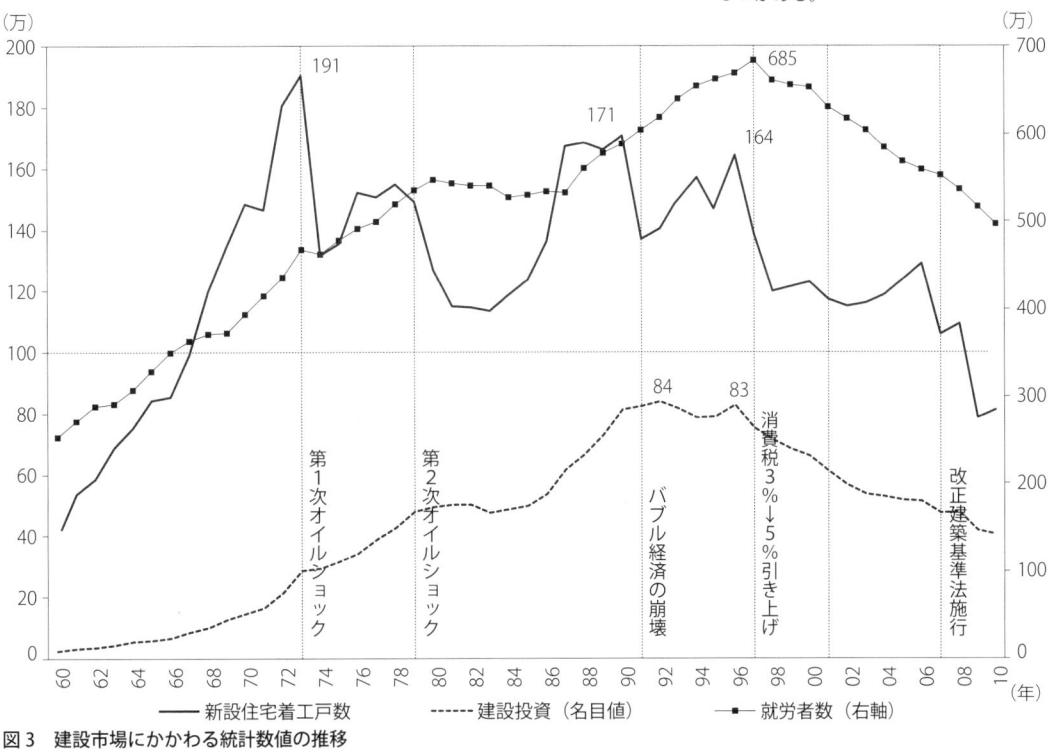

図3　建設市場にかかわる統計数値の推移

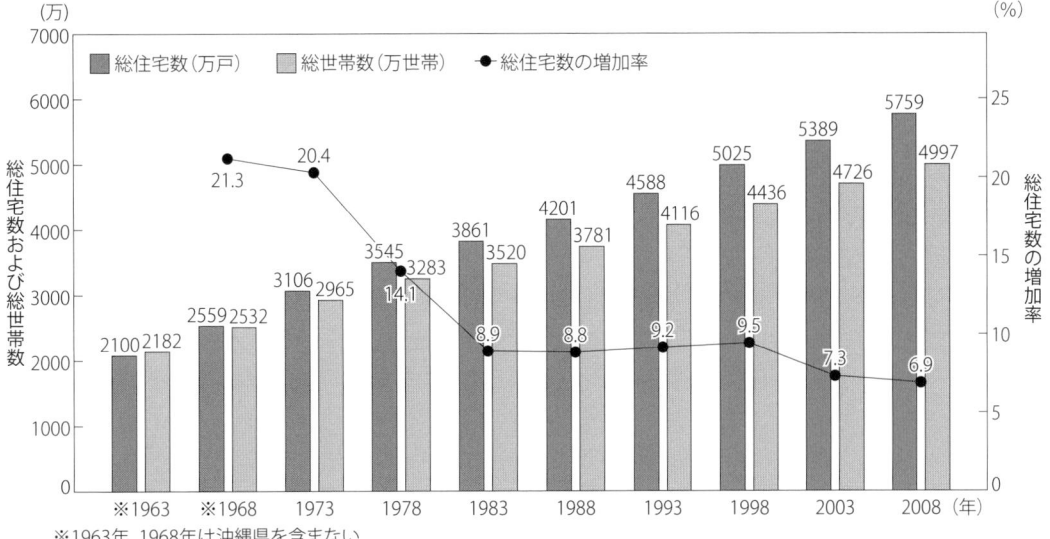

※1963年、1968年は沖縄県を含まない

図4　住宅ストックと世帯数の関係（総務省：平成20年住宅・土地統計調査）

状況にあり、数の上では住宅は充足している。逆に、一国で新設される住宅が100万戸ということのほうが、世界的にみれば特異であり、100万戸以上の住宅を40年以上にもわたってつくりつづけたということは、世界史上、まったく類例のない出来事である。

　これからは、つくっては壊すスクラップ・アンド・ビルドの時代から、**ストック重視の時代**[26]といわれている。同時に、量より質が求められる時代である。上述のように建設産業は、社会とのかかわりが強く、そこでつくられる建築も同様である。単に、ほかと異なること、個性的であることを追求しても、社会に受け入れられるとは限らない。

　建築にかかわる者として、どのような方向をめざせばよいのか。そのためには今、何を学べばよいのか。建築生産を学ぶということは、建築をとらえる広い視座を養うことでもある。

26）ストック重視の時代では、大量生産や大量消費に代わって、適正生産や適正消費を目標とし、ものを使い捨てるのではなく、繰り返し使い、長寿命化することが必要になる。住宅、自動車、家電などに関しても、これ以上の総量を増やさないで、修理、更新、メンテナンスに重点を置き替えていくことをいう。

02章 建て築く意味を考える —建築という行為

　私たちは日常の生活の中で、「建築＝建て築く」という言葉の意味を考えてみたことは、どれほどあるだろうか。このことは建築を学ぶものにとって、根本の動機にふれる問いかけであるかもしれない。また、生活の器として当たり前の存在となっている建築を見つめ直す機会にもなるのかもしれない。本章では、人が建築にかかわる動機について考え、最終的に建築に文化的価値を見い出すまでの意味について学ぶ。

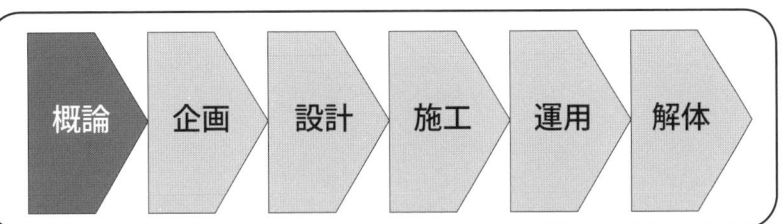

【本章の構成】　　　　　　　　　　　　　　　　　　　　【キーワード】

1. 建て築くことの意味
   - 建築という端緒　　　　　　－建築の広がり　　　　　　もの、こと、使い手、つくり手
   - 個人のニーズ　　　　　　　－人の本質的な欲求
   - 社会のニーズ　　　　　　　－社会集団の本質的な欲求　社会的責任投資
   　　　　　　　　　　　　　　　　　　　　　　　　　　　企業の社会的責任
   　　　　　　　　　　　　　　　　　　　　　　　　　　　ロハス

2. 建て築くための原則
   - 世界のルール　　　　　　　－世界共通の基本的原則　　国際連合で採択された宣言文
   - 国内のルール　　　　　　　－法律にみる人間の権利　　基礎法、通常法
   - 原則からの飛躍　　　　　　－担い手の動機と条件の整理　柔軟かつ普遍的なシステム

3. 建て築く社会と文化
   - 社会・経済・環境のバランス　－持続可能性の3側面　　　持続可能性（サステナビリティ）
   - 建築による文化形成　　　　－文化の蓄積　　　　　　　物心両面の成果
   - 教育による文化の強化　　　－人間形成の4つの力　　　文化と教育
   　　　　　　　　　　　　　　　　　　　　　　　　　　　個人の生得的素質
   　　　　　　　　　　　　　　　　　　　　　　　　　　　自然的環境
   　　　　　　　　　　　　　　　　　　　　　　　　　　　社会的環境

1．建て築くことの意味

（1）建築という端緒

「建築[1]」とは、どのような広がりをもつ概念だろうか。英語による表記は、building、construction、architecture などと表され、「**もの**」と「**こと**」にかかわる活動の全体やその一部を指すものと解釈できよう。実際、「建てる（construct、build、develop ほか）」という言葉には、住宅やビルなど、一定の空間的な大きさを有する生産物に対して用いられる印象があるが、「築く（achieve、establish、create ほか）」という言葉には、長きにわたる取り組みの成果や足取りなどについても用いられる印象がある（図1）。

[1] 建築とは、Architecture の訳語であるが、明治初期には「造家」という訳語が当てられていた。その後、伊東忠太による1894（明治27）年の論文で、工学ではなく総合芸術としての属性を表す語として「建築」という訳語がふさわしいとされ、その伊東の提案により、造家学会は建築学会（現・日本建築学会）と改称され、東京帝国大学工科大学造家学科は建築学科と改称され、「建築」という言葉が今に至っている。

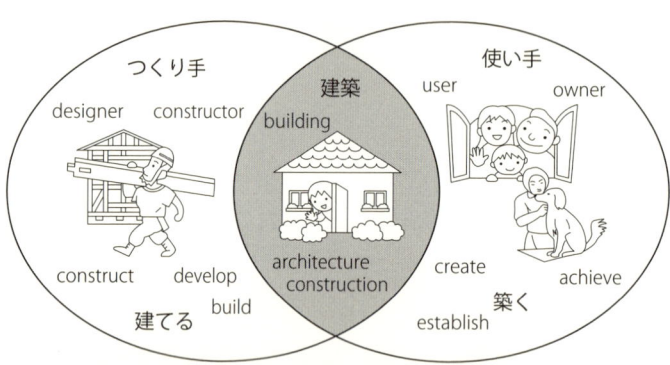

図1 担い手により「建てる」と「築く」で成立する「建築」

上記をふまえると、「建築」は、最終的な「もの」としての成果である「建物」に加え、設計から施工、さらには解体・再資源化など、建物のライフサイクル全体にわたり取り組まれた「建築行為」をはじめとする、建物が使用者に引き継がれ、使用者による建物を介した日常の営みなども含めた、総体的な概念としてとらえることができる。

その意味で、人間の基本的な生活単位といえる「住まい」とは、人の営みが築かれる場であり、ここでいう「建築」にもっともふさわしい建物となる。人は「住まい」を拠り所として生活を築き、やがて社会に巣立っていく。「住まい」を形づくる行為とは、そうした人間の生命の誕生から成長するための舞台を築くことになるのである。

このような考え方は、建築の「**使い手**」のみならず、「**つくり手**」にも等しく理解されるといえよう。国内外を問わず、地域に特有の環境や社会・経済のしくみのもとで、建築の「つくり手」と「使い手」は必ず存在し、それぞれの住まいに対する価値観を等しく認識しているといえよう。その意味で、「住まい」にかかわる「つくり手」と「使い手」の欲求や動機を理解することは重要であり、その条件に深くかかわる地域性をふまえた環境の状態や社会・経済のしくみへの理解も同様である。

(2) 個人のニーズ

　建築の価値を見定めるのは「人」である。したがって、人の本質的な欲求のしくみについて理解することは、建築の価値をとらえていくうえで必要である。

　人間性心理学の研究者であるアブラハム・マズロー[2]は、表1に示すように、人間の欲求というものは、「生きる」という生理的欲求を根本に、下位概念から上位概念に向けて、安全の欲求、所属の欲求、承認の欲求、自己実現の欲求による5段階の欲求階層で構成されることを示した。

　さらに、自己超越欲求という概念が、マズローから後の時代に示された。これは、地球の普遍原理や、自己の状態を超える世界観の獲得をめざすなど、人間に潜在的に備わる欲求とされている。

　これらを前提に、建築に対する個人のニーズの構成を分析すると、人が安全で健康的な生活を営むうえで、生理欲求や安全欲求などは必須の条件であり、快適で豊かな生活を営むうえで、所属欲求や承認欲求、さらにその上位の欲求の存在も重要な役割を担う。また、近年重視されている地球環境への配慮意識などは、地球を構成する土や水や空気、さらにはそこで誕生する生き物の価値や普遍的な原理を認めるといった表1に示した自己超越欲求が深くかかわるといえる。

　このように、個人のニーズを考えることは、建築への具体的な要求条件を整理するうえでも重要な役割を担うといえよう。

[2] アブラハム・マズロー（Abraham Maslow, 1908-70）は、アメリカの心理学者で、人間性心理学の生みの親。1900年代半ばに、心理学の第3勢力として、心の健康についての心理学をめざすもの、人間の自己実現を研究するものとして人間性心理学を開拓した。人格論、いわゆる自己実現理論（欲求段階説）を提唱したことで有名。

表1　人間の欲求と自己超越欲求による構成

分類		内容	事例
形而下的欲求	自己実現欲求	自分の能力により自己成長を図りたいとする欲求	豊かな経済生活の獲得、余暇の拡大、仕事・趣味の没頭ほか
	承認欲求	自己がほかの人から認められたいとする欲求	家族・組織で役割を得る、有名になる、高い知名度を得る、高い職層につくほか
	所属欲求	ほかの人とかかわり合いをもちたいとする欲求	家族がいる、友人がいる、働く場所がある、ご近所がいる、故郷があるほか
	安全欲求	生きる欲求を補完する安全を得たいとする欲求	地震・火災・防災時などで生命が守られる、防犯性が高い家に住むほか
	生理欲求	生きたいとする本能的な欲求	食が得たい、寒さをしのぎたい、住む場所がほしいほか
形而上的欲求	自己超越欲求	地球の普遍原理、人間性本質の回復を図る欲求	自然資本（水、空気、自然）の価値を見定め大切に扱う、自然原理に根づく生き方をするほか

（3）社会のニーズ

　続いて、建築の価値は、個人の集まりである「集団」により見定められる場合も多い。したがって、集団の総体を表す社会の欲求について考えてみる。

　集団のひとつである「企業」を例にあげれば、企業は『広辞苑』（岩波書店）によると、「生産・営利の目的で、生産要素を総合し、継続的に事業を経営すること、またその経営の主体」と説明される。つまり、企業の生理的欲求に対応する根元的な欲求は、「経済的に成立する事業活動を実施し、継続的に利益を出し続けること」にほかならず、その状況が実現できなければ、企業の生理的欲求は満足されなくなるであろう。

　一方、NPO[3]に関していえば、経済的な利益のみを追求するのではなく、環境や社会にかかわる問題の解決に貢献するような活動を展開している。つまり、これらの集団は、広く消費者に対して、承認欲求や、さらには自己超越欲求を満たすような働きかけがなされているものとして解釈できる。

　このように、集団や組織が主体となる社会のニーズを個人の場合と同様に整理することは可能であり、特に「営利性があるかないか」と「公益性があるかないか」というような尺度に基づけば、さまざまな階層の欲求を持ち合わせる集団として整理することができよう。

　なお近年は、環境への配慮を重視した社会経済活動が普及していることもあり、企業活動を支える世の中の投資家は、**社会的責任投資**（SRI）[4]の考え方に基づき、広く社会に貢献し得る企業に対して積極的に投資を行うような動向もある。企業自身も、**企業の社会的責任**（CSR）[5]の考え方に基づき、社会貢献し資するような、さまざまな問題の解決を図ろうとする事業

3）NPO は Nonprofit Organization の略で、広くは非営利団体や、非営利での社会貢献活動や慈善活動を行う市民団体を指す。法的には、特定非営利活動促進法により法人格を得た団体（特定非営利活動法人）を指す。

4）SRI は Socially Responsible Investment の略で、企業の社会的責任の状況を考慮して行われる投資であり、社会全体に健全なお金の流れがつくられることで持続可能な社会の構築に貢献するとされている。

5）CSR は Corporate Social Responsibility の略で、企業は利益追求だけでなく、企業活動が社会へ与える影響に責任をもち、利害関係者（ステークホルダー）と社会全体からの要求に対して適切な意思決定を行うことをいう。

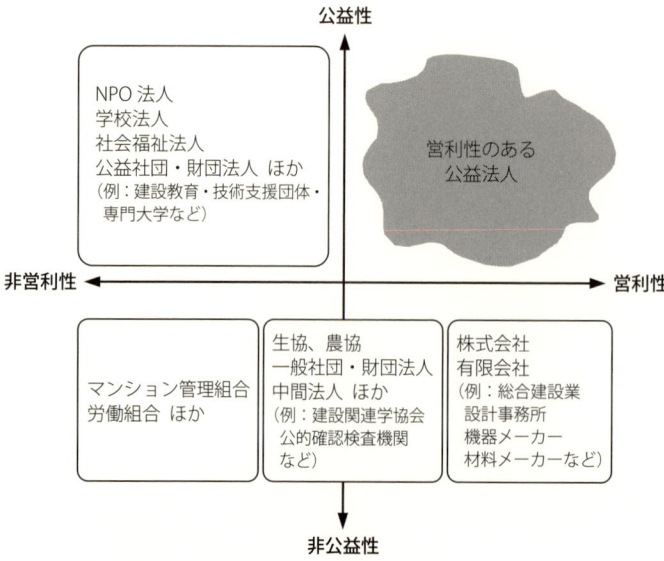

図2　個人から社会集団の本質的欲求に関する構成秩序

展開がめだってきた。これらの動向は、環境を重視する消費者の信頼を得ることができ、最終的には消費者全体の承認欲求を得ることにつながるといえる。

さらには、個人や社会の集団を問わず、社会的な地位や外からの評価よりも内面的な成長を、物質的な満足度よりも精神的な満足を、結果よりもプロセスの重要度や地球環境問題の改善ならびにコミュニティの再建などを重視するなど、社会的・環境的な配慮に重きをおいた**ロハス（LOHAS）**[6]の行動規範も現れており、今後の教育的な取り組みにも影響を与えそうである。

以上を整理すると、図2に示すように、「営利性」と「公益性」を軸にした、個人から社会集団の本質的欲求に関する構成秩序をもとに、社会全体のニーズを考えることもできる。

[6] LOHAS は Lifestyles of health and sustainability の略で、健康や環境などの問題に関心の高い人々のライフスタイルを営利活動に結び付けるために、つくられたマーケティング用語。アメリカの社会学者ポール・レイと心理学者のシェリー・アンダーソンが、"Cultural Creatives" の調査を通じて公表した行動規範のひとつ。

2．建て築くための原則

（1）世界のルール

周知のことではあるが、建築は世の中のさまざまな法的条件を前提に成立している。したがって、世界共通に認められる基本的な原則は、国家や地域の違いにかかわりなく、建築にとっても重要な成立条件として位置づけられよう。表2に、人間の「権利」と、その人間を取り囲む「環境」にかかわる**国際連合で採択された宣言文**の中から関連する内容の一部を紹介する。

表2　人間の「権利」と人間を取り囲む「環境」にかかわる国際連合で採択された宣言文

名称／採択年	内容
世界人権宣言 （1948年）	第1条 すべて人は、生まれながらにして自由であり、かつ、尊厳と権利とについて平等である。人間は、理性と良心とを授けられており、互いに同胞の精神をもって行動しなければならない。 第13条 すべて人は、各国の境界内において自由に移転及び居住する権利を有する。 第29条 すべて人は、その人格の自由かつ完全な発展がその中にあってのみ可能である社会に対して義務を負う。
人間環境宣言 （ストックホルム宣言） （1972年）	前文1 人は環境の創造物であると同時に、環境の形成者である。 環境は人間の生存を支えるとともに、知的、道徳的、社会的、精神的な成長の機会を与えている。 原則1 人は、尊厳と福祉を保つに足る環境で、自由、平等および十分な生活水準を享受する基本的権利を有するとともに、現在および将来の世代のため環境を保護し改善する厳粛な責任を負う。 原則2 大気、水、大地、動植物および特に自然の生態系の代表的なものを含む地球上の天然資源は、現在および将来の世代のために、注意深い計画と管理により適切に保護されなければならない。
持続可能な開発に関するヨハネスブルク宣言 （2002年）	宣言5 われわれは、持続可能な開発の、相互に依存しかつ相互に補完的な支柱、すなわち、経済開発、社会開発および環境保護を、地方、国、地域および世界的レベルで更に推進し強化するとの共同の責任を負うものである。 宣言11 われわれは、貧困削減、生産・消費形態の変更、および経済・社会開発のための天然資源の基盤の保護・管理が持続可能な開発の全般的な目的であり、かつ、不可欠な要件であることを認める。

これらの宣言文は、国際法上の拘束力をもつものではないが、人間の尊厳と権利を保つ世界共通のルールであることが明示されており、将来への展望も示すものになっている。そして、建築が地域の社会基盤として根づき、周辺環境と調和していくために必要な条件を示すものとしても理解することができる。

　建築教育や実務にかかわる者が、これらを日常的に振り返ることはほとんどないといえるが、建築を介して、社会基盤を築くことの意味が示されていることから、建築を行う際には、これらの考え方を見すごすことはできない。

（2）国内のルール

　前述した世界のルールと同様に、国内における共通ルールとして日本国憲法を取り上げる。表3に人間の「権利」と、人間を取り囲む「環境」にかかわる日本国憲法の条文例の一部を示す。日本国憲法の解釈については、歴史的にさまざまな議論がなされているが、日本国憲法が国家の統治体制の基礎を形づくる「**基礎法**」であり、その基礎法を前提に、建築基準法など、さまざまな「**通常法**」が成立している（図3）。

　国家の法律の基礎を定めた日本国憲法は、まず国際間を通じた社会的に良好な関係を築くために、国際法との関係を明文化している（憲法第98条）。そのうえで、公共の福祉は個人の権利に立脚したものであることを明示し（憲法第13条）、勤労の義務を前提として、健康で文化的な生活を営む権利を認めている（憲法第25、27条）。このことは換言すれば、公共の福祉に反しないことを前提に、健康で文化的な生活を、国民一人一人が営むことの権利を示したといえる。

　以上のような原則は、建築基準法をはじめとする、建築にかかわるさまざまな通常法の制定・改正に、きわめて重要な前提条件を与えるものであり、建築を育むことの根本原則としてとらえる必要がある。

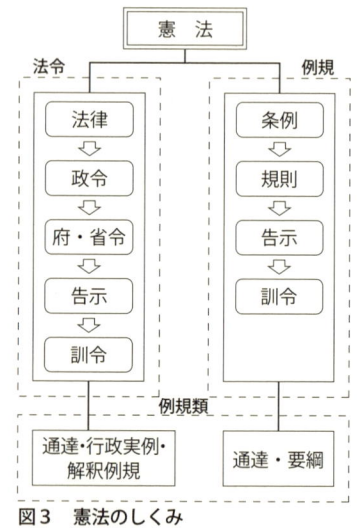

図3　憲法のしくみ

表3　人間の権利と人間を取り囲む環境にかかわる日本国憲法の条文例

名称	人間の権利にかかわる内容の一部
日本国憲法 （1946年公布 1947年施行）	第13条 すべて国民は、個人として尊重される。生命、自由及び幸福追求に対する国民の権利については、公共の福祉に反しない限り、立法その他の国政の上で、最大の尊重を必要とする。 第25条 すべて国民は、健康で文化的な最低限度の生活を営む権利を有する。 第27条 すべて国民は、勤労の権利を有し、義務を負ふ。 第98条 日本国が締結した条約及び確立された国際法規は、これを誠実に遵守することを必要とする。

備考）通常法は、政令（内閣が制定する政治上の命令または法令）、省令（各省大臣がその主任の事務につき発する命令）、総理府令（内閣総理大臣が総理府の行政事務に関して発する命令）、規則（国会の議会、各種委員会などの行政事務関して発する命令）ならびに条例（自治体がその権限に属する事務に関して制定する法規範）などがある。

（3）原則からの飛躍

　日本で建築を育むためのその他の個別の条件とは、どのような広がりがあるのだろうか。もちろん、前述した法制度だけで位置づけられるものでは到底ない。

　人間の生涯が、それまでの自分自身の足取りや、生きてきた時代の影響を強く受けるように、建築に関しても、デザインの潮流や、建築用途・規模に応じた構工法的なスタイル、さらには材料の選定に至るまで、さまざまな時代の影響を受けている。一方、法制度に関しても、時代の変化に合わせて制定・改正が繰り返されている。つまり、世の中のさまざまな前提や原則は、基本的には賞味期限を有するものとして考えることが妥当である。

　そのうえで、建築に対するつくり手や使い手がどのような動機を有しているかという情報や、社会で求められている普遍的な環境条件を整理しておくことは、時代に特有のしくみから飛躍するうえで重要となる。日本でこれから育まれる建築は、それらの担い手が目の前で示されている社会的条件を正しく理解し、時代の変化に十分適応できる**柔軟かつ普遍的なシステム**を併せもつことが求められている。

3. 建て築く社会と文化

（1）社会・経済・環境のバランス

　世の中の社会基盤を形成するにあたり、建築が大きな役割を果たしてきたことはいうまでもない。そして現在は、建築およびそれに関連するしくみやサービス[7]に対して、社会・経済・環境の3つの基軸に配慮した、持続可能な新しい建築の実現に向けた議論が活発になされている状況であり、その広がりは建築にとどまらず、都市やさらには地域社会というかたちで拡大し、建築を起点とした新しい社会基盤を創成するきっかけをも生み出しているといえる。

　図4に、建築における**持続可能性（サステナビリティ）** の3側面を示す。この3つの基軸の考え方については、2008年にISO 15392（建設物のサステナビリティ：Sustainability in Building Construction）[8]として国際規格化も果たされており、社会・経済・環境の3要素を、制度上のしくみとして適切に考慮する必要性が生じている。

（2）建築による文化形成

　ある生産物に対する「文化の蓄積」には、その生産物が一定期間存在しつづけて初めて文化性が獲得されるという考えがある。これまでの建築の担い手は、安全で快適な社会基盤を形成するために数多くの力を注いできたといえるが、建築を介した文化を構築するという意図は、十分に配慮されてきたであろう

7）たとえば、図書館を例にそのしくみとサービスの関係について考えると、運営のしくみは、利害関係者（施設代表者、窓口担当者、借り手ほか）により支えられ、その結果、生じるサービスは、読書を通じた実用的、社会的、精神的な知識の獲得や、コミュニケーションの場とすることがあげられる。

8）ISO15392は、2008年に制定された建設物における持続可能性に関する国際規格であり、建築と土木構造物のライフサイクル全体およびその一部に適用を可能とする持続可能な開発にかかわる基本原則を示したもの。

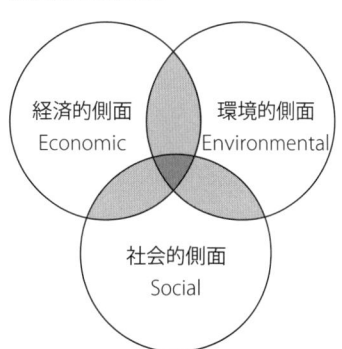

図4 建設物における持続可能性の3側面

表4 タイラーによる文化の定義と一般参考書における文化と文明の解釈例

文化人類学者タイラーによる文化の定義	文化あるいは文明とは、そのひろい民族誌学上の意味で理解されているところでは、社会の成員としての人間（man）によって獲得された知識、信条、芸術、法、道徳、慣習や、他のいろいろな能力や習性（habits）を含む複雑な総体である
一般参考書における文化と文明の解釈例	●文化(Culture)とは、人間が自然に手を加えて形成してきた物心両面の成果 ●文化は、文明とほぼ同義に用いられることが多いが、西洋では人間の精神的生活にかかわるものを「文化」と呼び、技術的発展のニュアンスが強い「文明」と区別する

か。

文化人類学者エドワード・バーネット・タイラー[9]の文化の定義を表4上欄に示す。これは広く知られる文化の解釈であり、文化が人間の活動のすべてを包括するものであるため、その総体を見定めることが大切であるとしている。続いて、表4下欄に一般参考書などで示される文化の解釈例を示す。これより、文化とは、人間が自然に手を加えて形成してきた「**物心両面の成果**」にほかならず、建築による文化を物心両面の成果として成り立つものとして位置づけた場合、「物」以外の考え方や精神性などの「心」の要素を、建て築く活動を通じてとらえることも重要になるといえよう。

（3） 教育による文化の強化

以上より、建築による文化を築くためには、物心両面の「心」に関する価値についても具体的に構築する必要があるとした。そして、建築における世代を越えた「技術の伝承」はまさに「心」の一要因としてとらえられ、それを伝承する行為はまさに「教育」そのものといえよう。表5に「**文化**」と「**教育**」の関係を表す。ユネスコ憲章では、「教育」は人間の権利と尊厳を保つための神聖な義務であるとし、教育の絶対的な価値を認めている。

9）エドワード・バーネット・タイラー（Edward Burnett Tylor、1832-1917）は、「文化人類学の父」と呼ばれるイギリスの文化人類学者。チャールズ・ダーウィンの進化論をもとに、人類学を科学的な研究として位置づけた。宗教の起源のみならず、宗教発展の各段階において、アニミズムが存在することを提唱した。

表5 「文化」と「教育」の関係

(中略)文化の広い普及と正義・自由・平和のための人類の教育とは、人間の尊厳に欠くことができないものであり、かつ、すべての国民が相互の援助および相互の関心の精神をもって果たさなければならない神聖な義務である

表6 「教育」と「人間形成力」の関係

人間形成の過程には、4つの力（社会的環境、自然的環境、個人の生得的素質、教育）が作用し、前三者は、人間の意識とは独立で進行するものであるが、教育は、自然成長的な形成の過程を、望ましい方向に向かって目的意識的に統御しようとする営みである

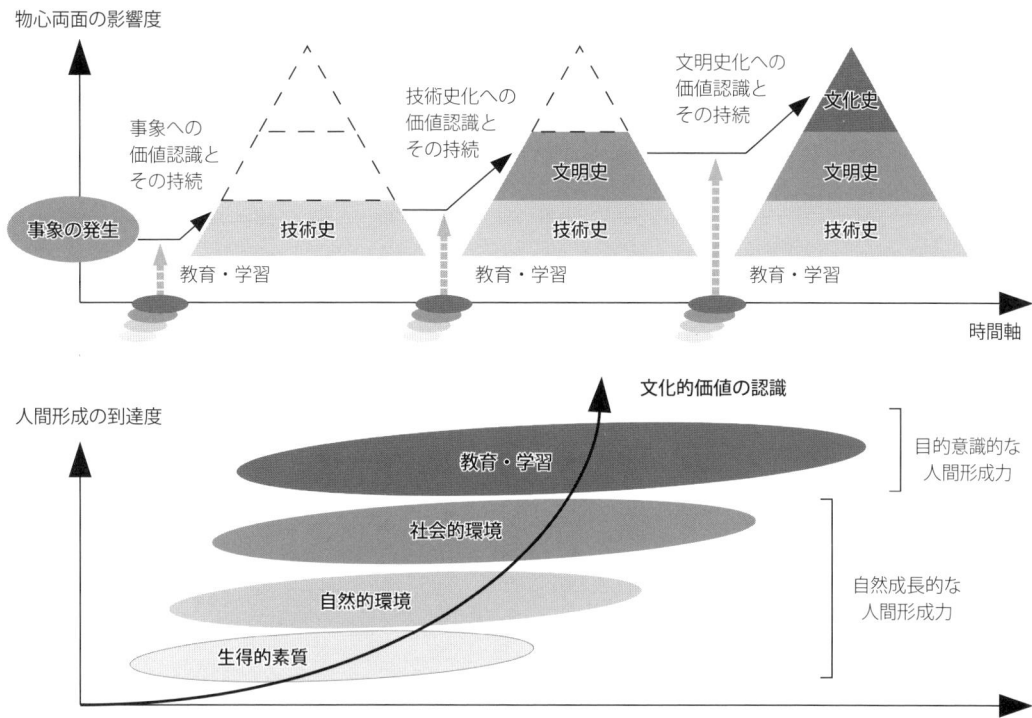

図5 人間形成力の教育が文化形成に果たす役割

　そのうえで、人間が成長するために、生まれながらの素養や幼少時の経験、そして壮年期からの社会経験などが大きく影響することは等しく理解されるといえるが、それらは表6に示される4つの人間形成力のうち、**「個人の生得的素質」「自然的環境」「社会的環境」**の3つの力によるものと解釈できよう。そのうえで、残された最後の力は「教育」そのものであり、教育は後天的かつ目的意識的に自己を改変しつづけられる力になるとしている。

　以上をかんがみ、図5に人間形成力の教育が文化形成に果たす役割を示す。人間が手を加えて育んできた建築が、最終的に文化史として位置づけられるようになるまでには多くの時間と労力を要し、最終的には技術史や文明史のうえに成り立たせるような絶え間ない努力が必要になるといえるが、そのような文化的価値を構築させるには、人間どうしが建築の価値を知り・学び・伝承することを継続する「教育」が不可欠といえよう。

　また、これらの教育は、人々の対話を介して成立することから、教育自体は、教える者と学ぶ者の社会的環境や時代性の影響を大きく背負うことになる。つまり教育の場では、その時代に固有の考え方や世界観などをふまえた教育が展開される可能性が多分にあるが、そのような状況でも、建築に備わる普遍的な物心両面の価値を伝えつづける基本的な姿勢を保つことが重要となる。そして今後の建築は、社会・経済・環境の3つの基軸への配慮が求められる可能性が高いことから、これら3つの

基軸に通じる「物心両面の価値」を有するしくみとして世に認知されるような教育を施していく必要がある。

その視点に立てば、「建築生産」という教育は、時間軸上では、建材の製造にはじまり、建物の設計・施工から最終的な解体処理に至るまでのライフサイクル全体を対象とし、空間軸上では、素材の採掘場にはじまり、製品の輸送の過程、さらには再資源化物の流通など幅広い地域との関係を含むことになるため、時空間上の多様な社会の広がりについて考える教育・学習が展開されるといえよう。

03章 建て築きによる影響度
―建築のライフサイクルと環境

　建築は、多様な価値が認識できる対象であり、物心両面の成果をもたらしてくれる。一方で、建築が寿命を全うする過程で、見えるもの（天然資源、廃棄物ほか）や見えないもの（エネルギー、温室効果ガスほか）を大量に放出することから、環境に対して、さまざまな影響も及ぼしている。
　本章では、それらの特徴について掘り下げて考えてみる。

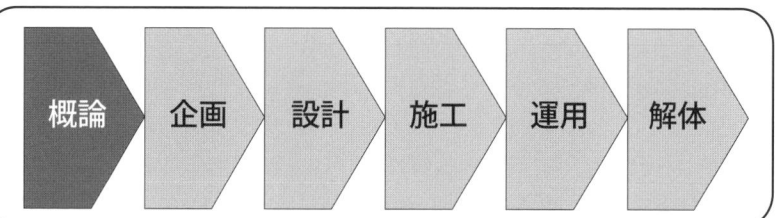

建築生産の流れ

【本章の構成】　　　　　　　　　　　　　　　　　　　　【キーワード】

1. 建築の生産
・人と建築の生産　　　　　　―資源・エネルギーの消費　　　　つくり手、使い手
・ライフサイクルの枠組み　　　―「もの」と「行為」の流れ　　　ライフサイクル
　　　　　　　　　　　　　　　　　　　　　　　　　　　　　　もの、行為
　　　　　　　　　　　　　　　　　　　　　　　　　　　　　　小物品・大量生産・単独利用品
　　　　　　　　　　　　　　　　　　　　　　　　　　　　　　巨大物品・単一生産・多人数利用品
　　　　　　　　　　　　　　　　　　　　　　　　　　　　　　環境倫理の原則
・ライフステージの変化　　　　―環境影響と環境側面　　　　　　ライフステージの変化
・ライフサイクルを超えた影響―人間活動と地球環境問題　　　　　環境負荷物質

2. 建築の環境影響
・環境影響とは　　　　　　　　―持続可能な開発　　　　　　　　環境影響
　　　　　　　　　　　　　　　　　　　　　　　　　　　　　　環境改善
　　　　　　　　　　　　　　　　　　　　　　　　　　　　　　環境負荷
・資源・エネルギー利用による影響
　　　　　　　　　　　　　　　―建設廃棄物と二酸化炭素排出　　地球温暖化防止京都会議
　　　　　　　　　　　　　　　　　　　　　　　　　　　　　　京都議定書

3. 環境改善に向けて
・法規・施策による手法　　　　―環境保全のソフト　　　　　　　国際条約、国内法
・技術・システムによる手法　　―環境改善のハード　　　　　　　PSR Framework
・総合的視点の導入　　　　　　―建て築く活動の階層化と評価　　生産プログラム

1．建築の生産

（1）人と建築の生産

　建築は、世界のあらゆる地域で、数十年から時には数百年を超える時間を経て、絶え間なく「建て築く」行為を繰り返してきた。歴史をさかのぼれば、ピラミッドのように数千年にわたりこの世に存在し、文化性を高めながら存在価値を示すものから、広島の原爆ドームのように、歴史上の負の記憶のモニュメントとして、新たな社会的役割を担うようなものもある（写真1、2）。一方で、経済的な要因により使用期限が定められた短寿命の商業建築も数多くあり、実に多様な足取りが築かれている。

　このように建築は、社会のしくみに根ざす何らかの役割を担いながら寿命を経ることになるが、その生涯をかたちづくるライフサイクル全体を通してみると、その多くは資源やエネルギーを大量に消費し、固体・液体・気体状の排出物を大量に放出している。その影響が、いつ・どのような段階で、どの程度生じるのかを把握することが今や、重要な課題となっている。

　一方、人間はといえば、生命が誕生してから、乳・幼児期・青年期・壮年期を経て、やがて老いを迎えるが、人生80年程度の寿命尺度でみた場合、地球の気候的な変動や、森林や海洋などの自然環境の変化などを日常生活を通じてとらえることは容易ではない。しかしながら建築は、数十年から数百年を経て生長した樹木から、数億年の歳月を得て安定化した岩石などに至るまで、多種多様な原材料をその構成要素としている。

　要するに建築は、その生産過程の源流にさかのぼると、長大な時間の積み重ねにより得られた材料の恩恵により初めて成立するものなのである。そのような前提に立ったうえで、建築が成立する条件を意識した、ソフト面やハード面における取り組みが、**つくり手**、**使い手**である人間に求められているといえよう。

写真1　特殊な自然環境の中で、石が築かれ、社会と歴史を刻んだピラミッド

写真2　広島の原爆ドーム

（2）ライフサイクルの枠組み

　現代社会における建築は、「時間」と「空間」の広がりを意識し、かつ、さまざまな制約条件をふまえたうえで保全がなされているといえよう。したがって、人間と同じように、その生涯（**ライフサイクル**）をあらかじめ考慮し、予防保全的な対策を図っていくことは、長きにわたる社会的な役割を位置づけ、利用価値を高めていくうえで重要となる。

　図1に、建築のライフサイクルにおける「**もの**」と「**行為**」の流れを示す。建築のライフサイクルは、設計段階、製造段階、施工段階、供用段階、解体段階および廃棄・再生段階などの各段階で構成される。建築は、他産業分野における耐久消費財（自動車、家電製品ほか）にみられる、いわゆる「**小物品・大量生**

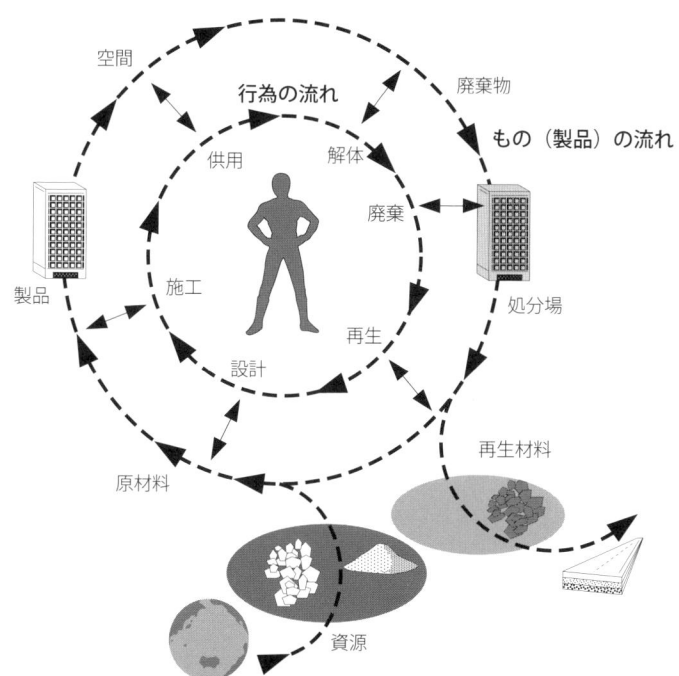

図1　建築のライフサイクルにおける「もの」と「行為」の流れ

産・単独利用品」[1]とは異なり、「**巨大物品・単一生産・多人数利用品**」[1]であることから、天然資源とエネルギーを大量に消費しながら生産・使用がなされ、解体時には膨大な排出物を生じさせるといった特有のライフサイクルを有している。解体時の目的と手段によっては、全量が最終処分されたり、他製品の原材料に再資源化されたりと、実に多様な変化を遂げる。

　写真3は、ライフサイクルを意識した、建て築く「行為」の積み重ねで「もの」ができる過程を示した例である。あらゆる建築は、天然資源をもとに建材を製造し、建物を施工し、維持管理がなされ、やがて解体され生涯を終える。これらの段階を細かく分析することで、建築を介して営まれる諸活動が、地球環境問題をはじめとする、さまざまな環境影響をもたらしていることが理解できる。そして、これらの問題について深く考える際には、最終的には地球の有限性（空間的な尺度）、世代間の倫理（時間的な尺度）、自然の生存権（生命価値の尺度）などの**環境倫理の原則**[2]をふまえることが重要である。

（3）ライフステージの変化

　次に、建築のライフサイクルにおける時間的な区切りごとに、どのような生産活動の特徴を有しているのかを考えてみる。建築は一般に、竣工後、経済的な価値がもっとも高く、その後の社会利用の程度により、社会的・機能的な価値が徐々に認められるようになっていく。

　そして昨今、世界共通の課題となっている環境影響に関しては、図2のコンクリート構造物のライフサイクルおける環境影

1)「小物品・大量生産・単独利用品」は、文房具などの日用品から自動車のタイヤなどに至るまで、特定の要求性能が設定され、徹底した品質管理により、大量生産が可能になるもののことをいう。「巨大物品・単一生産・多人数利用品」は、製品寸法がヒューマンスケールを大きく超えるような場合で、原材料や構成部材の種類のみならず、得られる性能や機能も多様化することで、ほかに類似しない単一の生産品で、多人数が同時に利用するものをいう。

2）環境倫理学において、普遍的な環境倫理として定めているものに3つの考え方がある。人間だけでなく自然も生存の権利をもち、人は自然の生存を守る義務をもつ「自然の生存権」、現在世代は、将来世代の生存可能性に対して責任があるという「世代間倫理」ならびに、生態系や地球資源は有限なものであるため、地球環境の保全が優先されるとする「地球の有限性」の3つである。

a 天然資源の積み下ろし

b 木質系柱梁部材の製造

c コンクリートの打設

d コンクリート基礎の完成

e 木質系柱梁部材の施工

f 構造用合板の施工

g 建物の竣工

h 建物の改修工事

i 廃棄処理される建材

写真3　建築のライフサイクルにおける「もの」と「行為」の例

響度に示されるように、ライフサイクル全体を通じて、初期の設計段階や施工段階、ならびに再資源化の段階は、一般に環境影響が潜在的に大きいとはいえ、各段階ごとに相違する環境負荷を生じさせている。

また、図3におけるコンクリート構造物のライフサイクルにおける環境側面[3]の設定例に示されるように、ライフサイクルの各段階で、すなわち、セメント製造にはじまり、コンクリートの製造、構造物の施工、運用および維持管理、そして解体廃棄に至る段階で、どのような原燃料や廃棄物が、建築生産のしくみの中にインプット／アウトプットされたのかを知ることが重要である。このような**ライフステージの変化**を読み取ることで、建築にかかわる活動が長期にわたって、どのような環境影響を及ぼしているのかを知ることができる。

3）JIS Q14001（環境マネジメントシステム）では、環境側面（environmental aspect）は「環境と相互に影響しうる、組織の活動、製品または、サービスの要素」としている。

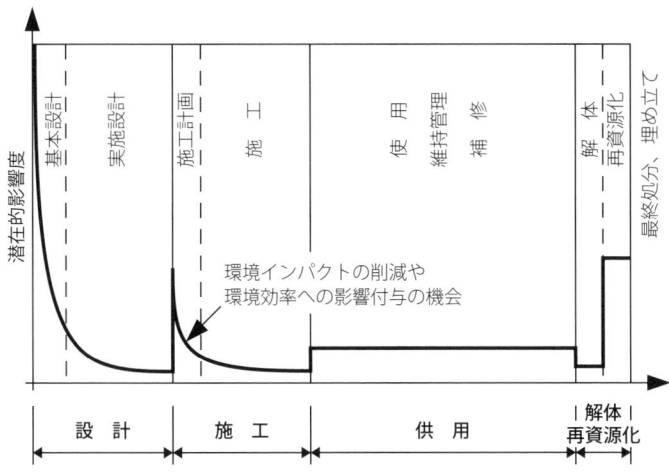
図2 コンクリート構造物のライフサイクルにおける環境影響度

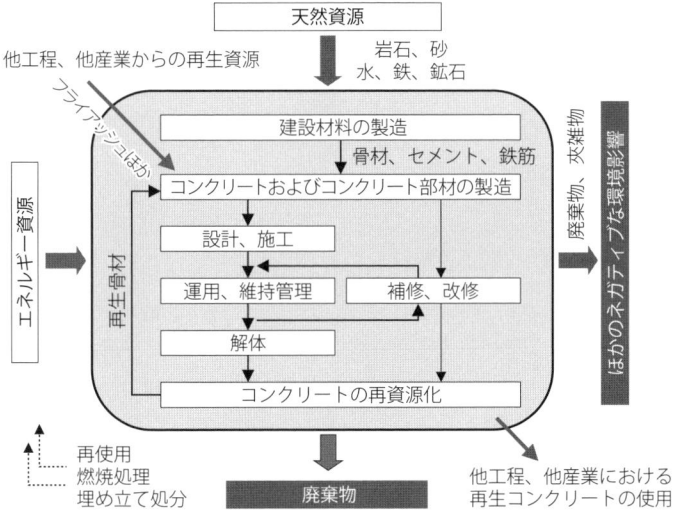
図3 コンクリート構造物のライフサイクルにおける環境側面の設定例

(4) ライフサイクルを超えた影響

図4は、人間活動と地球環境問題について示したものである。人間は、1メートル半ばを超える程度の身体寸法を有した小さな生命体であるが、建築を介した活動は、分子レベルのナノメートル寸法から、広大な地球のキロ・ギガメートル寸法に至る空間に対してかかわりをもち、固体・液体・気体状のさまざまな物質を消費し、人間の寿命をはるかに超えた年月にわたり、環境影響を及ぼす可能性を有している。

そもそも人間社会は、化石燃料や天然資源を消費して発達をしてきた。その結果、「温室効果ガス」「酸性化寄与物質」「フロン類物質」など、さまざまな**環境負荷物質**[4]を生じさせ、長い時間をかけて「地球温暖化」「酸性化」「天然資源枯渇」などの環境問題を生み出してきた。これらは建築のライフサイクルを超えて、十分に長い時間をかけて影響を及ぼす可能性があ

4) 環境負荷物質に関しては厳密には、「どのような環境に対する負荷物質」なのかを整理しておく必要がある。たとえば、「室内空間という環境」において、シックハウス問題等を引き起こす物質にホルムアルデヒドやアセトアルデヒドなどの揮発性有機化合物がある。

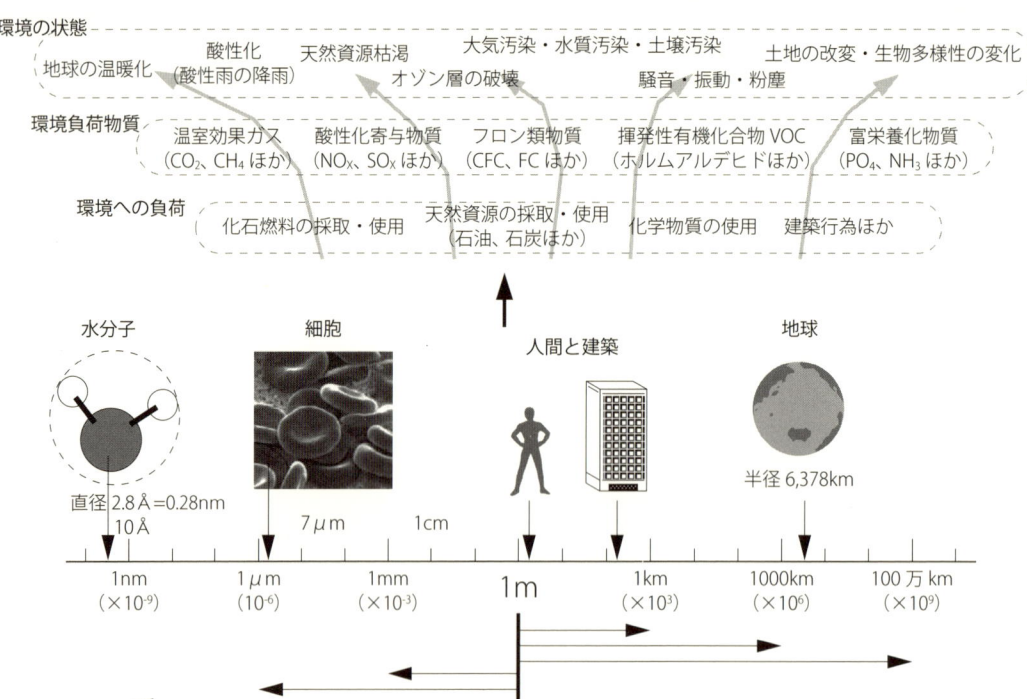

図4 人間活動と地球環境問題

ることから、単純に人間や建築のライフサイクルのみを意識すればよいわけではなく、人間や建築の寿命をはるかに超えた、多くの環境影響が生じることを意識しなければならない。

2．建築の環境影響

（1）環境影響とは

地球環境問題が顕在化した今、環境に配慮し、かつ「持続可能な開発（Sustainable Development）」をめざす活動が世界的に求められている。なお、持続可能な開発の最初の包括的提言は、1987年に"Our Common Future"[5]という文書で示されており、その基本的な理念として、「社会的衡平性、環境上の分別、経済的効率」の3つの柱を意識した発展が提示された。この理念を端緒に、建築にかかわる一連の取り組みにおいても、同様に経済・社会・環境という3つの視点から、その活動の影響を見直すことが求められている。

環境とは、そもそもどのような概念であるのかをここで整理する。日本建築学会における『鉄筋コンクリート造建築物の環境配慮施工指針（案）・同解説』では、「大気、水、物質、植物、動物、人及びそれらの相互関係を含む、鉄筋コンクリート造建築物に関わる一連の活動全体をとりまくもの」として定義されている。それらをふまえて解釈すれば、図5に示すように、地球上で生活するために不可欠となる大気、水、物質の3要素と、

5）Our Common Future は「われら共通の未来」と訳され、1984年に国際連合に設置された「環境と開発に関する世界委員会（通称：ブルントラント委員会）」においてまとめられた報告書を指す。

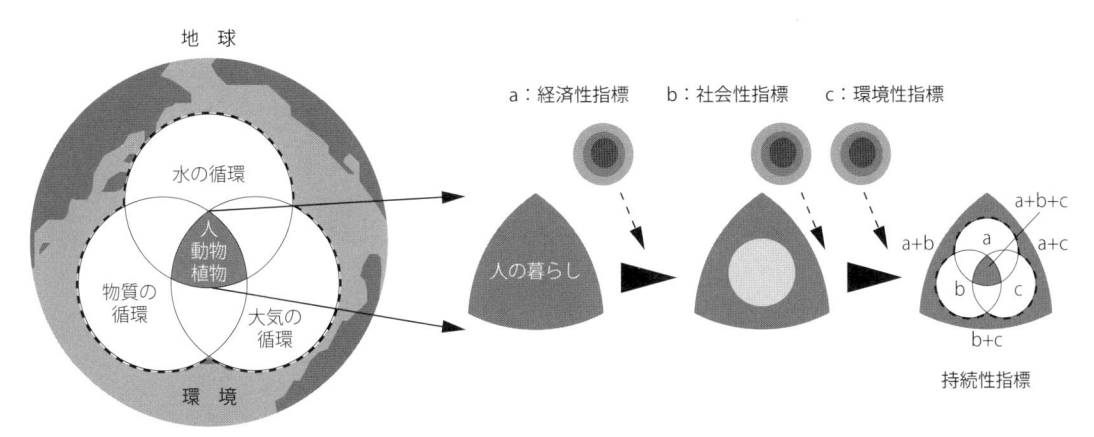

図5 環境と持続可能性の概念図

　その中で育まれる人、動物、植物の3要素は、人の暮らしを維持するための原点といえる。そこに経済・社会・環境にかかわる指標が加わることで、持続可能な建て築くしくみを考えるための基礎的な条件が整う。

　表1に環境関連用語の整理を示す。ここで重要となる**環境影響**とは、「有害か有益かを問わず、全体的に又は部分的に、組織の活動、製品又はサービスから生じる、環境に対するあらゆる変化」と定義されている。つまり、それらによって、環境の状態が良好になる場合（**環境改善**）と、悪化する場合（**環境負荷**）の2通りの影響[6]が生じるものと理解することができる。

　図6に示すように、実際には高度に発達した人間社会では、化石燃料や天然資源の採取・使用などにより、地球温暖化、酸性化、天然資源枯渇など、さまざまな環境負荷を生じさせている。一方、森林整備にかかわる土地開発などを計画的に推進した場合、うまくすれば木材の循環利用と炭素貯蔵を両立させることができ、環境状態が改善の方向に向かうかもしれない。

　しかし現在の環境影響の多くは、環境改善要素ではなく、多様な環境負荷を生じさせている状態であることから、建物の生涯を通じ、環境改善につながる取り組みを推進させ、なおかつ人間・植物・動物などの生命や、その保全に対してマイナスの

6）地球環境についての「改善」と「負荷」を考える場合、光合成により二酸化炭素が積極的に吸収され、大気の二酸化炭素濃度が下げられた場合は「環境改善」であり、化石燃料の燃焼により、逆に二酸化炭素濃度が上がった場合は「環境負荷」となる。

表1　RC造建造物の環境配慮施工指針・同解説における環境関連用語

用語	内容
環　境	大気、水、物質、植物、動物、人およびそれらの相互関係を含む、鉄筋コンクリート造建築物にかかわる一連の活動全体を取り巻くもの
環境影響	有害か有益かを問わず、環境に対して変化を生じさせること
環境負荷	環境影響のうち、有害な変化を生じさせること
環境改善	環境影響のうち、有益な変化を生じさせること
環境配慮	環境負荷を生じさせないような取り組み、または環境改善を生じさせるような取り組み
環境保全	環境影響に対し、環境を保護して安全にすること
環境負荷物質	環境負荷をもたらす物質

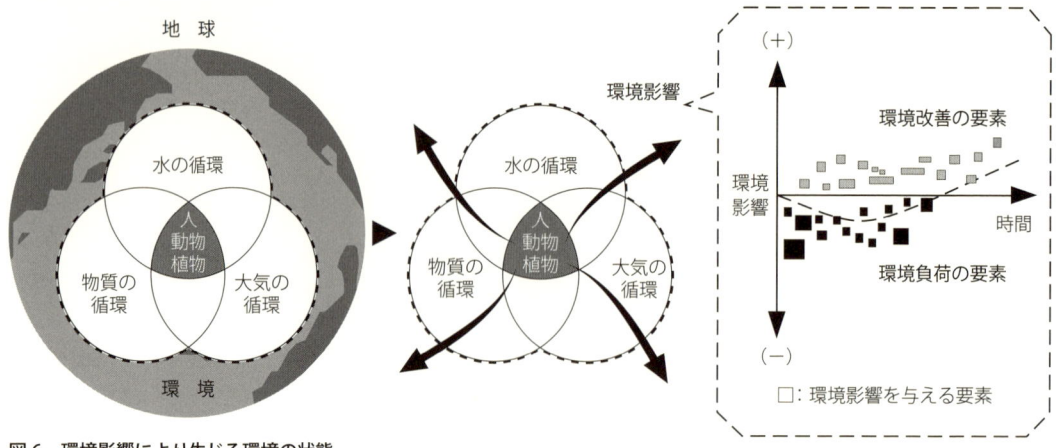

図6　環境影響により生じる環境の状態

影響を与えないような対策を具体的に図る必要がある。

（2）資源・エネルギー利用による影響

現在、世界の資源・エネルギー消費量のうち、10％は建設行為によって消費されている。国内では、人口が最大となる2000年前後において、総資源投入量のうち、建設業の占める割合は全体の50％程度を占めた。また、産業廃棄物の排出量に関しては、年間4億トン程度で推移する状況下で、建設廃棄物が全体の20％程度を占めており、農業および電気・ガス・熱供給・水道業と並ぶ最大の排出業種となっている。また最終処分量に関しては、国内全体の30％程度を占めた（図7）。

このように建築は、資源の大量使用と廃棄物の大量排出型の資源利用特性を有していることから、そもそも環境負荷を多大に生じさせる可能性があることを忘れてはならない。しかし、このことは換言すれば、建築の担い手が環境問題に積極的にかかわることで、全産業の環境負荷の削減に貢献できることを示している。

次に、図8に世界全体の二酸化炭素排出量の割合を示す。日本はアメリカ、中国、ロシアに次ぐ世界4番目の二酸化炭素排出国である。国際的には、1997年に**地球温暖化防止京都会議（COP3）**[7]において、気候変動に関する国際連合枠組条約・**京都議定書**が議決された後、温室効果ガスの排出量の削減に向けたさまざまな取り組みが推進されている[8]。

図9は国内の二酸化炭素排出量を表したものであるが、建築関連については、なんと国内全体の3分の1程度を占める。そのうち、建築物の運用時に3分の2程度の排出量を、資材の製造・輸送の段階や建築物の施工段階において3分の1程度の排出量を占めている。ちなみに、施工段階におけるおもな排出要因のひとつとしてセメント製造があげられるが、これはセメント製造の段階で原料となる石灰石が熱分解する際に、大量のCO_2を排出することによる（$CaCO_3 \rightarrow CaO + CO_2 \uparrow$）[9]。

[7] 地球温暖化防止京都会議の正式名称は第3回気候変動枠組条約締約国会議で、COP3（コップスリー）とも呼ばれる。COP（Conference of the Parties）は締約国会議のこと。

[8] そもそも日本は、国土が狭小であり、かつ資源が乏しいため、「天然資源の有効利用」と「廃棄物の発生抑制」が重視され、「資源環境保全」が、重要な社会的要件となってきた。それに加え、「地球環境保全」が世界的命題となった結果、その双方を意識した、いわば両輪の対策が必要な状況にある。このたびの東日本大震災における復旧・復興に関しては、がれきの処理が最優先事項となる地域が数多く存在する。この場合、「資源環境保全」が重視されるため、局所的に二酸化炭素の排出量が増大する場合も生じるが、そもそもこの問題は「トレードオフ」という、一方が改善されれば他方に負荷が生じるという性質を有するため、現在の優先度を重視した判断が求められる。

[9] ライフサイクルの各段階における二酸化炭素排出量の比較がよく検討されるが、建材の製造段階に着目した場合、コンクリートと木材（人工乾燥製材）の製造時における二酸化炭素排出量は双方ともに350kg-CO_2/m^{3}前後の値であり、大きな違いはない。ただし、木材のうち天然乾燥木材の場合は、その6分の1程度に低下する。

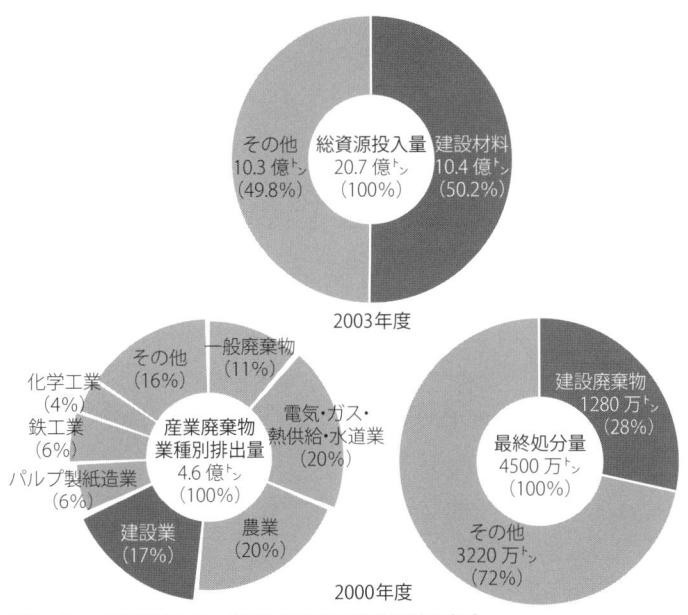

図7　国内の資源投入量と廃棄物における建築関連の割合

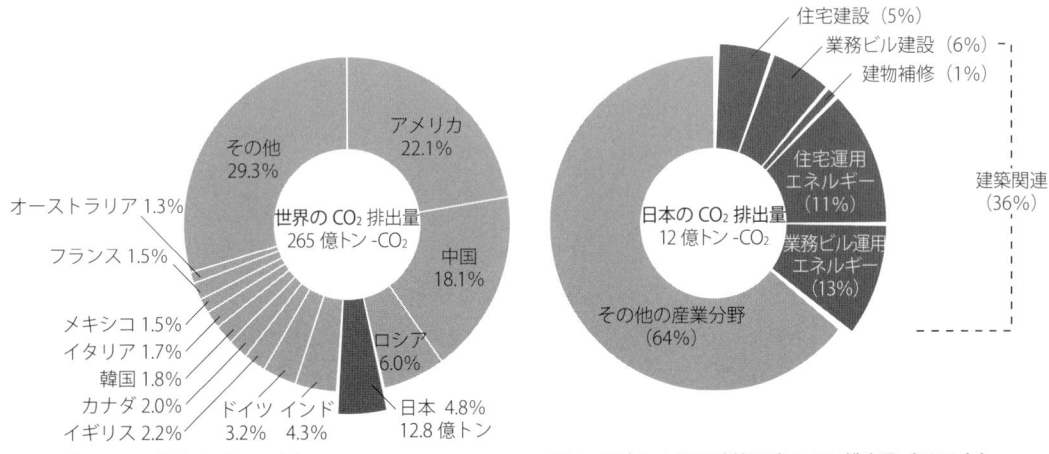

図8　世界のCO₂排出量（2004年）
（参考文献03章3）を基に作成）

図9　日本における建築関連のCO₂排出量（1990年）
（参考文献03章4）を基に作成）

現在、さまざまな分野で技術革新を伴いながら、地球温暖化防止に貢献する取り組みが行われているが、セメント産業をはじめとする建設業全体は、これからも環境負荷の削減が強く求められる産業分野といえ、積極的な技術開発が期待される。

3．環境改善に向けて

（1）法規・施策による手法

環境の状態が改善する方向に向かうためには、法規・施策によるソフト面での対策は必要条件となる。表2および表3に、建築の環境保全にかかわる**国際条約**および**国内法**の例を示す。それぞれを環境影響（たとえば地球温暖化など）ごとに分類し、その代表的な条約および法律を一覧の中に組み込んだ。

表2、3にあげた条約や法律のように、今後、取り組まれるさまざまな環境配慮活動は、世界で共通に認められる普遍的な原則に基づき、地域性などの個別の条件を意識しながら取り組むべきであろう。なおこれらの法規類は、随時改定が行われるため、その解釈には、注意が必要である。

（2）技術・システムによる手法

　前述した法規・施策によるソフト面での対策に加えて、ハード面での対策も重要である。ここでは、建築のライフサイクル全体を通じて、あらかじめ考慮すべき内容について説明する。

　建築のライフサイクル全体における個別の技術・システムを考えるうえで重要なポイントとして、建築の寿命は、そもそも他産業分野の製品群と比較して長い傾向にあることから、ライフサイクルの各段階にかかわる事業者（設計者、材料メーカー、施工者ほか）は、自らがかかわる特定のライフサイクル段階における環境負荷の低減のみを追求してしまうことがあげられる。このとき、ライフサイクル全体でみると、ほかの段階での環境負荷の増加をもたらす可能性もあるため、注意が必要である。

　しかしながら、個別の事業者がライフサイクル全体の環境負

表2　建築の環境保全にかかわる国際条約の例

環境影響		国際条約・宣言・議定書など
環境全般		ストックホルム宣言（人間環境宣言、1972年採択）
		リオ宣言（開発と環境に関するリオ宣言、1992年採択）
		ヨハネスブルク宣言（持続可能な開発に関するヨハネスブルク宣言、2002年採択）
地球環境	地球温暖化	気候変動に関する国際枠組条約（1992年採択）
	オゾン層破壊	ウィーン条約（オゾン層保護のためのウィーン条約、1985年採択、1988年発効）
地域環境	大気汚染	長距離越境大気汚染条約（1979年採択、1983年発効）
	水質汚濁	ロンドン条約（廃棄物その他の投棄による海洋汚染の防止に関する条約、1972年採択、1975年発効）
	化学物質	ストックホルム条約（残留性有機汚染物質に関するストックホルム条約（POPs）、2001年採択、2004年発効）
	最終処分	バーゼル条約（有害廃棄物の国境を越える移動及びその処分の規制に関するバーゼル条約、1989年採択、1992年発効）
	動植物	生物多様性条約（生物の多様性に関する条約、1992年採択、1993年発効）
	自然保護	世界遺産条約（世界の文化遺産及び自然遺産の保護に関する条約、1972年採択、1975年発効）

表3　建築の環境保全にかかわる国内法の例

環境影響		地域法・国内法・施策・基準類など
環境全般		環境基本法（1993年）
		循環型社会形成推進基本法（2000年）
		環境配慮契約法（2008年）
地球環境	地球温暖化	地球温暖化対策の推進に関する法律（1998年）
	オゾン層破壊	特定製品に係るフロン類の改修及び破壊の実施の確保等に関する法律（2001年）
地域環境	大気汚染	大気汚染防止法（1968年）
	水質汚濁	水質汚濁防止法（1968年）
	騒音・振動	振動規制法，騒音規制法（1968年）
	土壌汚染	土壌汚染対策法（2002年）
	悪臭	悪臭防止法（1971年）
	化学物質	特定化学物質の環境への排出量の把握等及び管理の改善の促進に関する法律（PRTR法）（1999年）
	最終処分・再資源化	廃棄物の処理及び清掃に関する法律（1970年）
		資源の有効な利用の促進に関する法律（1992年）
		建設工事に係る資材の再資源化等に関する法律（2000年）
	自然保護	都市緑地保全法（1973年）

表4 OECD Environmental Indicators における負荷-状態-対応のしくみ

①環境への負荷（Pressure）	環境への負荷を表す指標は、天然資源の枯渇を含めた人間の活動による環境への負荷を表す。ここでいう「負荷」は、潜在的あるいは非間接的な負荷から、直接的負荷あるいは間接的な負荷を網羅したものである
②環境の状況（State）	環境の状況を表す指標は、環境の質と天然資源に関する定性的・定量的な側面に影響するものであり、環境政策の究極的目的を反映するとともに、環境の全体的な状況と時間の経過に伴う変化を示すために策定される
③社会による対応（Response）	社会による対応の指標は、社会全体が環境にかかわる課題に対応する程度を示すものであり、環境対策の実施とその支出、廃棄物の再資源化とその割合、環境税および補助金の導入とその程度等があげられる

荷量（たとえば総二酸化炭素排出量の場合、$LCCO_2$ が該当[10]）をあらかじめ推計することは容易ではない。一方、個別の段階における評価結果が、設計・計画の段階に反映されることも実際の活動では考えられるため、個別の事業者は、考慮すべき環境影響因子の種類とその内容を明確にしておくべきである。

以上の点から、改めてライフサイクル全体における環境改善を実現するためには、表4に示すような経済協力開発機構（OECD）が開発した"Environmental Indicators"における環境の負荷－状態－対応の考え方（**PSR Framework**）をふまえたような取り組みが参考となる。この指標は、「環境への負荷（Pressure）」、それにより生じる「環境の状態（State）」、その対策となる「社会による対応（Response）」の一連の流れを包括的にとらえることを求めており、この要求に対して、個別の事業者が対応できるような条件をあらかじめ確認し、ライフサイクル全体の技術・システムを通じた環境配慮型の生産活動として取り組むのがよい。

10) $LCCO_2$ とはライフサイクル（Life Cycle）CO_2 の略であり、建物の資材消費、建設時の負荷（施工・輸送等）、供用時のエネルギー消費量などにより、建物1年あたりの CO_2 排出量を算出して評価する手法をいう。建築物の $LCCO_2$ を評価する作業は、膨大な時間と手間がかかることから、国土交通省は2008年に簡易評価システムの開発に着手した。同システムでは、すでに広く用いられている評価ツールの CASBEE を利用して、CO_2 排出に関係する評価項目の結果をもとに自動的に算出する「標準計算」を採用している。

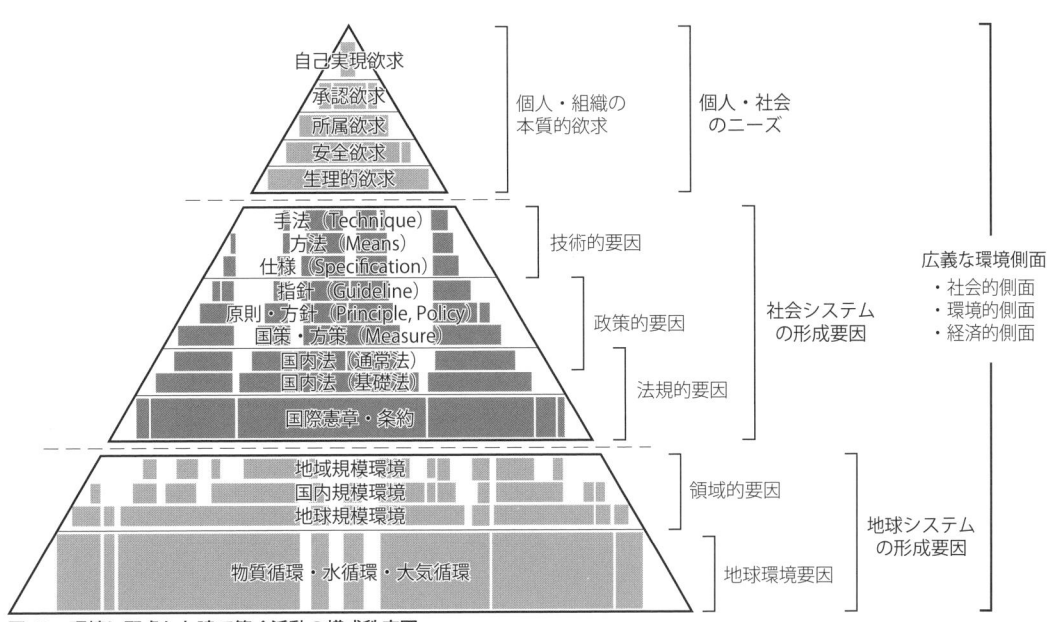

図10 環境に配慮した建て築く活動の構成秩序図

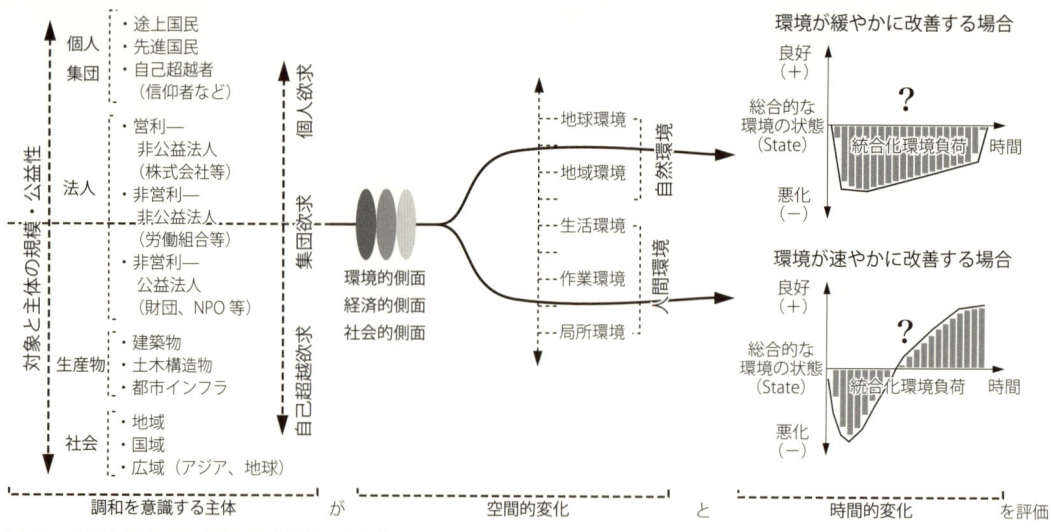

図 11　多様な視点による建て築く活動の評価概念図

（3）総合的視点の導入

　図 10 は、以上の取り組みをふまえ、環境に配慮した建て築く活動の構成秩序を示したものである。これは下段より、地球システムの形成要因、社会システムの形成要因、そして個人・社会のニーズというように建築生産の流れを階層化したものであり、これをもとに、実際の建築における**生産プログラム**を具体化することができる。

　さらに図 11 は、多様な視点による建て築く活動の評価概念を示したものである。最終的に建築として生産され、使用されたあゆみの価値は、建物そのものだけではなく、建築を運営する際に生じたしくみやサービス自身もその対象に含めて、評価されるべきといえる。そのような、社会・経済・環境の 3 つの視点を考えつつ、実際に建築を使用する人の属性をふまえて、建築全体の長期にわたる複合的な価値を導いていくことが課題となる。

04章 事業の方向性を固める
―建築企画の進め方

　新たな事業や生活は、まず目的に合う建物を予算内で確保することからはじまる。そのため、事業や生活に必要な建物の規模・機能・立地などを検討し、もっともよい条件をもつ建物を確保する一連の手続きが建築生産の最初の業務になる。

　本章では、建物で行う事業の方向性を決定する業務を建築企画と定義し、おもに建物を設計する前に必要となる業務について解説する。

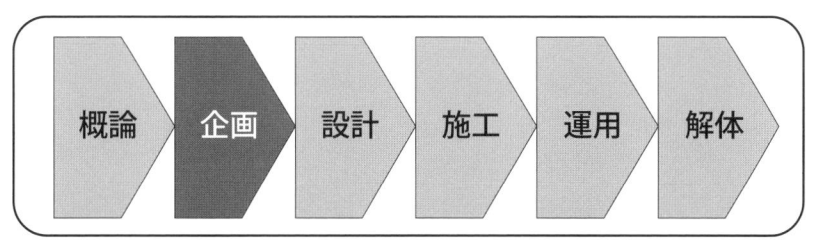

建築生産の流れ：概論 → 企画 → 設計 → 施工 → 運用 → 解体

【本章の構成】

1. 建築企画の業務
- 建築企画の重要性　　　－建築企画の独立業務化　　【キーワード】建築企画
- 業務の流れ　　　　　　－構想・計画・実施

2. 建物のマネジメントとライフサイクル
- 建築企画とマネジメント　－PDCAサイクルの活用　　【キーワード】マネジメント
- ライフサイクルによる検討　－建物の生涯設計　　　【キーワード】ライフサイクル

3. 建物リスクの把握
- 建物リスクの顕著化　　－土地神話の崩壊と環境変化　【キーワード】建物リスク
- 建物調査の重要性　　　－事業の成功の鍵　　　　　【キーワード】建物調査

4. 資金調達方法の検討
- 資金運用の原則　　　　－リスクとリターンの関係　【キーワード】資金調達、収益性評価
- 資金調達の方法　　　　－担保から事業内容へ　　　【キーワード】不動産投資信託

5. 発注・契約方式の選定
- 請負と直営　　　　　　－責任の所在による区別　　【キーワード】請負、直営
- 一括と分割　　　　　　－支払い方法による区別　　【キーワード】一括契約、分離発注、PFI事業

6. 業者の選定方法
- 特命と入札　　　　　　－選定方法の比較　　　　　【キーワード】特命（随意契約）、入札
- 入札以外の競争的方法　－コンペ、プロポーザルなど

1. 建築企画の業務

建築企画は、事業に適した建物を確保するため、建築生産全体の方向性を検討・決定する重要な役目を担う。しかし近年まで日本では、建築企画に対する認識は低く、営業もしくは設計業務の付属サービス程度の認識[1]が一般的で、その業務範囲は不明瞭かつ限定的であった。ところが、昨今の景気悪化など社会変化の影響を受けて、経営的な面から建築企画への関心が高まり、ゼネコンや大手設計事務所では営業部門や設計部門から建築企画部門が独立するようになった。また大規模な土地・地域開発では、ディベロッパーと呼ばれる建築企画業務の専門業者が活躍している。

建築企画の業務は大きく、基本構想・基本計画・事業化計画・実施の4つの段階に分けることができる（図1）。

基本構想段階では、事業の目的や期間から必要となる建物条件や費用を把握するため、立地や市場の調査など事前調査の結果をもとにおおまかな事業企画を行い、事業の妥当性などを検討する。基本計画段階では、建築生産に必要となる資金調達や運用方法の検討などを行う。事業化計画段階では、事業計画にそって円滑に業務を進めるため、具体的な事業計画と建築生産の各段階で必要となる管理体制の構築などを行う。実施段階では、事業計画にそって事業を進めていくために、設計や施工を行う業者と最適な時期と方法で契約などを行う。

このように**建築企画**では、建築・経済・金融など幅広い専門知識と技術を駆使して周到な準備（表1）を行い、建築生産の全段階を滞りなく実施するマネジメント能力が求められる。そ

1) サービスとは本来、取引の対象となりうる無形の商品であり、基本的に時間や手間を肩代わりしてもらう対価（金銭など）が必要となるが、日本では無料で奉仕することを指す場合が多い。

表1　基本計画段階で求められる項目

項目		概要
プロジェクトの目的		事業主体（施主）が建設する目的を確認する
制約条件	敷地条件	施設建設地の立地条件を明確にする
	法的規制	施設に対する法的規制等を明確にする
	建設条件	施設の種類など、当該プロジェクトの建設条件を明確にする
	利用状況	施設がどのように利用されるか調査する
	類似案件	類似の他施設の調査を行い、計画の参考にする
概略図		事業主体（施主）が建設する施設の目的・機能・使用方法・規模などの施設概要を想定し、概略設計やスケッチなどで視覚的に表現する 必要に応じて技術的検証やケーススタディを行う
マスタースケジュール		マスタースケジュールを提示 ケーススタディに従って複数のスケジュールが作成される場合もある
工事費概算		工事費を算出する
事業費概算		必要に応じ、キャッシュフロー計算書等も含んだ全体の事業費の算出を行う ケーススタディに従って複数の計算書が作成される場合もある

事業主体（施主）	企画者（コンサルタント）	設計者	施工者	その他（パートナー）

□ 建築企画の業務
□ 関連業務

基本構想段階

- 事業主体（施主）
  - ・発意
  - ・企画依頼
  - ・企画業者決定
- 企画者（コンサルタント）
  - ・企画活動開始
  - ・依頼者調査
  - ・立地環境調査
  - ・最適用途検討

提案
- ・用途業種（オフィス、マンション、商業ビル、店舗、ホテル、レジャー施設など）
- ・事業形態（賃貸、分譲、権利変換方式、証券化、BOT、BTO、PFI、信託、事業信託）
- ・所有形態（法人・個人、借地形態、共有・区分所有、SPC等新会社・組合設立）

基本計画段階

- ・事業主体検討
- ・事業予算検討
- ・資金調達検討
- ・測量（測量士）

- ・事業収支計画
- ・法令チェック
- ・企画設計
- ・敷地・立地調査（各種専門家）

提案
- ・適正規模、経営方法、既存テナント問題
- ・投資評価、長期事業収支計画、税務計画 ── 実施時期検討
- ・権利形態、共同ビル権利調整、設計計画

事業化計画段階

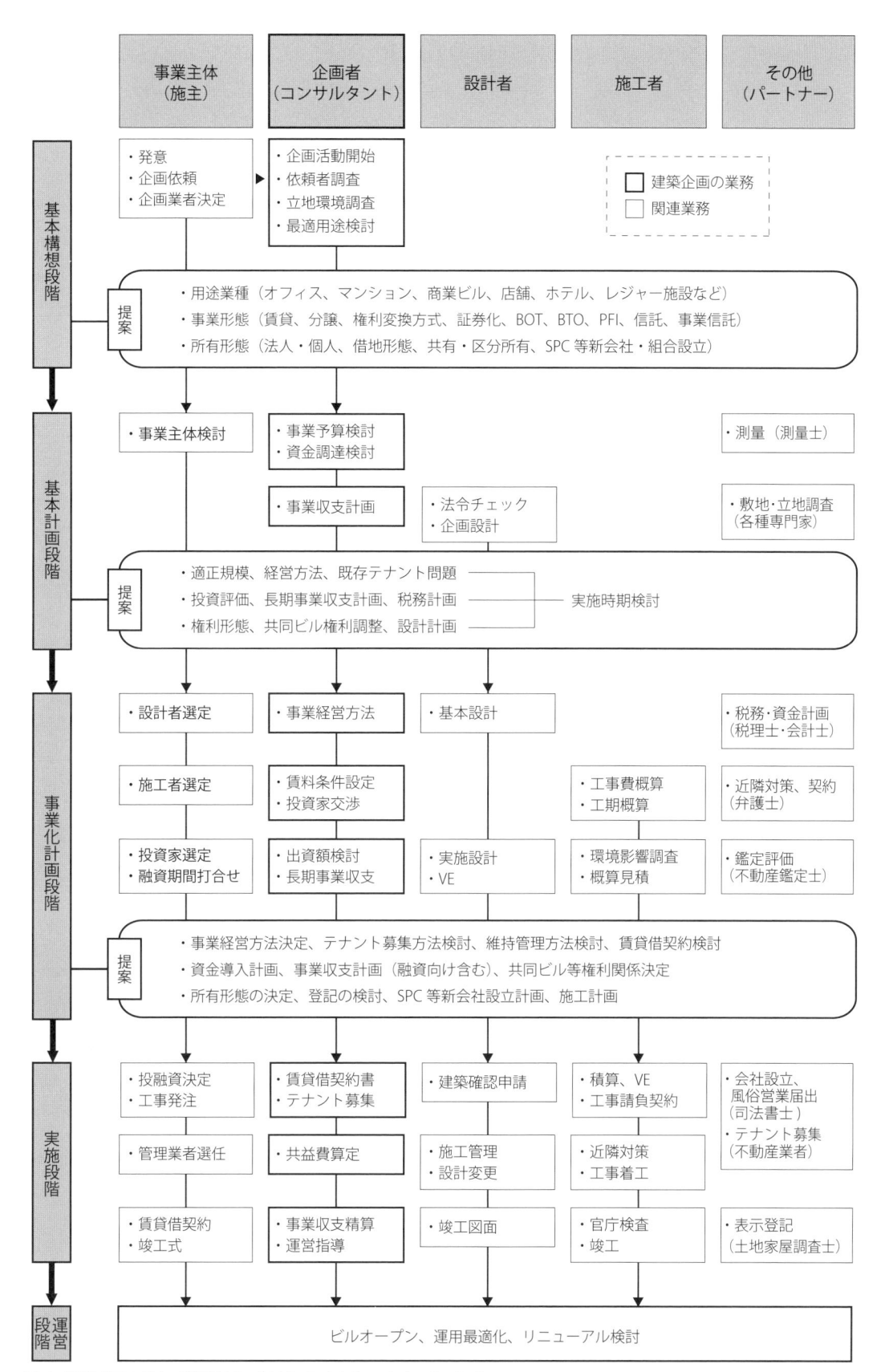

- ・設計者選定
- ・事業経営方法
- ・基本設計
- ・税務・資金計画（税理士・会計士）

- ・施工者選定
- ・賃料条件設定
- ・投資家交渉
- ・工事費概算
- ・工期概算
- ・近隣対策、契約（弁護士）

- ・投資家選定
- ・融資期間打合せ
- ・出資額検討
- ・長期事業収支
- ・実施設計
- ・VE
- ・環境影響調査
- ・概算見積
- ・鑑定評価（不動産鑑定士）

提案
- ・事業経営方法決定、テナント募集方法検討、維持管理方法検討、賃貸借契約検討
- ・資金導入計画、事業収支計画（融資向け含む）、共同ビル等権利関係決定
- ・所有形態の決定、登記の検討、SPC等新会社設立計画、施工計画

実施段階

- ・投融資決定
- ・工事発注
- ・賃貸借契約書
- ・テナント募集
- ・建築確認申請
- ・積算、VE
- ・工事請負契約
- ・会社設立、風俗営業届出（司法書士）
- ・テナント募集（不動産業者）

- ・管理業者選任
- ・共益費算定
- ・施工管理
- ・設計変更
- ・近隣対策
- ・工事着工

- ・賃貸借契約
- ・竣工式
- ・事業収支精算
- ・運営指導
- ・竣工図面
- ・官庁検査
- ・竣工
- ・表示登記（土地家屋調査士）

運営段階

ビルオープン、運用最適化、リニューアル検討

図1 建築企画の流れ（賃貸ビルの場合）（参考文献 04 章 1）を基に作成）

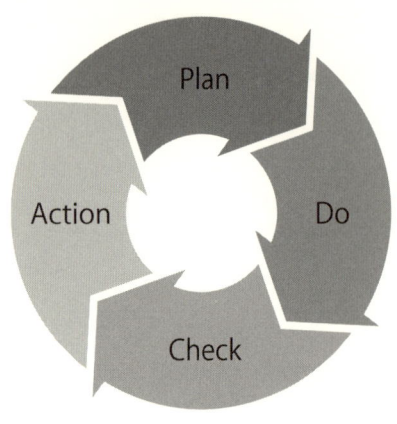

図2 マネジメントの手順（PDCAサイクル）

Plan: 企画・設計
今後何をするか
具体的に企画・計画する

Do: 実行・実施
計画に従って
業務を実行・実施する

Check：確認・評価
現状を確認し
計画の達成度を評価する

Action：対応・改善
明らかになった問題点に
対応し改善策を検討する

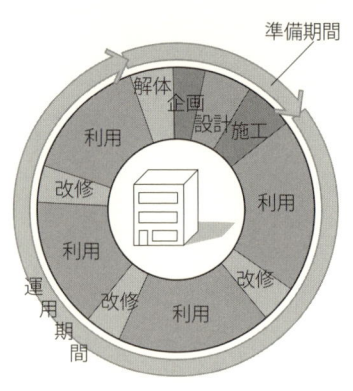

図3 建物のライフサイクル

図4 建物のライフサイクルコスト
（参考文献04章7）を基に作成）
※一般的なオフィスビルで試算（地上8F・地下1F、延床面積4千㎡、40年利用）

のため、事業主が建築生産と直接かかわりのない事業を行っている場合は、専門業者（たとえばディベロッパー）が建築企画に参加するだけでなく、その後の設計や施工にも事業主と業者の調整役として活躍する場合が多い。

2．建物のマネジメントとライフサイクル

　一般に**マネジメント**とは、与えられた目標を達成するために、人材・資金・設備・物資・スケジュールなどをバランスよく調整し、全体の進捗状況を適切に管理することを指す。また**マネジメント**では、与えられた業務をこなすだけでなく、継続的な改善を実施し、資産を最大限に活用することが求められる。建築生産でも品質向上や工期短縮を目的に、計画（Plan）、実行（Do）、評価（Check）、改善（Action）の順に業務を繰り返すPDCAサイクル（図2）を用いた**マネジメント**が行われる[2]場合が多い。

　なお建築生産の段階は、基本的に企画・設計・建設・管理・解体の順序で進むが、建物が解体されてもその敷地では新たな建物が同じ順序で建築生産を繰り返す。まるで生物の生態のように繰り返されることから、一連の建築生産は建物の**ライフサイクル**（図3）と呼ばれる。建築企画では、この建物の**ライフサイクル**を考慮したマネジメント計画が求められる。

　たとえば、建物の建設には多くの資金が必要になるので、事業者としては初期投資（イニシャルコスト[3]）をできる限り抑えたい。しかし、建物の初期投資は氷山の一角にたとえられるように、長期的にみると建物の初期投資より運用費（ランニングコスト[3]）のほうが高い（図4）。そのため、建物の**ライフサイクル**を考慮せずに初期投資を無理に低く抑えると、品質低下に伴う補修や改修などが増え、事業全体の費用はかさんでしまう可能性が高くなる。

　このように、建築企画の段階から建物の**ライフサイクル**に投

2）Actionの結果をもとに、初期のPlanの内容を継続（定着）・修正・破棄することで、次期のPlanを決定する。この一連のらせん状プロセスを繰り返すことによって、品質の維持・向上および継続的な業務改善活動が推進できるマネジメント手法として、広く一般に知られている。
なお、施工段階でのマネジメントはコンストラクションマネジメント（CM）、運用段階でのマネジメントはファシリティマネジメント（FM）と一般に呼ばれる。CMについては10章、FMについては12章の「1．建物管理の役割」を参照のこと。

3）ある事業をはじめるにあたって、建物の建設や商品の仕入れなど、事業をはじめるまでに必要となる費用を、イニシャルコスト（初期投資）と呼ぶ。しかし、イニシャルコストだけでは事業はできない。人件費、水道・光熱費など事業を継続するために必要となる費用を、ランニングコスト（運用費）と呼ぶ。

入される費用（LCC）を意識していないと、事業期間中の費用負担が大きくなり、経営的な問題に発展する場合が多くなる。また近年では、環境への影響を客観的に把握するために、建物の**ライフサイクル**に必要な資源量（LCR）やエネルギー量（LCE）などを算出し、ライフサイクル全体で環境に与える負荷を評価するライフサイクルアセスメント（LCA）が注目されている[4]。これら建物のLCC、LCR、LCEなどの管理を統括し、建物の**ライフサイクル**全体で適切化をめざす手法は、建物のライフサイクルマネジメント（LCM）と呼ばれている。

なお、古い建物を使いつづけるよりも建て替えたほうが費用面だけでなく、利用者の満足度を高めつつ地球環境への負荷も削減できると思いがちである。しかしLCMの観点から考えると、建物を使いつづけることで増加する費用や資源・エネルギー量に比べて、建て替えの際に必要となる費用や資源・エネルギー量のほうが大きくなる場合が多い。少なくとも一般的な建物を30年程度で建て替えると、60年程度まで建て替えを行わない場合に比べて、LCC、LCR、LCEは増加する。安易な建物のスクラップ＆ビルド[5]を行わないためにも、建築企画の段階から建物のLCMを考慮した検討（図5）が不可欠である。

3．建物リスクの把握

どれほど高品質で資産価値が高い建物でも、経年による劣化や故障、災害や環境の変化による思わぬ事故など、事業損失が発生する可能性（リスク）は必ず存在する（図6）。そのため、建物を入手もしくは入居する際には、機能や収益性などの要求条件（表2）だけでなく、将来起こりうる**建物リスク**に対する十分な配慮と確認が求められる。

そのため建築企画では、事業目的に適した建物の性能や形状

4) たとえば地球温暖化防止の観点から建物のライフサイクル全体で発生するCO_2（$LCCO_2$）の削減が望まれているため、$LCCO_2$が高い建物はLCAの評価が低くなる。

5) 老朽化したり陳腐化したりして機能的に古くなった建物や設備を廃棄したり、取り壊して、新しく建て替えや交換を行うことを指す。特に、短い期間でスクラップ＆ビルドを繰り返すことはLCAやLCMの観点からも望ましくない。

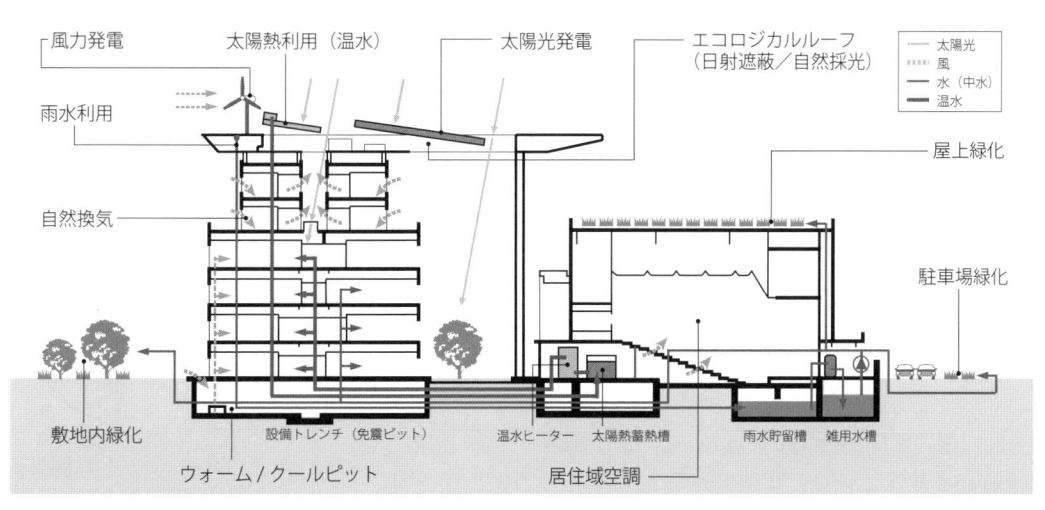

図5　$LCCO_2$削減手法の例

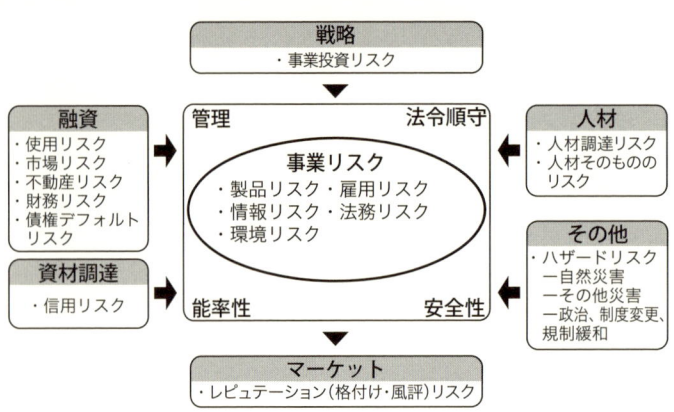

図6 一般的な事業とリスク

表2 建物に関する要求条件

立地条件	イメージ	地名、地域・オフィス街集積のイメージ 土地柄、風紀環境、同業他社との関係など
	利便性	交通アクセス：通勤と業務上 生活インフラ：飲食、銀行、郵便局、病院、コンビニ
建物性能条件	イメージ	建物グレード：規模（高層など）、外観、新しさ
	性能	構造：耐震レベル、階高ゆとり、築後年数 設備：電気空調容量、通信インフラ、エレベーター
賃借条件	賃借条件	必要面積、フロア数 支払い賃料額・預託金（敷金・保証金）額
	予算と相場の関係	立地：地域、交通利便など要求条件との兼ね合い 建物：グレード、設備性能など要求条件との兼ね合い

　の確保に加え、**建物リスク**を最小限に抑える事前対策が重要な作業となる。特に建物は不動産なので、建物の品質以上に敷地条件の変化が建物リスクに結び付くことを考慮して建築企画を進める必要がある。

　なお日本では、バブル景気と呼ばれた1990年代の好景気のころまで、建物の資産価値の低下[6]以上に土地の資産価値が上昇を続けていた。そのため、土地と建物を合わせた不動産全体の資産価値は基本的に下がることはなく、建物リスクへの関心は低かった。しかしバブル景気後、土地神話の崩壊による不動産価格の下落をきっかけに、建物リスクへの関心が高まった。また、外資系企業の不動産事業への参入が増えたこともあり、これまで土地に偏っていた資産評価から、建物と敷地を同等に取り扱う資産評価への転換が進んでいる。

　具体的な建築企画の業務は、対象物の適正価格の算定や不要な建物リスクを避けるために行う**建物調査**（図7）からはじまる[7]。一般に建物調査は、マーケットや財務分析といった経済的側面、権利関係や訴訟の有無といった法的側面、環境リスクや建造物の強度といった物理的側面という3つの視点から実施される。建物調査が十分に行われていないと、適正価格より

[6] 建物は時間が経つにつれて古くなり傷みも多くなるため、資産価値は徐々に低くなるのが当然だと日本では一般に考えられている。そのため現在、日本の建物の資産価値は建設後20年程度でほぼゼロになる。しかし欧米の認識では、適切な改修などが実施されている建物であれば、基本的に資産価値は低くならないとされている。

[7] 建物調査は、金融業界ではデューデリジェンスと呼ばれる。一般には、投資用不動産の取引や、企業が他社の吸収合併（M&A）や事業再編、あるいはプロジェクトファイナンスを実行する際、果たして本当に適正な投資なのか、また投資する価値があるか否かを判断するため、事前に行う詳細な調査のこと。

高い購入代金の支払いや、建物入手後の瑕疵[8]の発覚などの事態が生じる可能性がある。また、建物リスクを最小限に抑えるために、建物調査を公認会計士や弁護士、不動産鑑定士などから構成された専門家のチームが行う場合が多い。

なお、不動産投資は一般に金額が大きく、事業に与える影響が大きいので、収益が少なくても確実に利益（リターン）を得られる事業、もしくは投資効果が高く大きな利益が得られる可能性が高い事業であることが求められる[9]。そのため投資家は、事業内容だけでなく建物条件に関する多角的な調査からリスクとリターンのバランスを把握し、投資に見合う資産価値をもつ建物であるか否かを判断する必要がある。

[8) 対象となる物（ここでは建物）が取引上、一般に要求される品質が欠けている場合など、欠陥がある状態を指す。なお、売買の目的物に瑕疵があれば、それが取引上要求される通常の注意では気づかぬものであっても基本的に売主の責任となるが、買主への影響は免れない。

9) リスクとリターンの関係は基本的にトレードオフ（二律背反）であり、より高いリスクを受け入れれば、より高いリターンを得ることができる。なお一般に、建物への投資は、金額が大きく流動性が低い（高いリスク）ため、国債購入などに比べて長期的に安定した投資効果（高いリターン）が求められる。

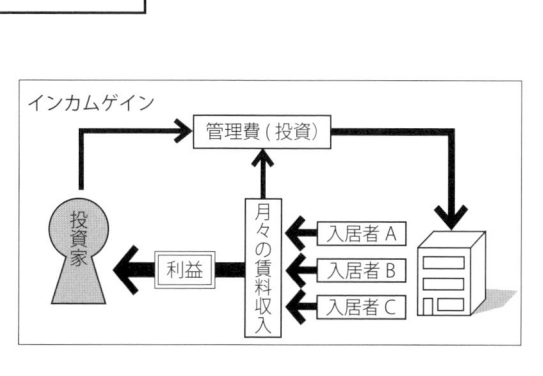

4．資金調達方法の検討

事業に必要となる資金を外部から円滑に調達するためには、建築企画の段階で金融・証券市場からの**資金調達**を検討する場合が多い。

まず**資金調達**では、投資効果が高い事業であることが求められるため、建物調査の分析結果など客観的な資料をもとに中長期的な事業計画を作成し、出資者に投資効果を納得させることが重要になる。

また建物による収益（図8）は大きく、建物価格の上昇による収益（キャピタルゲイン）と、建物で行う事業による収益（イ

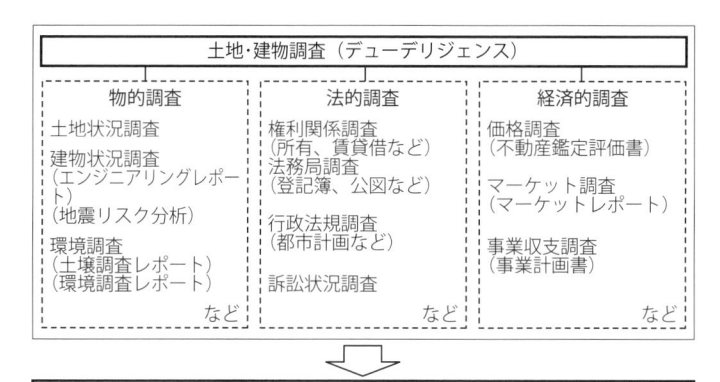

図7　土地・建物調査の項目

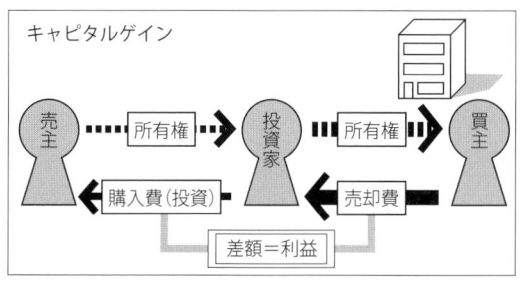

図8　所有建物からの利益

ンカムゲイン）に分けられ、諸経費を引いた収益と投資額の関係から投資判断を行う。近年は、キャピタルゲインがあまり望めない状況が続いているため、インカムゲインを重視した投資判断が行われる。そのため、オフィスビルや商業施設などテナントの賃料がおもな収益になる賃貸物件の場合は、複数の**収益性評価**（表3）をもとに建物への投資金額を決定する。

なお近年まで、日本の建築生産における資金調達は、土地を担保にした金融機関からの借入れや株式・社債の発行によるコーポレートファイナンス（図9）しか選択の余地がなかった。コーポレートファイナンスは、対象事業ではなく融資先（借り手）の信用力や格付けを担保にするため、有望な事業であっても融資額に見合う土地や現金をもたない事業主は資金調達が困難であった。また対象事業が破綻し、担保を売却しても債権額が不足する場合は、担保対象以外にも返済義務が生じるため、他事業への影響を考えると積極的な事業投資は難しい状況であった。

しかし、規制緩和や外資企業の参入などにより資金調達の選択の幅が広がり、近年では対象事業を担保に投資するプロジェクトファイナンス[10]（図9）が注目されている。プロジェクトファイナンスでは、対象事業の建物や収益を担保にするため、融資先の信用力や格付けよりも事業の収益性が評価され、将来性がある事業であれば資金調達が可能になる。また基本的に、金融機関が融資への返済範囲を対象事業に限定し、リスクを一部負担する見返りに高めの金利設定や利益の一部を成功報酬として受け取るしくみなので、他事業への影響が少なく積極的な事業投資が見込まれる。

また株式や社債と同じように、一般に投資家から集めた資金で建物を運用し、賃貸収益や売却益などを配当金として投資家に分配する不動産投資信託も注目されている。特に、複数の不動産を少額の証券に分割する不動産の証券化により、個人投資家でも不動産への投資が容易になったことから、日本の**不動産**

10) プロジェクトファイナンスを成功させるためには、個々のプロジェクトの経済的・技術的・法的側面にまで踏み込んだ分析を行う必要がある。そのため、貸し手側にもさまざまな分野の知識や専門性が要求される。なお、従来の融資に関する意思決定と比べると、プロジェクト自体の価値を綿密に審査することになるため、プロジェクトに関するリスクを正確に把握して、そのリスクを低減・分散することができるという長所がある。

表3　建物に関する投資の判断指標

評価方式	評価概要	評価対象	
		不動産価格	賃料
原価方式	不動産の再調達に要する費用に着目して評価する方式	原価法 （対象不動産の再調達原価[1]から減価修正を行って価格を試算）	積算法 （対象不動産の基礎価格[2]に必要諸経費などを加味して賃料を試算）
比較方式	過去に行われた実際の不動産取引の事例から評価する方式	取引事例比較法 （近隣・類似地域における取引事例をもとに価格を試算）	賃料事例比較法 （多数の賃貸事例の中から最適な事例に基づいて賃料を算出）
収益方式	対象不動産から生み出されるであろう収益から評価する方式	収益還元法 （対象不動産が将来生み出すと期待できる価格の差から価格を試算）	収益分析法 （対象不動産が将来生み出すと期待される収益から賃料を算出）

1) 現時点において同じ不動産を購入したとする場合に必要となる原価（コスト）の総額
2) 積算賃料（積算法によって求められる試算賃料）を求めるための基礎となる価格

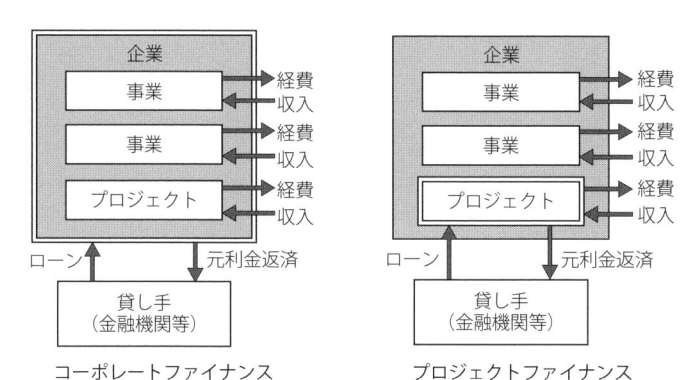

図9　外部からの資金調達方法（□：融資対象）

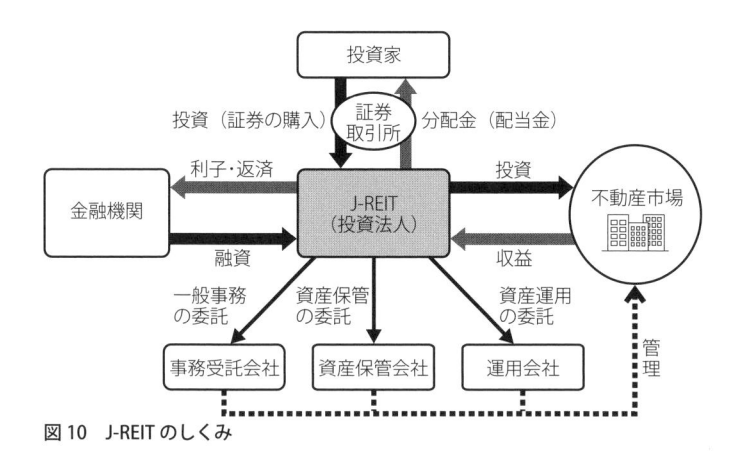

図10　J-REIT のしくみ

投資信託（J-REIT）[11]の市場（図10）は近年急激に拡大している。

5．発注・契約方式の選定

　資金が確保できる目処が立てば、次は設計や施工など建築生産の各段階ごとに発注方式もしくは契約方式[12]を決定しなくてはならない。

　なお、建築生産における発注・契約方式は責任の所在によって、大きく、業者の責任が発注者よりも重い請負と、発注者の責任が業者よりも重い直営に分けられる（図11、表4）。

　請負とは、業者（請負人）が業務を完成させることを約束し、発注者は完成した業務に対して契約した金額を業者に支払うことを約束する発注・契約方法である（表4）。請負の場合、業者が業務の完成に対してすべて責任を負うため、業者側の負担が大きい。しかし業者は、他業者に業務の一部を代行させるなど比較的自由に業務のマネジメントを行うことが可能である。そのため、請負業務を代行させる業者を元請（元請負人）、代行する業者を下請（下請負人）と呼ぶ重層構造が構成されている[13]。

　一方、**直営**（もしくは委任）とは、業者が業務を行った作業

11）投資家から集めたお金や金融機関から借りたお金をもとに、不動産投資法人が不動産により得られた利益（賃料）から投資家へ分配金を支払う投資信託（ファンド）であり、一般に REIT（Real Estate Investment Trust）と呼ばれる。投資信託（ファンド）ではあるが、東京証券取引所などに上場しているため、株式と同様に市場で売買できる。

12）発注者は業務を業者に発注し、双方の合意が得られれば契約に至るため、基本的に発注方式と契約方式は同じである。

13）建設業は基本的に受注生産で、受注が不安定なため常時多くの職人を抱えることができず、受注に対応できない場合は下請を使う重層構造に頼らざるをえない産業構造をもつ。なお建設業法では、受注したすべての業務を代行させる請負（丸投げ）は禁止されている。

04章　事業の方向性を固める　49

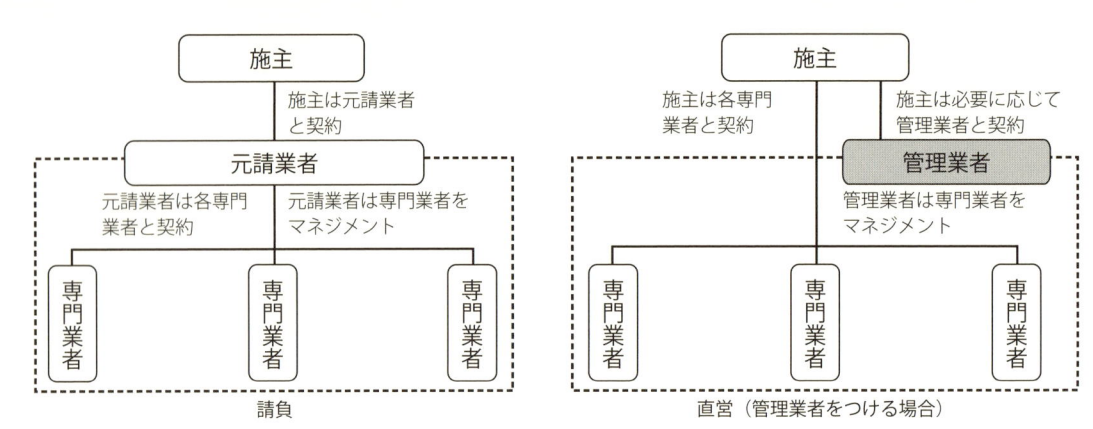

図11 契約方法の違い

表4 契約方式と責任

区分	内容	おもな適用範囲	価格	業者の完成責任
請負	施主が業者にシステム（成果物）の完成を依頼	建物の施工で採用される事例が多い	成果物に対する確定価格	瑕疵担保責任があるため、納期遅れや不具合は責任を問われる
委任（準委任）	施主が業者にまとまった業務を委託	設計や保守・運用で採用される事例が多い	対象業務の対価。「作業者の単価×人工」で算出する事例が多い	基本的に完成責任はなく善意をもって対処すればよい
派遣	指定したスキルを備えた人材の派遣を依頼	保守・運用で採用される事例が多い	「作業者の単価×人工」が基本	完成責任を負わない

量に応じて報酬を払う発注・契約方式である。直営は基本的に、人工[14]量に作業単価を掛けた金額をもとに契約金額が決まる。直営の場合、業務の完成を約束する契約ではないため、業務の最終責任は発注者にある。そのため、発注者側の負担が請負に比べて大きいが、発注者は業務の進行や品質を自由にマネジメントすることが可能である[15]。建築企画の場合、建築生産を専門としない発注者が単独で直営を行うのはリスクが高いため、専門業者にマネジメント業務の一部もしくは全部を委任する場合が多い。

また、契約方法は支払い方法によっても、大きく、業務が完了した時点で契約金を一度に支払う**一括契約**（一式請負）と、業務の進行状況に合わせて契約金を分割して支払う**分離発注**（分割契約）[16]に分けられる。分離発注は一括契約に比べて手間はかかるものの、契約金の支払いが分割されるため、発注者・業者ともにリスクが小さくなるなどの利点がある（図12）。

なお近年では、複数の事業主による共同事業や、官と民の共同事業など、発注・契約の形態が複雑になる傾向があるため、建築企画の専門業者が活躍する場面が多い。たとえば**PFI事業**（図13）では、公共施設等の建設・維持管理・運営などを民間の資金・経営能力および技術的能力を活用し、国や地方公共団

14) 建築生産では、人数と日数もしくは作業時間を掛けた単位を人工（にんく）と呼ぶ。

15) 同じ委任契約でも、業務ではなく労働力を発注する契約を派遣と呼ぶ。契約対象が業務内容であれば「直営」、業務内容を問わない労働力（人数・時間）であれば「派遣」となる。

16) 分離契約（発注）の本来の目的は、安く契約（発注）することではなく、不透明なコストを明確にし、同じコストでもより品質の高い工事をする業者を選定することである。そのため、一括契約（発注）を分離契約（発注）にすれば安くなるというような短絡的な考えは間違いである。また分離契約（発注）の場合は、責任の所在が不明瞭な場合が多いため、最終的な責任を誰がとるのか明確にしておく必要がある。

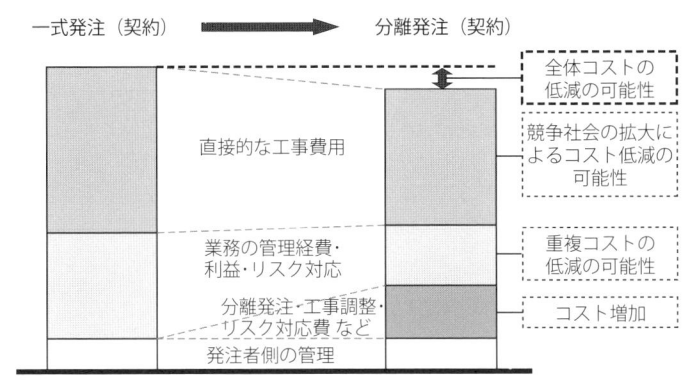

図12　分離発注（契約）のコスト

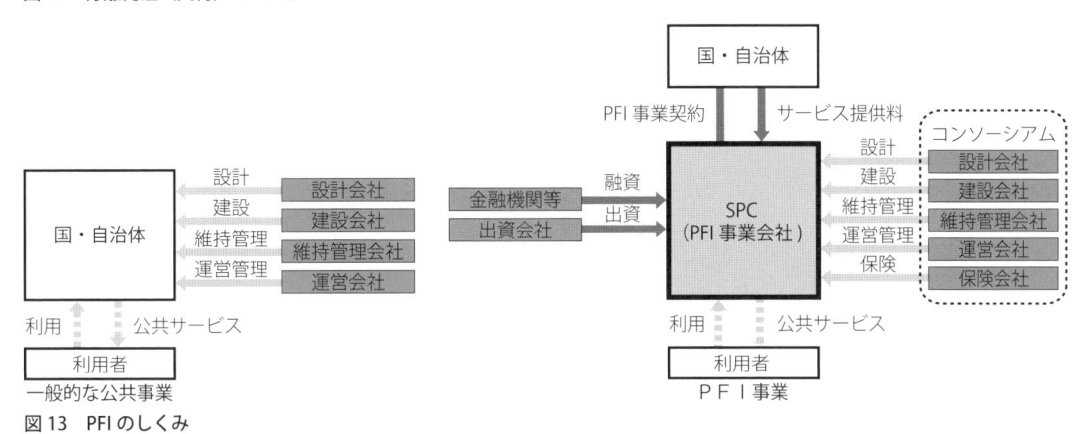

図13　PFIのしくみ

体が直接実施するよりも効果的な公共サービスを提供する[17]ために、特別目的会社であるPFI事業会社[18]に事業を委託する。

6．業者の選定方法

発注・契約方式の選定が決まったら、業者の選定を行う。建物の品質や費用は、設計や施工を行う業者の影響が大きいため、客観的な視点から業者の選定方法を決定することが重要である。

一般に業者の選定方法は大きく、特定の業者を指定する非競争的方法と、ある条件をもとに複数の業者から選択する競争的方法に分けられる（表5）。

指定業者や特殊技術をもつ業者など、発注者と業者の信頼関係を前提に非競争的方法で業者を選定し、契約することを**特命**もしくは**随意契約**と呼ぶ。民間事業では、特命が多く採用されているが、公共事業では業者との癒着を避けるために特別な理由がない限り非競争的方法は採用されない。

一方、競争的方法は、競争の対象となる事項によって多くの選定手法が存在する。代表的な競争的手法である**入札**は、提示した業務内容に対してもっとも低い価格で入札した業者と契約する手法である（図14）。ほかの選定方法に比べて契約金額を

17）PFI事業では、支払い（Money）に対してもっとも価値の高いサービス（Value）を供給する能力であるバリューフォーマネー（VFM、Value for Money）が評価される。VFMの評価は、従来型の公共事業とPFI事業のLCCとの比較により行う。この場合、PFI事業のLCCが従来型を下回ればPFI事業にVFMがあり、上回ればVFMがないという判断を、業務を委託した地方公共団体が行う。

18）PFI事業では、サービスの安定的かつ継続的な提供が求められるため、PFI事業に参加する企業（コンソーシアム）の経営状態がPFI事業に悪影響を与えないように、「特別目的会社」（SPC：Special Purpose Company）を設立し、この親会社から独立したSPCがPFI事業会社としてPFI事業を実施する。

なおSPCは、事業に必要な資金をプロジェクトファイナンスで調達し、コンソーシアムに参加している企業と工事請負契約や管理運営委託契約などの個々の契約を結び、PFI事業を実施する。また、事業リスクを回避するため、SPCは保険会社と保険契約を締結する場合もある。

04章　事業の方向性を固める　51

表5 業者の選定方法

選定方法	競争区分	評価軸		評価概要
入札	競争	提案内容	協議なし	発注者が提示した条件に対してもっとも低い費用を提出した候補者を選定
見積合わせ			金額	発注者があらかじめ準備した見積もりと提出された見積もりを比較し、金額や提案内容（技術力）を勘案して候補者を選定
コンペ（競技）			協議あり	対象施設に対する具体的な提案を提出させ、提案内容（技術力）によって候補者を選定
プロポーザル		提案者	技術	業務実績や対象施設への取り組み方針を確認し、候補者を選定
特命（随意）	非競争			特定の候補者と契約

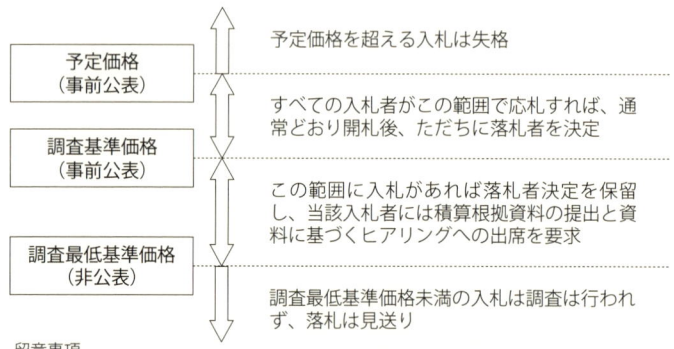

```
予定価格          ↕  予定価格を超える入札は失格
（事前公表）
                 ↕  すべての入札者がこの範囲で応札すれば、通
調査基準価格         常どおり開札後、ただちに落札者を決定
（事前公表）
                 ↕  この範囲に入札があれば落札者決定を保留
                    し、当該入札者には積算根拠資料の提出と資
調査最低基準価格       料に基づくヒアリングへの出席を要求
（非公表）
                 ↕  調査最低基準価格未満の入札は調査は行われ
                    ず、落札は見送り
```

留意事項
1）入札時に提出する積算内訳書は入札金額と同額のものを提出する必要あり
2）調査基準価格を下回り調査対象になると、資料の提出が必要

図14 入札（低入札価格調査）制度

低く抑えつつ選定する手間を省くことができるため、公共事業で多く採用されている。しかし、契約金額が低いほど品質の確保は難しいことや、最低限の品質の確保と公正な競争を妨げるような不当に低い価格による入札（ダンピング）を避けるために、事前に最低入札価格を定め、その最低入札価格にもっとも近い入札金額を提示した業者と契約を結ぶ場合が多い。それでも不正な競争を完全に避けることは現実には難しく、事前に業者どうしで協定を結び、入札する業者や価格を調整する不正行為（談合）が社会問題になっている[19]。

ほかにも競争的方法には、複数の業者に依頼した業務の見積書を精査して業者を決定する見積合わせ、技術・設計力をプレゼンテーションさせて審査するコンペティション、これまでの実績や取り組みに関するプレゼンテーションで選定するプロポーザルなどがある。しかし、価格以外の競争は客観的な評価が難しく、どの選定方法も一長一短であるため、事業計画に合った選定方法を慎重に検討する必要がある。

[19] 建設投資が減ると、多くの業者が少ない仕事を取り合うため、どうしてもダンピングが発生しやすい。談合は不透明な金銭の授受が発生しやすく、公平な競争を妨げる不正行為ではあるが、業者間で価格を調整し、ダンピングによる倒産を減らす目的で行われる側面をもつ。

05章 バーチャルとリアルの世界をつなぐもの ─構工法

　バーチャルな世界（設計図や模型）とリアルな世界（実物）の一番の違いは、図面や模型はつなぎ目がないのに対し、実物は必ずつなぎ目があることである。空間としての機能、構造性能、環境性能等々は、完成した状態の建築であるが、それをいったんばらばらにして再構築するのがリアルの世界である。その分解の仕方と再構築の方法が構工法である。
　本章ではその構工法について解説する。

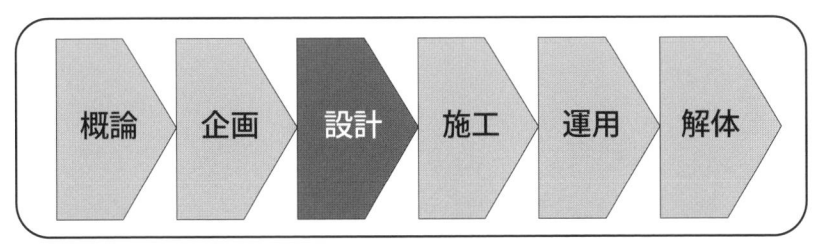

概論 → 企画 → **設計** → 施工 → 運用 → 解体　　建築生産の流れ

【本章の構成】　　　　　　　　　　　　　　　　　　　　【キーワード】

1. バーチャルとリアルの差異
- 道路を運ぶということ　　　　　─輸送制限　　　　　　つなぎ目
- 現場内運搬ということ　　　　　─運搬制限　　　　　　現場内の制限寸法
- 「定尺」という考え方　　　　　─材料の規格と流通品の寸法　モジュール、定尺

2. 構法と工法
- 構法と工法の違い　　　　　　　─ありようとやりよう　構法、工法
- 構工法の言葉が誕生した背景　　─不可分の関係の構法と工法　構工法

3. 構工法と設計
- 設計施工一貫方式　　　　　　　─ルーツとしての大工　設計施工一貫方式、大手ゼネコン
- 日本における建築家職能の誕生　─建築教育　　　　　　建築士
- 技術開発　　　　　　　　　　　─技術の体系あるいは標準　自動化施工／全天候施工システム

4. 構工法の成り立ち
- 材料と構造方式の関係　　　　　─組み合わせによる成り立ち　構造材、構造方式
- 生産方式の分類　　　　　　　　─技術の体系による分類　オープンな技術、クローズドな技術

5. 構工法とデザイン
- 新たなデザインの可能性　　　　─技術の裾野の広がり
- デザインと技術の関係　　　　　─要素を媒介する構工法　構工法とデザイン

1. バーチャルとリアルの差異

　設計図や模型と実物の違いは何か。それは、大きさであり、素材であり、性能でありとさまざまではあるが、一番の違いは、図面や模型は基本的には**つなぎ目**を気にしないのに対し、実物は**つなぎ目**をどうするかが大きな問題になることである。

　それが何に規定されるかというと、大きくは、運搬上の制約と材料の規格や流通品の寸法に分けられる。

　前者は、①道路を通行できる車両の大きさ（そこに積載可能な荷物の大きさ）、②クレーンなどの重機やリフトの能力、そして最終的には、③人間が持ち運べる大きさと重量に規定される。

　ここではまず、道路の通行について説明することにしよう。

（1）道路を運ぶということ

　道路を運べるものには、制限がある。表1にその概要を示すが、長さ（セミトレーラでは、連結装置中心からセミトレーラの後端までの水平距離）12m、幅2.5m、高さ3.8mというの

表1　法令による車両寸法の制限

	管轄	長さ（全長）	幅	高さ
保安基準	国土交通省	トラクタ、トレーラともに12m以下 セミトレーラは、連結装置中心からの長さ	2.5m以下	3.8m以下
車両制限令	国土交通省	一般道：12m以下 高速道路： セミトレーラ連結車：16.5m以下 フルトレーラ連結車：18m以下	2.5m以下（積載物含む）	3.8m以下（積載物含む）
道路交通法	警察庁	12m以下 積載物のオーバーハングは車両の連結全長×0.1m以下	2.5m以下（積載物はみ出し不可）	3.8m以下（積載物含む）

写真1　フィートコンテナ

写真2　鉄骨の建て方風景

が最大限の寸法である。よって、運搬できる大きさもこれに準拠することになる。その最大寸法は、海上コンテナで一番大きな40フィートコンテナに準じた大きさ、長さ40フィート×幅8フィート×高さ8.6フィート（12,192mm×2,438mm×2,591mm）となる（写真1）。

たとえば、写真2に示すように、鉄骨構造の高層オフィスビルでは、3層分（3階分）の柱をひとつの単位（これを3層一節という）にするのが一般的である。そのわけは、オフィスビルの階高は4m前後とするのが一般的で、3層分の12mが輸送制限いっぱいの寸法となるからである。実際、鉄骨だけでなく、プレハブ建築、プレキャストコンクリート部材[1]などの多くの寸法が、この輸送制限により規定されている。

この制限を超える場合は、特別の手続きが必要になるので、よほどの問題がない限り、制限寸法を超えることはない。

つなぎ目のない設計図を、この輸送制限を考慮して分割し、つなぎ目をどうするかを考えることは、実務では大変重要である。幅2.5m、長さ12mという数字は、必ず覚えてほしい数字である。

（2）現場内の運搬ということ

次に、現場内の運搬について考えておこう。現場内の運搬には、水平移動と垂直移動がある。水平移動には自動車や台車、人力によるが、通路の幅や移動経路にある扉、階段などにより大きさが制限される。

また、留意しなければならないのは、現場内の制限は工程（時間）により変化するということである。たとえば、出入り口の大きさは、躯体（骨組）だけのとき、下地（枠）がついたとき、扉がついたときというように、徐々に狭まる。よって、いつ搬入するかによっても、**現場内の制限寸法**は異なる。

続いて、垂直移動について説明しよう。垂直移動は、クレーンやリフト（エレベータ）などで行うことが多く、機器の能力により運搬できる大きさや重さが決まる。

たとえばクレーンには、定格荷重という吊り上げ可能な荷重の限度が決められている。定格荷重は、クレーンのジブ[2]傾斜角およびジブの長さに応じて負荷させることができる最大の荷重からフック、フックブロック、グラブバケットなどの吊り具の質量を引いた荷重を指す。定格荷重は、ジブ傾斜角とジブ長さで変化するので、作業半径が大きく、傾斜角が小さいほど揚重できる荷重は小さくなる（図1）。

人間が自力で運べる大きさや重さに限度があることは容易に理解できると思うが、最終的に考慮すべき重要な事項に作業姿勢がある。なぜなら、現場ではどのような作業においても、最終的には人間が身体を使って作業するからである。その際、人間は上を向いて行う「上向き作業」において、作業者に大きな

[1] プレキャストコンクリートは、現場で組み立てを行うために、工場であらかじめ製造されたコンクリート部材のこと。略してプレコン、プレキャストと呼ぶこともある。

[2] ジブ（jib）とは、重量物を持ち上げるために動力部から突き出している腕のことをいう。

図1 クレーンの構造と各部名称

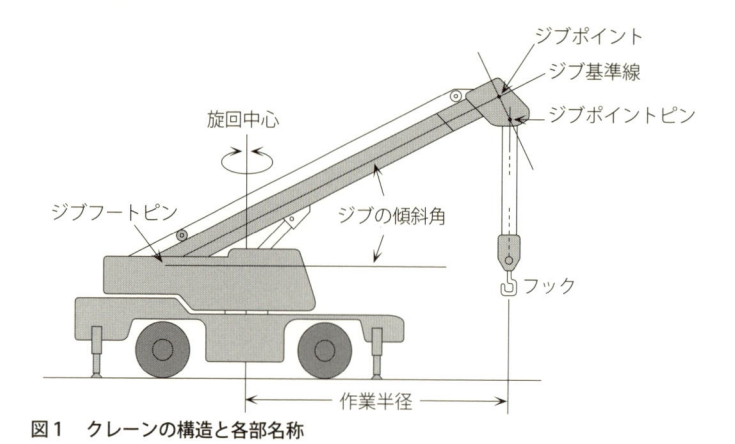

肉体的負担がかかると同時に、作業能率が著しく低下する。よって、計画時には、極力「下向き作業」となるように配慮する必要があることを覚えておいてほしい。

（3）定尺という考え方

次に、材料の規格や流通品の寸法について解説しよう。まず基本的には、わが国の建築の世界では、古くから使われている尺貫法に基づいて、3尺（約909mm）を単位とした**モジュール**が生きていることを覚えておいてほしい（表2）。

そのうえで、建築基準法などの法律や、使いやすさなどにより、よく使う寸法がある程度集約されており、それに対応して、「定尺」という考え方が定着している。**定尺**とは、規格寸法や流通寸法の中でも、よく使われる寸法が選別されたものと考えればよい。

たとえば木造住宅では、管柱の材は3m、通し柱は6mが定尺である。住宅の階高は2,800〜2,900mm程度とするのが一般的であるが、それは、3mの管柱材から接合のための「ほぞ」[3]の分を差し引いた寸法だからである。

材木の断面寸法は、正方形の正角材では、一辺の長さを寸で呼ぶのが一般的で、サンゴ角（3寸5分≒105mm）、3寸角（90mm）、4寸角（120mm）といった定尺がある。横架材（梁材）は、長方形断面の平角材が用いられるが、幅は柱材に対応した3.5寸と4寸が一般的で、それに対して梁せい方向の定尺寸法がある。表3に示すように5寸（150mm）から1寸（30mm）きざみの定尺があり、おおむね1尺5寸（4,500mm）程度までの材が流通している。長さは、4mが流通上もっともよく使われるが、5mや6mの定尺もある。4mがよく使われる理由は、一般的なトラックの荷台に平積みできる長さだからである。

普通合板、構造用合板、石膏ボードなどのボード類には、サブロク、サンパチなどと呼ぶ定尺がある。

サブロクは3尺×6尺（910mm×1,820mm）、サンパチは3尺×8尺（910mm×2,440mm）のことで、シハチ（1,220

3）ほぞ（臍）は、木材を接合するために設けられる部材端部の凸型の突起のこと。

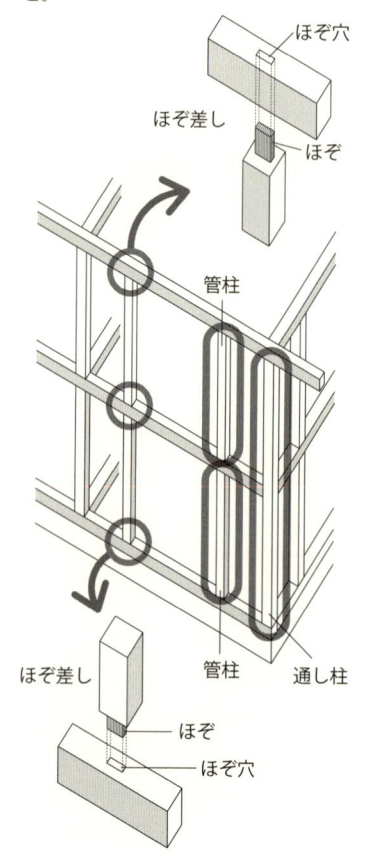

表2　尺貫法モジュール

1分≒3.03mm　1寸=10分≒30.3mm　1尺=10寸≒303mm
1間=6尺≒1818mm　半間=3尺≒909mm
半間=3尺が尺貫法における日本の建築の基本モジュール
＊3尺≒910mmとすることも多い
1間×1間=1坪≒3.3㎡
1坪は畳2畳に相当（江戸間では壁芯寸法）

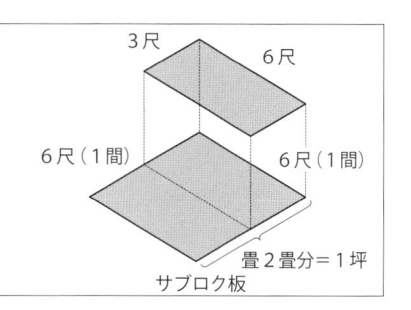

表3　材木の定尺寸法

長さの定尺　3m、4m、5m、6m
正角材の断面の定尺　流通材としては105mm、120mm、150mm
平角材の幅　105mmと120mm
せいの寸法は30mmきざみで、120（正角）、150、180、210、240、270、300、330、360、390、420、450

mm×2,440mm）なども使われる[4]。集合住宅（マンション）で天井高が2,400mm程度になることが多いのは、長辺が8尺（2,440mm）のパネルを効率よく利用できるからである。

このように、建築の世界にはデファクトスタンダード[5]というべき寸法があり、これを無視すると材料の無駄や輸送の無駄、採寸、切断などの余計な作業を増やすことになる。輸送制限や「定尺」を知ることは、建築を生業とする者の基本である。

2. 構法と工法

高度成長期以降、需要の急拡大による大量生産や超高層、大空間など建物の大規模化の要求などにより現場作業の省力化、工期短縮を目的にしたさまざまな新しい構法や工法が開発されてきた。また、材料や設備が進歩し、機械化も進展した。特に1980年代半ば以降は、旺盛な建設需要とも相まってさまざまな構工法が開発されるようになった。いわゆるバブル経済期にその頂点を迎える。

技術が多様化すると、個々の技術は専門性の度合いを深めるようになる。また、新たな需要と技術の占有化は、新しい産業領域を誕生させることがあり、それに伴って建設産業の裾野は大きくなる。

バブル期の建設産業（特に元請に位置づくゼネコン）は、造注・拡注などの言葉に代表されるように、より川上側の領域を志向するようになった。責任施工、自主管理というかたちで現場の技術や管理は川下（下請）側に委譲され、逆に下請の側は専門的なノウハウを蓄積するようになった。**構工法**という言葉が使われるようになったのは、ちょうどそのころ、1990年前後のことである。

4）コンクリートの型枠用合板（コンパネ）の場合は、3尺=900mmの寸法が採用されており、サブロクが基本サイズで、大きさは900mm×1,800mmとなる。通常の合板とはサイズが異なるため、注意が必要である。ちなみにコンパネは通常、ラワン製で、赤みを帯びている。

5）デファクトスタンダードのde factoは、ラテン語の「事実上の」という意味をもつ。デファクトスタンダードは、法律などで規格が定められているわけではないのに、事実上の標準として浸透している市場や業界のことをいう。家庭用ビデオとして盛衰をきわめたVHSや、パソコンのOSにおけるWindowsなどがその一例としてあげられる。

表4 構法と工法の違い

構法	・「ありよう」≒Building Construction（What to build） ・直訳すれば、どのようにつくるか ・どちらかといえば設計側の範疇に属するもの ・建設産業以外ではあまり使われない言葉 ・工法に比べて新しい（おもに戦後用いられるようになった言葉）
工法	・「やりよう」≒Construction Method（How to build） ・直訳すれば、どうやってつくるか ・どちらかといえば施工側の範疇に属するもの ・製造業などでも使われる言葉

構工法とは、構法と工法の造語である。従来、**構法**は建築の「ありよう」を指す設計側の概念とされてきた（≒Building Construction）。そして、**工法**は「やりよう」を意味する施工側の概念とされてきた（≒Construction Method）。そして、構法という言葉は工法に比べて新しく、戦前にはあまりみられない言葉である（表4）。

構法が設計側の概念とするなら、この言葉が誕生する以前は、設計側には構法の概念がなかった、あるいは必要なかったということである。実際、建築に用いることが可能な材料や構造技術は限定的で、ゆえに建物の規模やかたちには一定の制約があり、設計側が構法、すなわち技術的側面を考慮する必要性は高くはなかった。

また、構法と工法の言葉が並立できた時代は、それらの線引きが暗黙裡に成立していたということである。それが、そうではなくなったがゆえに、構工法という言葉が生まれたのである。

建設産業においては、元請は工事を細分化し、請負契約によってそれを専門工事会社に発注する。請負契約というのは、元来プロセスを問わないものであるから、分離発注されたそれぞれの工事の中には、各々の下請独自のシステムが含まれることになる。すなわち、実際に施工を担う下請会社が確定しないと工法が確定せず、工法と構法の相性により構法が変更されるというような事態が少なからず生じるようになった。また、下請会社は単に作業を請け負うだけでなく、材料や独自の技術をもつので、それが仕様書に明記されることになれば、工法というよりは構法といったほう相応しい場合もあり、構法と工法は不可分になった。これが、**構工法**という言葉が使われるようになった理由である。

3. 構工法と設計

構法と工法が明確に区分できるということは、設計と施工、元請と下請のあいだに暗黙裏の分担関係が成立するということである。上述のように、歴史的にみると、構法という言葉は工

法より新しく、戦後に一般化した言葉である。それまでの日本では、大工（棟梁）が設計と施工の責務を一括して担う方式だったがゆえに工法一辺倒であったと考えられる。

現代においても、日本ではゼネコンや工務店が設計と施工を一貫して行う**設計施工一貫方式**（Design Build）が多い。この方式は、諸外国では一般的ではなく、大工（棟梁）方式を踏襲している日本の特質ともいえる。実際、日本の**大手ゼネコン**の多くは、大工をルーツにしている[6]。

日本で建築家（Architect）という職能が認知されたのは、明治政府が雇用したお雇い外国人によってである。お雇い外国人とは、幕末から明治にかけて、ヨーロッパ、アメリカの先進文化を急速に移入するために、指導者や教師として雇用した外国人のことをいうが、建築に関連してはジョサイア・コンドル[7]やトーマス・ジェームズ・ウォートルス[8]が有名である。

日本で本格的な建築教育がはじまったのは、1877（明治10）年に工部大学校造家学科[9]にジョサイア・コンドルが招聘されてからである。その第一期生として、1879（明治12）年に、辰野金吾、片山東熊、曾禰達蔵、佐立七次郎の4人が卒業している。

辰野は東京駅丸の内本屋（重要文化財、以下重文）や日本銀行本店（重文）、片山は東宮御所（現・迎賓館）、曾禰は慶応大学図書館（重文）や丸の内煉瓦街（コンドルと共同）、佐立は旧日本郵船小樽支店（重文）を設計したことで有名であるが、建築家あるいは建築士の役割が一般に認知されるまでには、なおも時間を要した。

建築士が公に認知されることになるのは、1950（昭和25）年の建築士法の制定による。構法という言葉が使われ出したのは、このころからであり、SPH[10]やKEP[11]といった技術開発が旺盛であった1970年代には構法という言葉も定着するようになった。すなわち構法には、技術の体系あるいは標準というようなニュアンスもある。

1980年代になると、技術開発は官主体から十分に技術力を蓄えた民間企業に移行するようになる。技術開発の主たる担い手は、総合建設業（ゼネコン）であり、大手の各社は構法の開発を競い合った。上述のように、構法というのは一種の技術標準であるので、数多くの「標準」が市場に存在することになった。

技術開発のひとつの絶頂期は、1990年代初頭であり、**自動化施工システム**、**全天候施工システム**などと呼ばれる世界にもまれな技術が開発された（写真3、4）。同時に、そのころは技術が多様化し、技術開発の裾野が広がった時代でもあった。

こうして、従来は施工する側であることが前提であった主体が構法という、ある種の「標準」を担うわけであるから、工法との区分は自ずと薄れることになった。

6）建築の世界では、棟梁や職人（大工）が請負業をはじめた例が多く、清水組（現・清水建設）、鹿島組（現・鹿島建設）、戸田組（現・戸田建設）、竹中工務店、大林組などがある。請負業への転換は1900年ごろに終え、明治末から昭和初期にかけて請負業は、個人経営から合資会社や株式会社などの法人組織に切り替わっていく。

7）ジョサイア・コンドル（Josiah Conder、1852～1920）は、イギリス・ロンドン出身の建築家。お雇い外国人として来日し、鹿鳴館など政府の関連施設のほか、ニコライ堂や三菱一号館などの設計も手がけ、一方では工部大学校の教授として、辰野金吾ら日本人建築家を育て、日本建築界の礎を築いた。

8）トーマス・ジェームズ・ウォートルス（Thomas James Waters、1842～92）は、アイルランド出身の建築家。お雇い外国人として来日し、大阪の造幣寮（現・泉布観）、竹橋陣営などを手がける。その後、鉱山技術者の弟とともにアメリカに渡り、コロラドで銀山を発見して成功を収める。

9）工部大学校は、明治時代、日本で最初の工学教育機関として設立されたもので、東京大学工学部の前身。

10）SPH（Standard of Public Housing）は、1970年からはじまった公共住宅用中層量産標準設計のことで、大型コンクリートパネルを想定した公営住宅の標準プラン。基本的には90cmグリッドプランで間口を15cmずつ変化させ、要求面積に対応したプランを設定した。内装はプレハブ構法による供給を行った。

11）KEP（kodan experimental housing project）は、1973（昭和48）年、日本住宅公団（現、都市再生機構）が住宅の内部構成部品モジュール統一化と可変空間のシステム化を目的に組織した実験プロジェクト。

写真3　全自動ビル建設システム　　　　写真4　全自動ビル建設システム内部の状況

4. 構工法の成り立ち

　バーチャルとリアルの違いということでは、材料も無視できない要素である。なぜなら、材料の特性は、実物のスケールで測られるものであり、縮尺することができないからである。

　構造材に絞っていうならば、洋の東西を問わず、昔から木か石、あるいは土などの自然界にそのまま存在するものが使われてきた。やがて、土や粘土を焼成加工する技術の発見により煉瓦が生まれ、水と反応して硬化するセメントの発見によりコンクリートが誕生した。そして、産業革命により鉄が大量生産されるようになると、強度の高い構造材として鉄が用いられるようになる。

　現在では、**構造材**としては表5の左欄に示す材料が一般的であるが、これと右欄の**構造方式**を組み合わせ、さらには、その生産方式を組み合わせることで構工法の成り立ちが決まる。

　たとえば、材料が木で、構造方式を軸組としたものが木造軸組構造で、壁式の構造方式としたものが枠組壁構法[12]となる。このほか、木造の場合には、トラス、アーチ、シェルなど多様な構工法が成立する。

12) 枠組壁構法は、下枠・縦枠・上枠などの主要な部分が、2インチ×4インチサイズをはじめとする規格品の構造用製材で構成されることから、ツーバイフォー（2×4）構法と呼ばれる。断面が規格化された製材で枠組みをつくり、合板を釘打ちして床や壁などをつくり上げる木造による壁式構法の典型例。

表5　建築の材料と構造方式

材料	構造方式
木 コンクリート 鉄 その他 石、レンガ、土（粘土）、ガラス、その他	ラーメン（軸組） 壁式 筋かい・トラス アーチ シェル 幕・テント 折板 吊り構造 テンション構造 その他

コンクリートの場合は、一番基本となる組み合わせがラーメンで、壁式構造も一般的である[13]。鉄の場合には、鉄骨ラーメン構造が一般的で、壁式構造は基本的にはない。構造方式のアーチやシェルは鉄でもコンクリートでも成り立つ構造で、折板はコンクリートのなじみがよく、テンション構造は、コンクリートより軽量な鉄とのなじみがよいなどの、いわば相性がある。

生産方式は大きくは、①現場での生産か現場以外（工場など）での生産かという空間による分類、②リアルタイムでつくるか、あらかじめつくっておく（プレハブ）かという時間による分類、③人手によるか機械を使うかという手段による分類、④ **オープンな技術**を用いるのか、**クローズドな技術**を用いるのかという技術の体系による分類がある。

④のオープンな技術というのは、鉄筋やコンクリートなどの素材や一般材といわれる2次製品を使う技術、クローズドな技術というのは、特定の生産者が供給する特殊部材を使うものである。後者のうち、建築の現場には、商品名（固有名詞）が普通名詞化したクローズドな技術[14]が多数存在することを覚えておいてほしい。なかには、デファクトスタンダード化してオープンな技術のように思われているもの、また、それ自体が構工法として流通している技術もあるが、それらは元来、クローズドな技術である。

発明家として有名なエジソンは1910年、クローズドな特殊技術として住宅1軒丸ごとの型枠をつくり、それをおもに機械を用いて組み立て、リアルタイムで、現場で、煙突からモルタルを流し込んで量産するという特殊な住宅の構工法を考えた（図2）。いわば、エジソン型特殊型枠構工法ともいうべきものである。

このように考えると、構工法は無数に存在することになるが、材料と構造方式にはなじみやすい組み合わせがあり、「定尺」と同様に淘汰され、集約されるものである。それが、特別に発達したのが、プレハブ建築のシステムと考えればよい（写真5）。

プレハブというと意味が狭くなるので、工業化建築（住宅）、商品化建築（住宅）などと呼ぶ場合もある。いずれにせよ、日本は、このようなかたちでクローズドなシステムが独自の発展を遂げた。

13）コンクリートそのものは引っ張りに対する抵抗力がないので、鉄筋と組み合わせた鉄筋コンクリート（RC）構造とするのが基本である。RCはReinforced-Concrete（補強されたコンクリート）の頭文字をとったものである。ここでは説明の便宜上、コンクリート構造という呼び方をしている。

14）ボンド、セロテープ、デジカメなど商品名が広く浸透し、普通名詞化していること。建築現場では、ビティ（枠組足場）、ユニック（トラック積載クレーン）、コンベックス（メジャー）など多数ある。

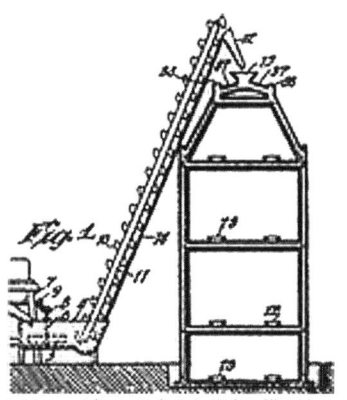

図2　エジソンの考えた住宅の構工法

5. 構工法とデザイン

技術の裾野の広がりが、新たなデザインの可能性を切り開くこともある。写真6から9は、いずれも従来の常識とは一線を画す特徴的なデザインであるが、設計者はみな異なり、施工の元請であるゼネコンもさまざまである。

写真5　独自の発展を遂げたプレハブシステム

　共通するのは、躯体（鉄骨）の工事を行う下請である。この下請は、高橋工業[15]という岩手県の小さな造船メーカーであるが、造船で培った技能・技術を建築に応用するという新しい組み合わせが、このような建築を成り立たせている。

　至極当然のことだが、バーチャルとリアルの最大の違いは、設計者のセンスやアイデアが縮尺された絵の世界で終わるのか、実際の建物として実現するかにある。

　建物として実現するには、さまざまな条件がある。構造解析技術、その前提となる建築材料、そして施工する技術。施工する技術は、最初に述べたつなぎ目を接合する技術と言い換えてもよい。これらがうまく融合しない限り、よい建築は生まれない。

　構工法とデザインを考えるうえでの好例に、ヨーン・ウツソン[16]によるシドニー・オペラハウスがある（写真10）。この建物は、1957年の国際設計コンペで選ばれるものの（図3）、当時、そのアイデアとデザインを実現する技術はなく、完成までに、実に15年以上の歳月（1959年着工、1973年竣工）を要している。このプロジェクトの実現に大きな役割を果たしたのが、途中からプロジェクトに参加した構造技術者のオヴ・アラップ[17]であるが、あの特徴的なシェルをプレキャストコンクリートで実現しようとした発想には驚かされる。まさに、

15）高橋工業はもともと造船技術をもつ老舗で、造船の技術をフルに生かしつつ、建築というフィールドで部品開発から現場工事に至るまで一貫した施工体制を堅持しつつ、さまざまなアプローチを展開している。2011年の東日本大震災で被災したが、業務を再開した。

16）ヨーン・ウツソン（Jorn Utzon、1918-2008）は、デンマークの建築家。シドニー・オペラハウスの設計者として有名。1957年、オーストラリア・シドニーに建設される予定のオペラハウスの設計競技に応募したが、一度は落選。しかし、審査委員だった建築家エーロ・サーリネンが、コンクリート・シェル構造の自由な造形で建物を覆い支えるアイデアを気に入り、最終選考に復活させ強く支持したとされる。2007年、シドニー・オペラハウスは、ユネスコの世界遺産に登録された。

17）オヴ・アラップ（Sir Ove Nyquist Arup, CBE, MICE, MIStructE、1895-1988）は構造家で、デンマーク系イギリス人。構造設計の大手アラップの創設者。シドニー・オペラハウスではウツソンの構造的サポートを行った。1963年には、フィリップ・ドーソン、ロナルド・ホップスらを主要メンバーとする、建築家と工学技術者の連携組織、アラップ・アソシエイツを結成。ポンピドゥー・センター、関西国際空港ターミナルビル、北京国家体育場など多くのプロジェクトの構造設計を手がけている。

図3　ヨーン・ウツソンによるスケッチ

写真10　シドニー・オペラハウス

写真6 せんだいメディアテーク（2001年）／設計：伊東豊雄建築設計事務所、構造設計：佐々木睦郎構造計画研究室、施工：熊谷組ほかJV

写真7 菅野美術館（2006年）／設計：阿部仁史アトリエ、施工：鹿島建設

写真8 LANVIN銀座（2004年）／設計：中村拓志＋NAP一級建築士事務所、施工：竹中工務店

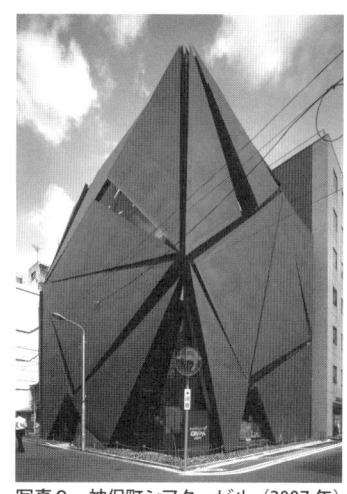

写真9 神保町シアタービル（2007年）／設計：日建設計、施工：鹿島建設

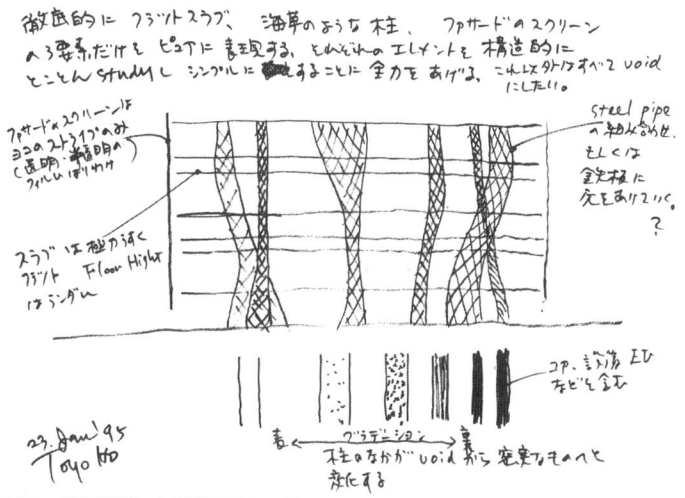

図4 伊東豊雄による当初スケッチ

05章 バーチャルとリアルの世界をつなぐもの

材料と構造方式と生産方式、そして建物を分割し接合することで再構成する構工法の概念の実践といえる。

　せんだいメディアテークにも同様のことがいえよう。これが、あと10年早かったら実現できなかったかもしれないし、今であれば、図4のスケッチにあるような、より設計者のイメージに近い軽快さや透明感をもつ建物が実現していたかもしれない。

　人間の発想というのは、その人の知識と経験、それに基づく常識に制約される。しかし、そこにとどまっている限りは、技術の進歩はない。シドニー・オペラハウスにせよ、せんだいメディアテークにせよ、デザイナーの発想が、構造技術者の努力や施工者の技術力によって実現されたものであり、それに触発された他のデザイナーや技術者がそれ以上の建築をめざした結果が、その他に示した写真のような建築となって実現している。

　構工法というのは、デザインとものづくり、技能と技術、材料と構造、その他さまざまなものごとを媒介するものである。

06章 設計という問題解決の方法 ─設計と工事監理

設計とは問題解決の方法である。ここでは、問題解決のしくみとしてものづくりのモデルについて学ぶ。次に、建築士法のしくみ、そして設計および工事監理の定義、基本設計から実施設計、工事監理の標準的な業務内容を理解する。さらに、設計段階におけるライフサイクルコストの考え方、デザインレビューについて理解し、これからの新しい設計ツールである BIM（Building Information Modeling）の方向性と可能性についても考える。

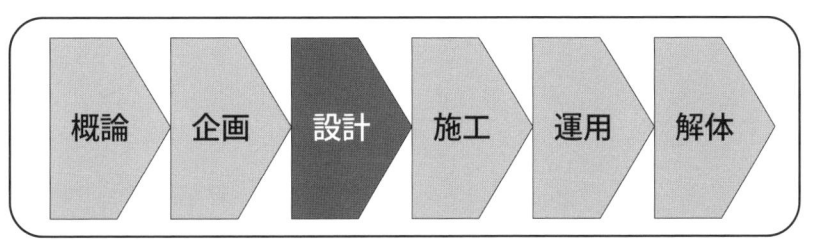

建築生産の流れ：概論 → 企画 → **設計** → 施工 → 運用 → 解体

【本書の構成】

1. 設計のしくみ
- 設計というシステム ─ものづくりのモデル
  - キーワード：アーキテクチャ、インテグラル、モジュラー、クローズド、オープン
- 建築士の役割 ─業務独占
  - キーワード：建築士法、1級建築士、2級建築士、木造建築士、建築主事、指定確認検査機関

2. 設計および工事監理
- 建築士法における設計と工事監理 ─設計図書の作成と実施
  - キーワード：設計、工事監理
- 設計図書の構成 ─契約書類の中の位置づけ
  - キーワード：設計図書
- 設計図書の提出と四号特例 ─建築士が行う手続き
  - キーワード：建築確認、四号建築物、四号特例

3. 設計の標準業務
- 基本設計に関する標準業務 ─要求の整理と調整
  - キーワード：基本設計
- 実施設計に関する標準業務 ─基本設計の具体化
  - キーワード：実施設計
- 工事施工段階の実施設計に関する標準業務 ─設計意図の徹底
  - キーワード：工事施工
- ライフサイクルコスト ─建物の生涯費用
  - キーワード：ライフサイクルコスト
- デザインレビュー ─設計内容の検討
  - キーワード：デザインレビュー

4. 工事監理の標準業務
- 工事監理に関する標準業務 ─工事と設計図書の整合性
  - キーワード：工事監理
- その他の標準業務 ─工事監理と一体

5. 設計ツールの情報化と BIM
- BIM とは ─3次元によるモデリング
  - キーワード：BIM
- BIM によるさまざまなシミュレーション ─初期段階における検討
  - キーワード：フロント・ローディング

1. 設計のしくみ

（1）設計というシステム

　設計という言葉は、建物や構造物、機械等に関して要求条件に合致するよう計画を立て、仕様を決めて、それを図面などに表すという意味である。より広義には、建物や構造物に限らず、計画を立て、仕様を決めることを指し、生涯の生活を設計する、国の制度を設計するなどと用いる。

　英語でいえば、**アーキテクチャ**[1]となるが、これには建築や建築様式といった意味に加え、構造や組織というような意味もある。さらには、コンピュータの世界でアーキテクチャといえば、情報システムの設計方法や設計思想とそれに基づいて構築されたシステムの構造のことを指し、同じアーキテクチャのコンピュータであれば互換性が確保される。

　最近では、この概念が経営学でも用いられるようになっている。図1は、経営学者の藤本隆宏[2]による「ものづくり」の説明モデルである。「ものづくり」の特質は、**インテグラル**（擦り合わせ）または**モジュラー**（組み合わせ）、**クローズド**または**オープン**の組み合わせで表現することができ、企業ごとにクローズドな部品やシステムを高次元の擦り合わせにより製品化する自動車や家電（図1の左上）が、日本のものづくり産業の競争力の根源と分析されている。建設産業でいえば、大手のハウスメーカーに該当するモデルであろう。

　この中で、**オープン**（業界標準）な技術を擦り合わせる図1の左下の領域は、製造業の世界には基本的には存在しないとされる。ところが建築のものづくりの多くは、ここに位置づけられると考えられる。でなければ、技能者（職人）は、所属する

1）アーキテクチャ（Architecture）は、元来、建築学における設計術あるいは建築様式を表していたが、転じて、ハードウェア、OS、ネットワークなどの基本設計や設計思想など、コンピュータ用語としても用いられるようになった。建築学ではアーキテクチュアという。明治時代には、architecture を「造家学」と訳していた。

2）藤本隆宏（1955〜　）。現在、東京大学大学院経済学研究科教授。経営学者。トヨタ生産方式など、製造業の生産管理方式の研究で知られる。著書に『ものづくり経営学　製造業を超える生産思想』（光文社新書）などがある。

	インテグラル（擦り合わせ）	モジュラー（組み合わせ）
クローズド（囲い込み）	クローズド・インテグラル型 自動車　オートバイ　家電	クローズド・モジュラー型 メインフレーム　工作機械　レゴ　携帯電話の充電器
オープン（業界標準）	オープン・インテグラル型 （建築）	オープン・モジュラー型 パソコン・システム　パソコン本体　インターネット関連製品　自転車

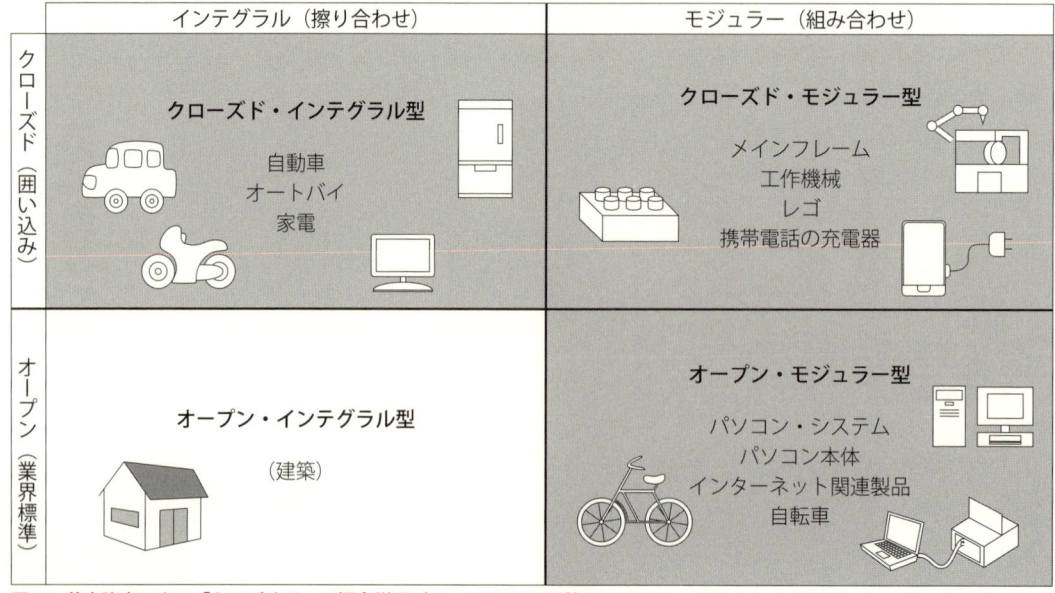

図1　藤本隆宏による「ものづくり」の概念説明（アーキテクチャ論）

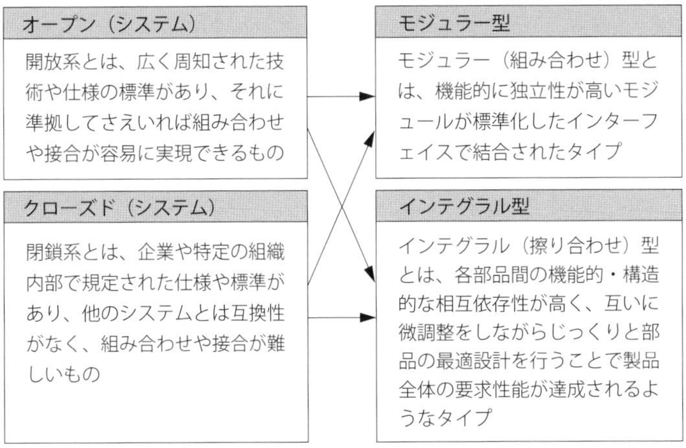

オープン（システム）	モジュラー型
開放系とは、広く周知された技術や仕様の標準があり、それに準拠してさえいれば組み合わせや接合が容易に実現できるもの	モジュラー（組み合わせ）型とは、機能的に独立性が高いモジュールが標準化したインターフェイスで結合されたタイプ
クローズド（システム）	インテグラル型
閉鎖系とは、企業や特定の組織内部で規定された仕様や標準があり、他のシステムとは互換性がなく、組み合わせや接合が難しいもの	インテグラル（擦り合わせ）型とは、各部品間の機能的・構造的相互依存性が高く、互いに微調整をしながらじっくりと部品の最適設計を行うことで製品全体の要求性能が達成されるようなタイプ

図2　オープン or クローズドとモジュラー or インテグラルの相関関係

会社や現場を渡り歩くことはできないはずである。製造業も量産化前の試作の段階は、このモデルに近いが、試作はビジネスモデルとして顕在化するプロセスではなく、また、内部労働市場に属する社員の技能者の手によるので、やはり、製造業にオープン・モジュラーは存在しないことになる。

　前述のとおり、建設産業において技能者の社員化は、ほとんど成立しておらず、技能・技術はオープン（業界標準）でありながら、ものづくりのプロセスはインテグラルという状況が一般的に成立する。それを司るのが在来構法[3]というシステムである。在来という語感からは汎用的、一般的というようなイメージを受けるが、実は、高度に標準化されたシステムである。そうした意味で、オープン・インテグラルというのは、もっとも高度に熟成した生産システムであり、それをゼネコン単位でクローズド・インテグラル、究極的にはオープン・モジュラー化しようとした全自動ビル建設システム[4]が成立し得なかったのは、当然といえば当然である。

　設計が未確定であっても、積算が可能で、工期を遵守し、請負というリスクを担保することができるのは、オープンなシステムをインテグラルする産業全体の大きなシステムが存在しているからである。これを、企業単位でクローズド・インテグラル、クローズド・モジュラー化するか、あるいは産業全体でオープン・モジュラー化するには、パラダイムシフトともいうべき大転換が必要であり、それに要するコストは膨大である。だから、技能者がいなくなると問題なのであり、技能者の待遇改善への取り組みや技能者の育成に投資することには意味があると思うのである（図2）。

（2）建築士の役割

　ものづくりという視点に立つと、設計そのものに広がりがあることを実感できるはずである。しかし、建物をつくるうえで、そのプランを具体的に組み立てていく職能が存在することをあ

3）在来構法は、比較的自由度が高い。構法は工法としてよいが、ここでは構法を用いる。詳しくは09章を参照のこと。

4）全自動ビル建設システムについては09章を参照のこと。建設現場における工事の自動化やロボット化を図ったビル建設システムで、ファクトリーオートメーションの考え方を導入している。

らかじめ理解しておこう。建築士という職能である。設計を行う建築士とはどんな職業なのか、ここでまとめておく。

建築士法（第2条）によれば、建築士とは、1級建築士、2級建築士および木造建築士を指す。建築士になるには所定の試験に合格し、**1級建築士**は国土交通大臣の免許、**2級建築士**および**木造建築士**は都道府県知事の免許を受けて、設計、工事監理の業務を行うことができる。このように、特定の業務に際して、免許を受けないと業務を行うことができない資格を業務独占資格といい、建築士のほかには、弁護士、税理士、医師などが代表例である。すなわち、人の命や人権、国の礎である税を司る重要な役割を担うものが業務独占資格であることを覚えておいてほしい。

さて、1級、2級および木造建築士の違いは、設計・監理できる建物の種別と規模で定義されている。その概要は表1のとおりである。

簡単にいえば、木造建築士は、2階建てまでで延べ面積が300m^2 以内の木造建築、2級建築士は、300m^2 以内の鉄筋コンクリート（RC）構造、鉄骨（S）構造の建築と3階建てを含む木造建築で、ともに高さが13m、軒の高さが9m以下の建築物の設計と監理ができる。

1級建築士は、木造建築士と2級建築士の範囲を含め、規模や用途の制限なくすべての建築に対応できる。逆に、2階建てまで、100m^2 以内の木造建築や30m^2 以内のRC構造、S構造の建築であれば、建築士でなくても設計と監理が可能ということになるが、都道府県の条例などで規制されている場合があるので注意が必要である[5]。

5）木造建築で延べ面積が100m^2 以内のものでも、50m^2 を超える部分については建築士の免許を必要としている条例が多い。

表1　建築士の設計範囲

延べ面積（L）（m^3）		木造建築物				RC構造・CB構造・無筋CB構造・煉瓦構造・石構造・鉄骨構造			
		平屋建て	2階建て	3階建て	高さ>13mまたは軒高>9m	高さ≦13m、かつ軒高≦9m			高さ>13mまたは軒高>9m
						平屋建て、2階建て		3階建て以上	
L≦30		①				①			
30＜L≦100						②			
100＜L≦300		④							
300＜L≦500			②						
500＜L≦1000	一般								
	特建					③			
1000＜L	一般	②							
	特建								

① 誰にもできる　② 1級・2級建築士でなければできない
③ 1級建築士でなければできない　④ 1級・2級または木造建築士でなければできない
注）特建とは建築基準法別表第1で定める特殊建築物のことで、学校、病院、劇場、映画館、公会堂、百貨店などのこと。

表2 建築士法における設計と工事監理の定義

設計の定義	「設計図書」とは建築物の建築工事の実施のために必要な図面（現寸図その他これに類するものを除く）および仕様書を、「設計」とはその者の責任において設計図書を作成することをいう
工事監理の定義	「工事監理」とは、その者の責任において工事を設計図書と照合し、それが設計図書のとおりに実施されているか否かを確認することをいう

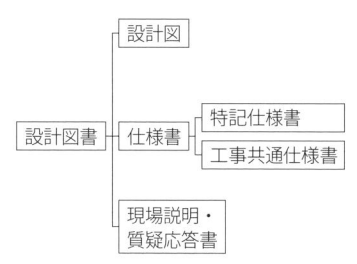

図3 設計図書の構成

2．設計および工事監理

　設計という行為は、建物にとって必要な設計図書を作成することであるが、この設計図書を作成するのが建築士である。安全・安心な建物を建てるうえで欠かせない職種といえる。この設計図書が適切に作成されていないと、工事監理に支障が生じることになる。工事監理とは、建築主の立場に立って、工事が設計図書どおりに実施されているか否かを確認する業務である。

　設計および工事監理とはどのような行為なのか、建築士法によって定義されている。また、設計業務の成果として設計図書があり、その構成と優先順位について理解する。

（1）建築士法における設計と工事監理

　表2の上欄に建築士法における**設計**の定義を示す。通常、設計図書に基づいて積算・見積もりがなされ、施工の発注契約が行われる。ただし、細部は施工段階に入ってから検討されることが多い。

　表2の下欄に建築士法における**工事監理**の定義を示す。これまで設計者自らが工事監理を行う場合が多かったが、設計者とは異なる者が第三者として工事監理を行う場合も増えてきている。

（2）設計図書の構成

　設計に関する契約には、「民間（旧四会）連合協定　建築設計・監理等業務委託契約書類」[6]が用いられることが多い。その構成は、①建築設計・監理等業務委託書、②建築設計・監理等業務委託契約約款、③業務委託書などである。契約上の一つ一つの条項を記したものが約款であり、その成果物として設計図書がある。

　設計図書は図3の定義のとおり、建築工事の実施のために必要な図面（現寸図その他これに類するものを除く）および仕様書をいう。設計図書には内容に相違点があった場合の優先順位があり、工事共通仕様書などの標準情報よりプロジェクト固有の情報が優先される。

（3）設計図書の提出と四号特例

　設計と工事監理の業務を行うことができるのが建築士であるが、**建築確認**（確認申請）という業務も欠かせない。建築確認とは、設計図書の中身が法令に合致しているか否かを確認する行為である。

6）民間（旧四会）連合協定とは、（社）日本建築家協会、（社）日本建築学会、（社）日本建築士事務所協会、（財）建設業協会の4つの会で構成される協定のことで、約款が細かく定められており、建築主の不利益にならないよう配慮されているため、一般によく使用される。

建築基準法の第6条には、建築確認の規定があり、建物を建てるに際して、その建物が敷地や構造、設備に関して法令に適合しているか否か、申請書を提出して建築主事または民間の指定確認検査機関[7]の確認を受け、確認済証の交付を受けなければならないとしている。つまり確認済証がないと、工事に着手できないのである。図4は、建築工事の流れと建築士の役割をまとめたものである。

ちなみに工事途中、工事完了後にする検査も建築確認同様、重要な業務で、それらの検査を行うのは建築主事または指定確認検査機関である。工事途中が中間検査、工事完了後が完了検査でそれぞれ検査に合格したら中間検査合格証、検査済証が交付される。しかし、木造の2階建て以下、延べ面積が500㎡以下で建築士が設計した建築物については、建築確認申請の審査を簡略化してかまわないという規定がある。これに該当する建築物、すなわち比較的小規模とされる木造建築を「**四号建築物**」と呼び、確認申請の審査が簡略化されることを「**四号特例**」と呼ぶ[8]。

四号建築物と呼ばれるのは、建築基準法第6条第1項で4つに分類された建築物のうち、「木造の2階建て以下、延べ面積が500㎡以下」の建物は第四号に該当するからである。四号建築物は、確認申請全体の7割を占める。

四号特例は、確認申請の審査において構造関係の審査が省略されるもので、図書省略などともいわれる。ただし、構造計算を省略してもよいというわけではなく、あくまでも、確認申請で審査が省略されるので、図書の省略が認められるというものであることを覚えておいてほしい。

7) 建築主事とは、建築基準法上の確認申請、検査などを司るために置かれる、都道府県や市町村の職員のことをいう。また指定確認検査機関とは、建築基準法に基づいて、確認申請や検査などを行う機関として国土交通大臣や都道府県知事から指定された民間の機関のことをいう。

8) 四号建築物とは建築基準法第6条第1項による分類をいう。第6条では建築物の建築等に関する申請および確認において、建築物を以下の4つに区分している。なお四号特例は、建築基準法第6条の3に基づき、特定の条件下で確認申請を省略する規定である。

一号建築物	特殊建築物（建築基準法別表第1（い）欄の用途のもの）かつ床面積＞100㎡
二号建築物	木造かつ階数≧3、延べ面積＞500㎡、高さ＞13m、軒の高さ＞9mのどれかに当てはまるもの
三号建築物	木造以外かつ階数≧2、延べ面積＞200㎡のどれかに当てはまるもの
四号建築物	上記以外のもの

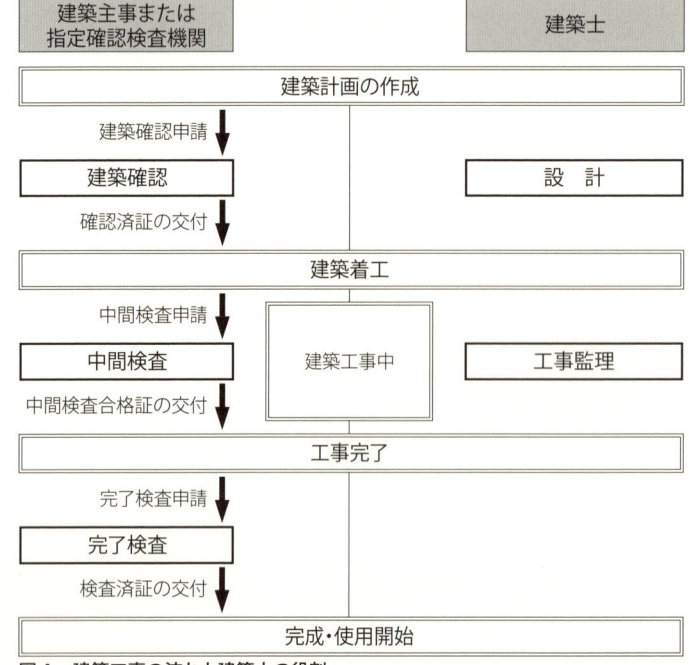

図4 建築工事の流れと建築士の役割

3. 設計の標準業務

建築設計業務は通常、「**基本設計**」段階と「**実施設計**」段階に分けられる[9]。また、基本設計の前段階を「基本計画」段階と呼ぶことが多い。ただし、これらの段階の境界は明確に定められているわけではなく、プロジェクトごとに対応しているのが実態である。国土交通省は、基本設計段階と実施設計段階の設計ならびに工事監理に関する標準業務を明示している[10]。

（1）基本設計に関する標準業務

基本設計段階の標準業務とは、建築主から提示された要求その他の諸条件を設計条件として整理したうえで、建築物の配置計画、平面と空間の構成、各部の寸法や面積、建築物として備えるべき機能や性能、おもな使用材料や設備機器の種別と品質、建築物の内外の意匠等を検討し、それらを総合して成果図書（表3）を作成するための業務である[11]。

その内容は、①設計条件等の整理、②法令上の諸条件の調査および関係機関との打ち合わせ、③上下水道・ガス・電力・通信等の供給状況の調査および関係機関との打ち合わせ、④基本設計方針の策定、⑤基本設計図書の作成、⑥概算工事費の検討、⑦基本設計内容の建築主への説明等、である。

基本設計方針の策定とは、設計条件に基づき、さまざまな基本設計方針案の検証を通じて、基本設計をまとめていく考え方を総合的に検討することであり、業務体制や業務工程等の立案も含まれる。また、基本設計内容の建築主への説明等では、必要な事項について建築主の意向を確認することも含まれる。

9）基本設計とはプレゼンテーション用で、大まかには建物を建てる際にその概要を決めること。実施設計とは実際の工事や見積もり用に図面を作成することで、図面には、その建物に使用する材料や構造、設備などが細かく描き込まれている。

10）国土交通省告示第15号別添1に記載されている。

11）戸建木造住宅の基本設計において必要な図書は、仕様概要書、仕上げ概要表、配置図、平面図・立面図・断面図、設備位置図、工事費概算書などである。

表3 基本設計の成果図書（戸建木造住宅以外）

設計の種類		成果図書		
（1）総合		①計画説明書	②仕様概要書	③仕上げ概要表
		④面積表および求積図	⑤敷地案内図	⑥配置図
		⑦平面図（各階）	⑧断面図	⑨立面図
		⑩工事費概算書		
（2）構造		①構造計画説明書	②構造設計概要書	③工事費概算書
（3）設備	（ⅰ）電気設備	①電気設備計画説明書 ④各種技術資料	②電気設備設計概要書	③工事費概算書
	（ⅱ）給排水衛生設備	①給排水衛生設備計画説明書 ④各種技術資料	②給排水衛生設備設計概要書	③工事費概算書
	（ⅲ）空調換気設備	①空調換気設備計画説明書 ④各種技術資料	②空調換気設備設計概要書	③工事費概算書
	（ⅳ）昇降機等	①昇降機等計画説明書 ④各種技術資料	②昇降機等設計概要書	③工事費概算書

（2）実施設計に関する標準業務

実施設計段階の標準業務とは、工事施工者が設計図書の内容を正確に読み取り、設計意図に合致した建築物の工事を的確に行うことができるように、また、工事費の適正な見積もりができるように、基本設計に基づいて、設計意図をより詳細に具体化し、成果図書（表4）を作成するために必要な業務である[12]。

12）戸建木造住宅の実施設計において必要な図書は、表4と大きく変わらないが、設備に関しては、電気、給排水衛生および空調換気を記した設備位置図が求められる。

06章 設計という問題解決の方法　71

表4　実施設計の成果図書（戸建木造住宅以外）

設計の種類		成果図書		
（1）総合		①建築物概要書	②仕様書	③仕上げ表
		④面積表および求積図	⑤敷地案内図	⑥配置図
		⑦平面図（各階）	⑧断面図	⑨立面図（各面）
		⑩矩計図	⑪展開図	⑫天井伏図（各階）
		⑬平面詳細図	⑭部分詳細図	⑮建具表
		⑯工事費概算書	⑰各種計算書	⑱その他確認申請に必要な図書
（2）構造		①仕様書	②構造基準図	③伏図（各階）
		④軸組図	⑤部材断面表	⑥部分詳細図
		⑦構造計算書	⑧工事費概算書	⑨その他確認申請に必要な図書
（3）設備	（i）電気設備	①仕様書	②敷地案内図	③配置図
		④受変電設備図	⑤非常電源設備図	⑥幹線系統図
		⑦電灯、コンセント設備平面図（各階）	⑧動力設備平面図（各階）	⑨通信・情報設備系統図
		⑩通信・情報設備平面図（各階）	⑪火災報知等設備系統図	⑫火災報知等設備平面図（各階）
		⑬屋外設備図	⑭工事費概算書	⑮各種計算書
		⑯その他確認申請に必要な図書		
	（ii）給排水衛生設備	①仕様書	②敷地案内図	③配置図
		④給排水衛生設備配管系統図	⑤給排水衛生設備配管平面図（各階）	⑥消火設備系統図
		⑦消火設備平面図（各階）	⑧排水処理設備図	⑨その他設置設備設計図
		⑩部分詳細図	⑪屋外設備図	⑫工事費概算書
		⑬各種計算書	⑭その他確認申請に必要な図書	
	（iii）空調換気設備	①仕様書	②敷地案内図	③配置図
		④空調設備系統図	⑤空調設備平面図（各階）	⑥換気設備系統図
		⑦換気設備平面図（各階）	⑧その他設置設備設計図	⑨部分詳細図
		⑩屋外設備図	⑪工事費概算書	⑫各種計算書
		⑬その他確認申請に必要な図書		
	（iv）昇降機等	①仕様書	②敷地案内図	③配置図
		④昇降機等平面図	⑤昇降機等断面図	⑥部分詳細図
		⑦工事費概算書	⑧各種計算書	⑨その他確認申請に必要な図書

　その内容は、①要求等の確認、②法令上の諸条件の調査および関係機関との打ち合わせ、③実施設計方針の策定、④実施設計図書の作成、⑤概算工事費の検討、⑥実施設計内容の建築主への説明等、である。

　実施設計方針の策定では、基本設計の段階以降に検討された事項のうち、建築主と協議して合意に達しておく必要のあるもの、および検討作業の結果、基本設計の内容に修正を加える必要があるものを整理し、実施設計のための基本事項を確定することを含む。また、実施設計図書の作成では、実施設計の方針に基づき、建築主と協議のうえ、技術的な検討、予算との整合に関する検討などを行い、実施設計図書を作成することを含む。

　なお、実施設計図書においては、工事施工者が施工すべき建築物およびその細部の形状、寸法、仕様、工事材料、設備機器等の種別、品質および特に指定する必要のある施工に関する情報（工法、工事監理の方法、施工管理の方法等）を具体的に表現することも含まれる。

　この実施設計図書をもって、工事内訳明細書を作成し直し見積もりを行うことになるが、工事契約時には、実施設計図面が工事請負契約書に添付されることになる。これが設計図書といわれるものである。建築確認についてはすでに述べたとおりであるが、実施設計図書ができ上がった段階で、建築確認のための申請図書を作成し、提出し、そのお墨付きともいえる確認済証の交付を受けた後でなければ、建築工事をはじめることができない。

（3）工事施工段階の実施設計に関する標準業務

工事施工段階における標準業務として、①設計意図を正確に伝えるための質疑応答・説明等、②工事材料・設備機器等の選定に関する設計意図の観点からの検討・助言等、がある。

設計意図を正確に伝えるための質疑応答・説明等は、設計者と工事監理者が異なる場合[13]、建築主を通じて工事監理者および施工者に対して行う。また、設計図書等の定めにより、設計意図が正確に反映されていることを確認する必要がある部材、部位等にかかわる施工図等の確認を行うことを含む。

工事材料・設備機器等の選定に関する設計意図の観点からの検討・助言等とは、設計図書等の定めにより、工事施工段階において行うことに合理性がある工事材料、設備機器等およびそれらの色、柄、形状等の選定に関して、設計意図の観点からの検討を行い、必要な助言等を建築主に対して行うことである。

（4）ライフサイクルコスト

建物を企画・設計し、施工するには多くの費用がかかるが、それは氷山の一角であり、建物が竣工した後の建物利用段階においても水道・光熱費などの一般管理費や修繕維持費など継続的に費用がかかる[14]。そこで、建設費だけでなく建物のライフサイクル全般にわたる費用を試算し、設計に反映させることの重要性が高くなってきている。

ライフサイクルコスト（Life Cycle Cost：LCC）とは建物の生涯費用のことである。建物の企画設計段階、建設段階、運用管理段階および解体・再利用段階の各段階のコストの総計であり、使用年数全体の経済性を検討するために用いられる（図5）。場合によって、資本利子や物価変動が考慮されることになる。ライフサイクルコストに占める企画設計段階の費用の割合は小さなものであるが、建設段階以後の費用に大きな影響を与えるため、企画設計の内容は重要な業務のひとつといえる。

（5）デザインレビュー

建築設計業務において比較的大きな建物の場合、通常は設計チームが構成される。建築（意匠）担当、構造担当、設備担当に分かれたチーム編成がもっとも典型的な業務分担であるが、建物の規模が大きくなるに従って各担当部署も増える。しかし、このような大きなチームによって設計作業が進められる場合においては、その設計内容が適切か否かを適宜、確認、審査する作業も重要となってくる。設計検討はどの建物においても従来から行われていることであるが、その作業をシステマチックに総合的に審査するしくみとして、**デザインレビュー**（Design Review）という方法がある。

デザインレビューは、JISの品質管理用語には「設計段階で、性能・機能・信頼性などを価格、納期などを考慮しながら設計について審査し、改善を図ること。審査には、設計・製造・検査・

13）通常は設計者が工事監理者を兼ねるが、比較的大きな公共建築などは工事監理者を別に設ける場合がある。

14）建物のライフサイクルに関しては03章を参照のこと。

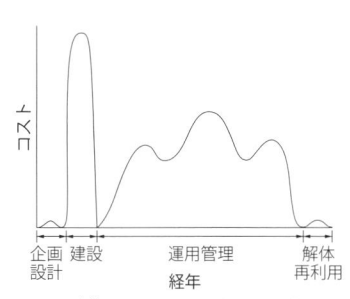

図5　建物のライフサイクルコスト

運用など各分野の専門家が参加する」と定められている。つまり、建物のライフサイクルをにらみながら問題点や改善点などを抽出し、それらを設計に生かす試みである。設計事務所の中には、設計業務フローの中にデザインレビューが組み込まれているところもある[15]。

4．工事監理の標準業務

（1）工事監理に関する標準業務

工事監理は前述したように、建築士が行う業務である。その内容は建築士法に定められている。

工事監理の標準業務とは、工事を設計図書と照合し、設計図書のとおりに実施されているか否かを確認するために行う業務である[16]。その内容は、①工事監理方針等の説明等、②設計図書の内容の把握等の業務、③施工図等を設計図書に照らして検討および報告する業務、④工事と設計図書との照合および確認、⑤工事と設計図書との照合および確認の結果報告等、⑥工事監理報告書等の提出、である。

施工図等を設計図書に照らして検討および報告する業務とは、設計図書の定めにより、工事施工者が作成し、提出する施工図（躯体図、工作図、製作図等をいう）、製作見本、見本施工等、さらに工事施工者が提案または提出する工事材料、設備機器等（当該工事材料、設備機器等にかかる製造者および専門工事業者を含む）およびそれらの見本が、設計図書の内容に適合しているか否かについて検討し、建築主に報告することである。

実際の工事と設計図書との照合および確認、かつその結果報告等とは、工事施工者の行う工事が設計図書の内容に適合しているか否かについて、設計図書に定めのある方法による確認のほか、目視による確認、抽出による確認、工事施工者から提出される品質管理記録の確認等、確認対象である工事に応じた合理的な方法により確認を行うことである。

（2）その他の標準業務

その他の標準業務とは、工事監理と一体となって行う業務であり、①請負代金内訳書の検討および報告、②工程表の検討および報告、③設計図書に定めのある施工計画の検討および報告、④工事と工事請負契約との照合・確認・報告等、⑤工事請負契約の目的物の引き渡しの立ち会い、⑥関係機関の検査の立ち会い等、⑦工事費支払いの審査、である。

5．設計ツールの情報化とBIM

日本では、建築設計用のツールとして1990年代より2次元CADが普及し、2000年代に入ると先駆的ではあるが、3次元

15）デザインレビューは設計審査という側面だけでなく、組織全体で設計計画の質を高めるための活動として広く認識されている。

16）工事監理（Supervision of Construction）の同音異義の専門用語として工事管理がある。工事管理は施工管理と同じ意味と考えてよく、施工者が行う工事の管理（Construction Management）である。

CADを用いた設計が行われるようになった。CAD自体はコンピュータを使用して設計や製図を行うシステムであるが、そのレベルもただ単に設計や製図を行うものから、より専門的な解析やシミュレーションなどを行うものまで広く存在している。これらCADといわれる設計ツールは、設計のプロセスやしくみを大きく変える可能性をもっている。

また、海外では1990年代より自由曲面により構成された建築が設計、施工されるようになってきた。その傑作のひとつとしてあげられるのが、建築家フランク・O・ゲーリー[17]が設計したグッゲンハイム・ビルバオ美術館である（写真1）。この美術館の意匠設計ならびに構造計算には3次元CADが有効活用された。

17) フランク・O・ゲーリー（Frank Owen Gehry、1929～　）。カナダ出身の建築家。コロンビア大学建築大学院教授。プリツカー賞や高松宮殿下記念世界文化賞など高い評価を受けている。モデリングと構造解析を行う航空力学や構造設計用のソフト、CATIAを建築に適用し、複雑な形態を構造的に解析、グッゲンハイム・ビルバオ美術館などに、その技術を応用している。3次元CADを建築設計に駆使することでも有名で、そのための会社、ゲーリー・テクノロジー社を立ち上げている。

写真1　グッゲンハイム・ビルバオ美術館

（1）BIMとは

BIM（Building Information Modeling、ビーアイエムまたはビムという）とは、オブジェクト指向の3次元CADを用いて建物情報をモデリングすること、またはそのモデルであり、各部位・部材や機器の形状だけでなく、仕様などの情報もオブジェクトに付加することが可能である。

最近では、建築部位・部材や部品、設備機器、インテリアなど各種のオブジェクトがライブラリーとして整備され、設計者はそれらを組み合わせて効率的に建物モデルを構築することが可能である。また、従来のCADやコンピュータグラフィックスによる建築パースと異なり、BIMの建物モデルは単一の建物モデルから図面を作成するため、建物モデルを水平面で切断すると平面図が、垂直面で切断すると断面図が得られ、図面間の整合性が常にとられている。

（2）BIMによるさまざまなシミュレーション

BIMの建物モデルはライブラリーの活用、3次元モデルの構築を行い、その後、平面図や立面図、断面図、パースなど必要な図面類が出力される（図6）。このBIMプロセスの特徴を生かして、建物モデルを構築した段階で温熱や気流などの室内環

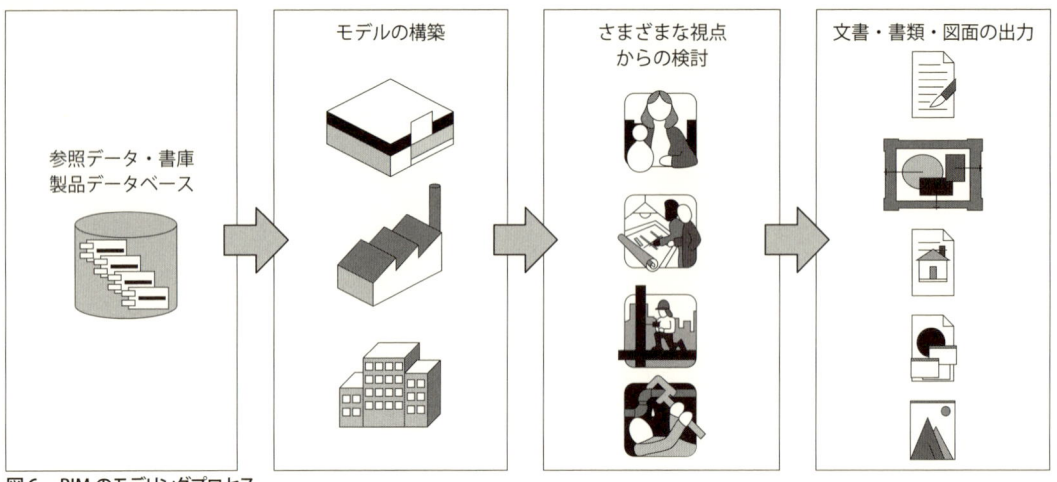

図6　BIMのモデリングプロセス

境や屋外環境の把握、建物コストの把握、施工性の検討など、さまざまなシミュレーションや検討を行う試みがなされている（図7）。

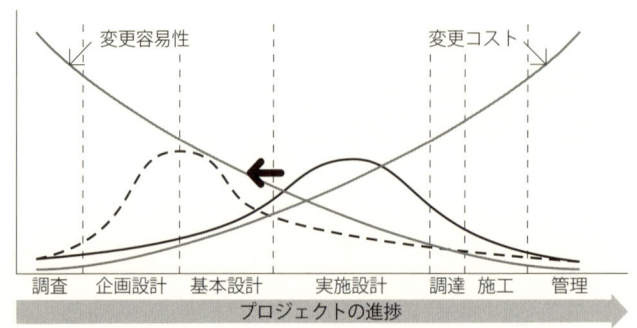

　従来の設計プロセスでは設計業務を行い、その後、構造や環境、コストなどの検証が行われ、このプロセスが繰り返される。しかしBIMを用いることによって、建物のモデリングと並行して構造や環境、コストのさまざまなシミュレーションを行うことが可能であり、特に設計の初期段階において十分な検討を行うことが期待されている。このような業務の前段階への移行を**フロント・ローディング**[18]と呼んでいる。その結果、図8に示すような実施設計や施工段階での設計変更に伴う不要な出費を抑えることが可能になるとされている。

　BIMはまだ発展途上の段階にあり、現在は設計段階での利用が中心であるが、今後は部品製造や施工段階、ファシリティマネジメントなどの維持保全段階での利用も進むであろう。そして、建築プロジェクトの企画・設計から施工・運用までのライフサイクル全般にわたってプロジェクト関係者がBIMの建物モデルを介して情報を共有し、有効活用することが期待されている。

18）フロント・ローディングは、一言でいうと作業の前倒しのことである。初期工程に重点を置き、集中的に労力や資源を投入して、後工程で発生しそうな仕様変更などを前倒しすることで、品質向上や工期短縮を図る活動をいう。

図8　BIMにおけるフロント・ローディング概念図

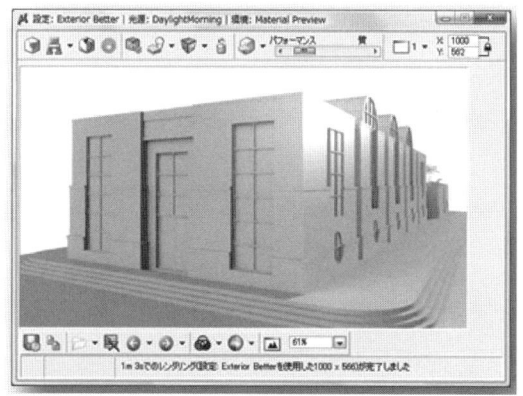

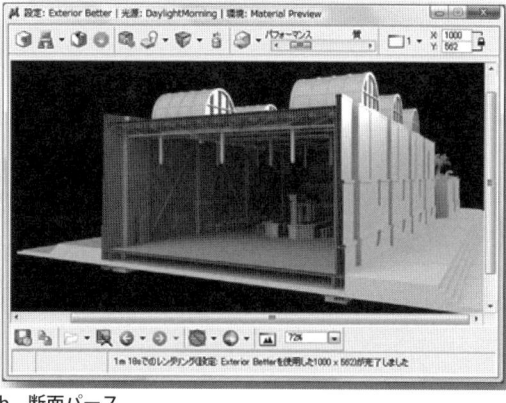

a　白模型レンダリング　　　　　　　　　　　　　　b　断面パース

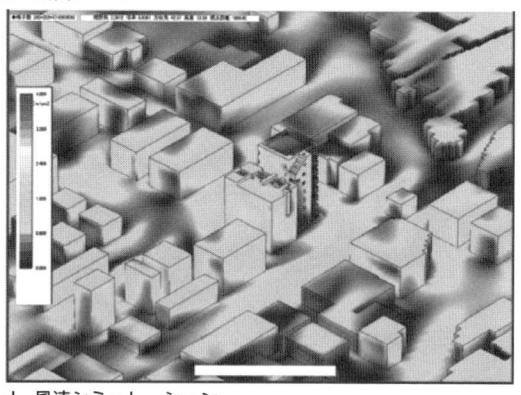

c　外部熱環境シミュレーション　　　　　　　　　d　風速シミュレーション

e　施工シミュレーション
図7　BIMを用いたさまざまなシミュレーション

06章　設計という問題解決の方法

07章 材料選定から生産設計へ
―資源循環とものづくりの関係

　建築物は、他産業の製品と比較した場合、「巨大物品」で「単一の生産品」という特徴があるため、空間構成や構成部位ならびに適用される構工法なども実に多様である。そして、建築に関わる「もの」や「こと」の条件は、標準化した方法のみではなく、固有の方法も含めて、幅広い「性能」や「機能」を満足するように計画する必要がある。本章では環境配慮への条件も含め、これらの課題に対する基本的な考え方について整理する。

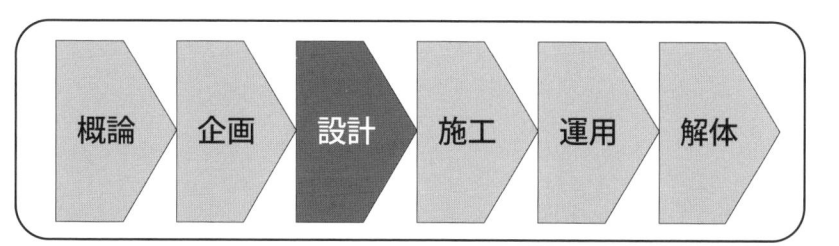

建築生産の流れ：概論 → 企画 → **設計** → 施工 → 運用 → 解体

【本書の構成】　　　　　　　　　　　　　　　　　　　　【キーワード】

1. 素材の誕生と材料の出発
- 地球上における素材と材料　―建築の素材と材料の構成　　素材、材料／無機材料、有機材料

2. 材料の歴史
- 建築の構成要素　―構造材料と仕上げ材料　　構造体、部材、材料

3. 材料から建築までに求められる機能・性能
- 性能設計と階層構造　―NKB5 レベルシステム　　コミッショニング、要求機能、要求性能

4. 材料と構工法
- 建物寿命と材料と構法の関係―建築材料成熟度　　素材加工度、構工法伝承度、資源循環

5. 材料から建築までの品質管理から品質保証へ
- 広義の品質の位置づけ　―つくり手の管理・使い手への保証　　広義の品質

6. 建築生産による社会的影響
- 建築生産と都市形成のあり方―建築生産活動と建設投資　　セメント需給量、コンクリート蓄積量

7. これからの材料選択と生産設計
- 資源環境への配慮　―法制度と考え方の転換　　グリーン購入法、特定調達品目、インバース・マニュファクチャリング
- エネルギー量・炭素循環性への配慮　―地球温暖化対策　　カーボンフットプリント
- 評価・格付けシステムへの配慮―生産設計にかかわるしくみ　　評価・格付けシステム

1. 素材の誕生と材料の出発

　私たちは、地球上で長らく社会生活を営んできており、その基盤は地球のもつさまざまなしくみに支えられている。しかしながら、そのことを日常を通じて考える機会は実に乏しいのであるが、社会の基盤であり、生活の器となる建築の「**素材**」や「**材料**」について考えることで、このしくみを垣間みることができる。

　図1に建築の素材の誕生と出発を示す。私たちがよく知っているように、地球は「地表の7割が海、3割が陸」で覆われている。これらは、地殻表面で起こる造山・火山活動をはじめ、風化・浸食・堆積などの自然現象が太古の昔から繰り返されてきた結果によるものである。なお、地球の内部については、ケイ酸塩鉱物（ケイ酸：Si、塩：中和物質）を主成分とした岩石の地殻部分と、岩石が溶けたマントルなどにより構成される。

　一方で、地表上空100kmほどの範囲についてはどうだろうか。そこには、窒素（N_2）と酸素（O_2）を主成分とする大気が存在するが、私たちが呼吸により生命活動が維持できるのは、植物プランクトンや藻類、植物などが、光合成作用により酸素（O_2）を生み出しているからである。たとえば、酸素発生型の光合成であれば、水（H_2O）と空気中の二酸化炭素（CO_2）から、デンプンなどの炭水化物（$C_6H_{12}O_6$）と水を分解する過程で生じた酸素（O_2）を同時に生じさせる、いわば光のエネルギーを化学的なエネルギーに変換するしくみにより支えられてい

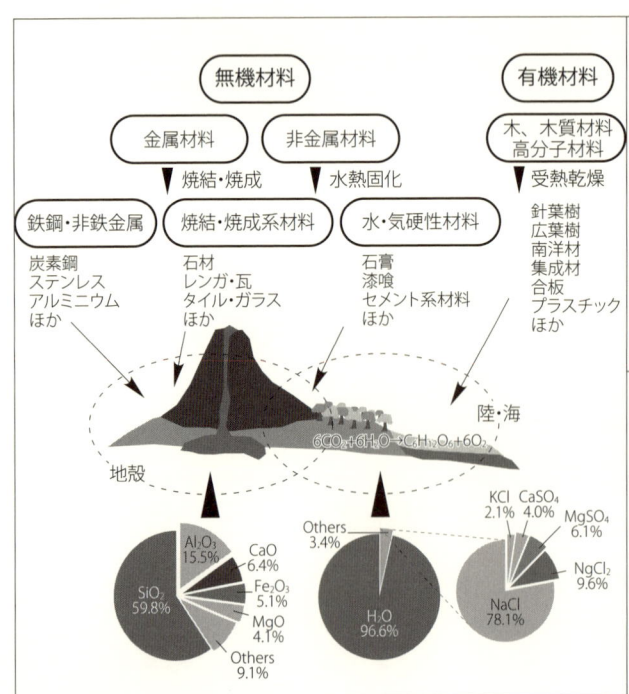

図1　建築の素材の誕生と出発

①**無機材料**
金属質であるかないか、高温で焼き固めたものか、適度の温度環境下で水を介して化学的・物理的に固化させたものか、などにより区分される素材
（分類例）
鉄鋼：硬さや粘りを出すために炭素を含ませて成型した鉄
非鉄金属：鉄以外の金属
焼成材料：岩石や鉱物粒子などの原料料を、高熱で焼いて性質に変化を生じさせ、焼き固めたもの
焼結材料：岩石や鉱物粒子などの原料料を、融点よりも低い温度で焼き固め、緻密にしたもの
水硬性材料：水と反応して硬化して強くなり、その後、水中に置いても強度が低下しないもの
気硬性材料：空気にふれ、乾燥し硬化するもの

②**有機材料**
木や植物ならびに化石燃料から得られる石油類など、さまざまな種類の天然の巨大分子を対象に、素材選定と加工度（乾燥、切断、成形、接着、粉砕、化学反応など）が区分された素材
（分類例）
木・植物：木本類・草本類として区別された天然の材料
木質材料：原料の木材を大小の構成要素に分解して再構成したもの
高分子材料：巨大分子で構成され、弾性（変形してもとに戻る）、塑性（変形してもとに戻らない）、弾塑性（弾性と塑性の両方）などの天然素材にない多様な物質的特性を有するもの

る。これらを簡易化学式で示すと次のようになる。

$$6CO_2 + 6H_2O \rightarrow C_6H_{12}O_6 + 6O_2$$

このようなしくみにより、いわば地球の「地中側」と「地上側」、さらに言い換えれば、「日が当たらない」「日が当たる」といった条件の違いにより、地殻・地表の構成物質が大きく二分されていることに気づく。私たちは、このような地球の根本的なシステムの上に成り立つ、「**無機材料**[1]」と「**有機材料**[1]」として二分される素材を、建築材料として多用し、建て築く活動を行っているのである。

1) 無機材料は、金属、非金属材料で構成され、成分として炭素Cを含まない。有機材料は、木、木質材料、高分子材料であり、成分として炭素Cを含む。

2．材料の歴史

さて、人間の体はさまざまな「器官、組織、細胞」により成り立っているが、建築は、木材、鋼材ならびにコンクリートなどが多用された「**構造体、部材、材料**」で構成されている。そして、建築の物理的な寿命を考える場合、たとえば鉄筋コンクリート構造においては、コンクリートの中性化に伴い生じた鉄筋腐食を防止するために、外装タイルやモルタルなどの建築仕上げ材で表面が覆われていれば、コンクリート表面の保護効果が得られ、建築の物理的な寿命が伸びる可能性がある。

このように、一般に建築は安全で快適な居住空間を形成し、さまざまな方法で耐久性を高めて長らく使用しつづけることを目標につくられており、適材適所に構造材料と建築仕上げ材料が用いられ、その種類や製造方法は、実に多様である。そして

a　自然の恵みで得られる素材（左から小笠原・珊瑚／土佐・塩焼灰／栃木・石灰鉱山）

b　材料を扱う人の力で建物が育つ（左からコンクリート打設／セメント水和物の生成／施工中の東京スカイツリー）

写真1　材料の起源と建築のはじまり

表1 各種建築材料の歴史

名称	世界	日本
石	B.C.10000年、旧石器時代に農耕文化がはじまり、石材の加工がはじまる。B.C.25年、ローマに世界最古となる石造ドーム、パンテオンが建造される	1870年、日本最初の石造灯台・和歌山樫野崎灯台が建設される
土壁	B.C.2000年～、中国最古の宮殿建築とされる二里頭遺跡にて版築が使用される	6世紀・飛鳥時代、仏教伝来とともに寺院建築などに使用される。15世紀、城郭建築にて堅牢で耐火性に優れ、多用される
スチール	B.C.3000年、エジプトで使用確認。18世紀末～19世紀初め、鋳鉄を構造用部材に使用するようになる	10世紀、踏鞴（たたら）製鉄が普及。たたらは、製鉄に必要な空気を送り込む送風装置の呼称。1901年、官営八幡製鉄所にて日本初の鉄鋼生産はじまる
アルミニウム	1782年、アルミナが金属酸化物である可能性が提唱される。1904年、オットー・ワグナーが建築で本格的に使用	1934年、アルミニウム精錬の開始
コンクリート	B.C.7000年ごろ、イスラエルで石灰コンクリートが使用される。B.C.2500年ごろ、エジプトのピラミッドで目地材にセメントモルタルとして使用される	1875年、日本初のセメント工場でポルトランドセメントを製造
レンガ	B.C.8000年ごろ、古代オリエントにて日干しレンガが用いられる	6世紀・飛鳥時代、仏教伝来とともに技術が伝来する。1857年、長崎にてレンガ製造の国産化がはじまる
ガラス	B.C.4000年ごろ、メソポタミアでガラス質の釉薬が使用される。1851年、第1回ロンドン万博にてクリスタルパレスが建設される	1960年代、フロート板ガラスの製造開始

最終的には、無機材料や有機材料により区別される使用条件の違い、個々の材料選定や目的とする性能・機能に応じた技術の適用性などをふまえ、建築が成り立っている。

写真1に材料の起源と建築のはじまりを示す。これらの写真で示されるように、自然の恵みから素材が得られ、人力により材料選定・施工がなされて建物が築かれるという基本的な流れが存在する。そこでは常に地理的・空間的な変化（場所の移動、周辺環境の改変など）も同時に生じ、その中で数多くの人が建物にかかわりつづけることになる。このようにして、建築としての足取りの積み重ねが保たれ、やがて建築材料に支えられた建物の歴史が刻まれるようになる（表1参照）。

3．材料から建築までに求められる機能・性能

図2に人間の要求条件と建築物の要求性能を、図3に建築物の性能設計における階層構造（NKB5レベルシステム[2]）を示す。材料選定を行った後に、設計・施工段階を中心とした建築生産を適切に行うためには、つくり手および使い手の要求条件を確認する必要がある。

建築物は、常にその役割に根ざす「目的」を有しているが、その目的を達成するために必要な個々のしくみの要求を示したものが「機能的要求」といえる。しかし、機能的要求を満足するためには、材料、部材、構造体ならびに空間自身に求められる定量的な要求を示す「性能的要求」も必要となる。このよう

図3 建築物の性能設計における階層構造（NKB5レベルシステム）
（参考文献07章3）を基に作成）

2）NKB5レベルシステムは、北欧5カ国の建築規制局で構成される委員会（NKB）が提起した、建築分野における健全性評価基準のひとつ。

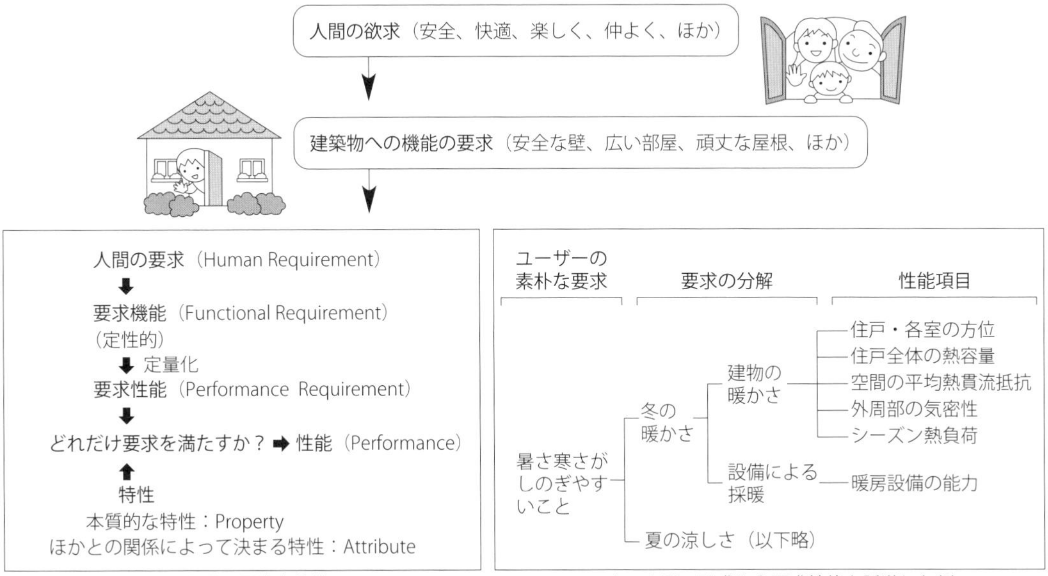

a 人間の要求と性能

b 人間の要求から要求性能を誘導した例

図2 人間の要求条件と建築物の要求性能

表2 建築物の部位─要求機能─要求性能─仕様の分類例（参考文献07章2）を基に作成）

部位	要求される機能
屋根	遮断機能（音、風雨、日射、外的環境全般）
外壁	遮断機能（火、風雨、熱、視線）、調節機能（熱、視線）、構造機能（鉛直荷重、水平荷重）
床	構築機能（積載荷重、振動抵抗）、居住機能（安全性、快適性、防音、防振、防水）
内壁、天井	遮断機能（火、風雨、熱、視線）、調節機能（熱、視線）、美観保持機能（色彩劣化、防汚性）
開口部、外装	遮断機能（火、風雨、熱、視線）、調節機能（熱、視線）、通行・搬出機能、採光・視野機能、換気・排煙機能

区分		機能・性能	仕様、事例
遮断機能	防水材料	水の浸透を防ぐ	防水シート、シーリング材
	防湿材料	水蒸気の浸入を防ぐ	ポリエチレン、塩化ビニリデン
	防火材料	火炎の侵入を防ぐ	不燃材料、難燃材料
	断熱材料	熱の移動を防ぐ	発泡プラスチック
	遮音材料	空気伝搬音の伝達を防ぐ	コンクリート、鋼板
	電磁波遮断材料	電磁波の侵入を防ぐ	鉛粒モルタル板
	免震材料	地震動の建物への入力を防ぐ	免震ゴム
	防振材料	人・機械による振動の伝搬を防ぐ	防振ゴム
	防犯材料	人の侵入を防ぐ	網入りガラス、合わせガラス
調節機能	保温材料	放熱・吸熱を防ぐ	ロックウール
	蓄熱材料	熱を蓄える	コンクリート
	吸音材料	音を吸収する	孔あき吸音板、ロックウール
	調湿材料	水蒸気を吸収・放出し、湿気を安定させる	調湿タイル、壁土
	制振材料	振動を制御する	オイルダンパー
伝達機能	透光材料	光を透過する	ガラス、アクリル板
	透湿材料	水蒸気を透過し、水・空気の移動を防ぐ	透湿防水シート
	導電材料	電気を伝える	銅板

な要求条件にかかわる基礎的なしくみを建築物の設計・施工の配慮事項として位置づけたものとして、図3に示す北欧5カ国の建築基準協会で推奨するNKB5レベルシステムがある。ここでは、建築物の空間・部位・材料に要求される標準的な性能の仕様である「適合みなし仕様」を定めたうえで、いわゆる**コミッショニング**[3]という性能検証的な生産設計のルートを設けることによって、実際の設計・施工に対し、要求性能が具体的に

3）コミッショニング(Commissioning)とは「性能検証」といわれ、建築物やその設備について企画・設計・施工・運用の各段階において、第三者あるいは中立的な立場から発注者への助言や必要な確認を行ったり、受け渡し時には性能試験を実施して、設備の適正な運転や保守が可能な状態であるか否かを検証することをいう。

表3　材料・部位・空間特性に関係する物理量

物理量： おもな記号	おもな単位 （読み）	概要
長さ：x、L	m（メートル）	m（メートル）を基準に、km（キロメートル：×10^3）、mm（ミリメートル：×10^{-3}）、μm（マイクロメートル：×10^{-6}）、nm（ナノメートル：×10^{-9}）などが用いられる
面積：S	m^2（平方メートル）	1m×1mの正方形の面積は$1m^2$で表される。この単位が基準となり、①建築面積や②敷地面積の表示などに用いられ、①建築面積／②敷地面積＝建ぺい率（％）などが算定できる
体積：V	m^3（立方メートル）	1m×1m×1mの立方体の体積は$1m^3$で表される。コンクリートのアジテータ車は、2〜$5m^3$車が多用されている（質量の場合4〜10 t程度となる）
質量：m	kg（キログラム）	キログラムを基準に、t（トン：×10^3）、g（グラム：×10^{-3}）、mg（ミリグラム：×10^{-6}）などが用いられる
密度：ρ	g/cm^3（グラム毎立方センチメートル）kg/L、kg/m^3	単位体積（cm^3、L、m^3）あたりの質量（g、kg）を表し、材料に固有の値である。木材は0.5〜0.9（g/cm^3）程度、コンクリートは2.3〜2.4（g/cm^3）程度、鉄鋼は7.85（g/cm^3）程度となる。なお、比重は一般に、4℃の「水」の密度1.0（g/cm^3）を基準とした「密度比」で表し、単位はなし
速度：v	m/s（メートル毎秒）	単位時間（s）あたりのものの位置（m）の変化率（velocity）を表す。変化の現象の違いにより、さまざまな速度があり、たとえばものが回転する速さは角速度（ω=rad/s）といい、角度の位置変化（rad）を表現する
加速度：a	m/s^2（メートル毎秒毎秒）	単位時間（s）あたりの速度（m/s）の変化率（acceleration）を表す。重力（gravity）が及ぼす加速度は、G（ジー）で表され、1G=$9.8m/s^2$と、大きな加速度をもつことがわかる
力：F	N（ニュートン）	ものに備わる動きや動かす働き（force）を示し、F＝質量（m）×加速度（a）で表される。質量1kgとは「重さ」という力（1kgf）を備えており、加速度aを重力加速度gに置き換えると、F＝質量（1kg）×加速度（$9.8m/s^2$）＝9.8（$kg・m/s^2$=N）となる。たとえば、質量60kgの人の体重による力は60kgfであり、60×9.8（N）≒588（N）となる
応力：σ	N/mm^2（ニュートン毎平方ミリメートル）	ものに加わる外力F（N）により、材料・素材内部において単位面積S（mm^2）あたりに作用する力（F）の大きさであり、応力（N/mm^2）＝外力F（N）／単位面積S（mm^2）で表される。材料が抵抗できる応力の最大値として、引張強度、曲げ強度、せん断強度、圧縮強度などがある
ひずみ：ε	％、μ（パーセント、マイクロ）	材料の単位長さLに対して、微少な長さ変化$\varDelta$Lが生じたときの長さ変化の割合（ε＝$\varDelta$L/L）を示す。材料の単位体積Vに対する変化量の場合はε＝$\varDelta$V/Vとなる。実数値に対して、100を掛けて％で表示する場合や、変化量がきわめて小さい場合は、10^6を掛けてμで表示する場合がある
弾性係数：E	N/mm^2（ニュートン毎平方ミリメートル）	単位ひずみを生じさせるのに必要な応力σ（N/mm^2）を示し、応力を取り除けばひずみが生じていない状態に戻る一定の変形範囲（弾性域）における抵抗力を表す。E（N/mm^2）＝応力σ（N/mm^2）／ひずみ（実数値）。弾性係数の大きい材料、つまり応力に対するひずみの小さい材料は「固く」、弾性係数が小さい材料、つまり応力に対するひずみの大きい材料は「柔らかい」といえる。なお、ヤング係数（縦弾性係数）は、縦軸に応力、横軸にひずみをとった荷重変形曲線における直線部（弾性範囲）の傾きを指す
温度：T	K（ケルビン）、℃（摂氏、セルシウス度）	温度tは、熱によって生じる原子の振動をもとに規定されている。この熱による振動が完全停止した状態を絶対零度（K=0）としている。なじみがある摂氏（℃）は、水の凝固点（0℃）、沸点（100℃）を基準としており、Kの温度から273.15を減じた値となる。つまり、絶対零度（K=0）は、摂氏-273（℃）となる
熱量：Q	J（ジュール）	熱量とは、熱の移動（放射、伝導、伝達）により蓄積されたエネルギー量である。「1ニュートンの力で物体を1メートル動かすときの仕事」と説明され、熱量（J：仕事）＝力（N）×距離（m）となる。栄養学では、カロリー（1 cal=4.1868 J）が用いられ、単位時間（S）における熱の移動量はワット（W＝J/s）で表す
比熱：c	$J/(g・K)$（ジュール毎グラムケルビン）	物質の質量m（1g）の温度tを1K上げるために必要な熱量Qを示す。比熱cが小さいほど熱の移動が容易であり、大きいほど熱の移動が難しくなる。下記より、水は「温めにくく」、金属は「熱が伝わりやすい」ことがわかる。水[4.22（0℃）]、鉄[0.435（0℃）]、木材[1.25（0℃）]、コンクリート[0.84（室温）]、空気[1.006（20℃）]
熱伝導率：λ	$W/(m・K)$（ワット毎メートルケルビン）	材料における熱の伝えやすさを示す。たとえば、ものにふれて熱を感じるとき、その熱は、一定の面積を有する2点間の長さを伝わったものとして理解できる。分子・分母に長さ（1m）を掛けて、単位を（W・m）／（m^2・K）と変換すれば、断面積$1m^2$の材料における1mの2点間について、1秒あたり1℃の温度変化が生じる際に伝わる熱量となる。一般に、固体から液体、そして気体の順に小さくなり［例：鉄（83.5）、ガラス（0.55〜0.75）、木材（0.15〜0.25）、断熱材（0.065以下）］であり、断熱材は効率よく屋内外の熱の移動を低減できる。また、金属にふれれば、急速に熱が奪われて冷たく感じる
熱伝達率：h	$W/(m^2・K)$（ワット毎平方メートルケルビン）	材料表面からの平均的な熱の移動量を示す。たとえば、表面積が$1m^2$の壁において、1秒間に外部に放出された熱量（W＝J/s）として理解できる。熱が放出される周囲の空間状態（風の有無、温度差ほか）で値が変化するため、熱伝導率が材料固有の値であるのと相違する
熱容量：c	J/K（ジュール毎ケルビン）	材料の比熱cに質量Mを掛けた値であり、熱を貯えられる量とみなすことができる。建物では熱容量が温熱環境の調整に関係し、材料に固有の比熱よりも、材料の使用量が大きく影響する場合がある

備考）物理量とその単位は、量の表し方の基本である国際単位系（SI）をおもに整理した。

反映されるような配慮がなされている。

表2に建築物の部位－要求機能－要求性能－仕様の分類例を示す。建物のつくり手は、使い手の要求条件をふまえたうえで、実際に屋根、外壁、内壁などの部位・部材を想定して、材料を選択し、設計・施工を行う。そして、最終的に使用者の要求条件を満足しつつ、公共的な安全性を確保したうえで建築物としての目的の達成を図る。一方、長期的に使用する際には、建築物の種類ごとに定められる遮断機能、調節機能、伝達機能などの「**要求機能**」を特定し、要求機能が供用期間にわたり維持されるようにするために、構造体や部材ならびに材料の「**要求性能**」が、経年的に変化するものかどうかを確認し、標準的な性能水準を満足しているかどうかを検証する必要がある。

表3に材料・部位・空間特性に関係する物理量を示す。実際のつくり手は、ここに示す物理量を設計・施工上の条件として定めたり、完成した建物の物理的特性として評価を行ったりする。

4．材料と構工法

図4に素材加工度と構工法伝承度による建築材料成熟度を示す。一般に建築材料は、技術の革新により、高性能・高機能化が果たされ、構工法のしくみにより、建築の一要素として成立する。ここで、建築材料に関する素材からの加工の程度を「**素材加工度（A）**」とし、構工法として一般化し、かつ伝承された程度を「**構工法伝承度（B）**」として、2つの尺度を位置づけてみると、さまざまな建物ごとに双方の影響度が大きく異な

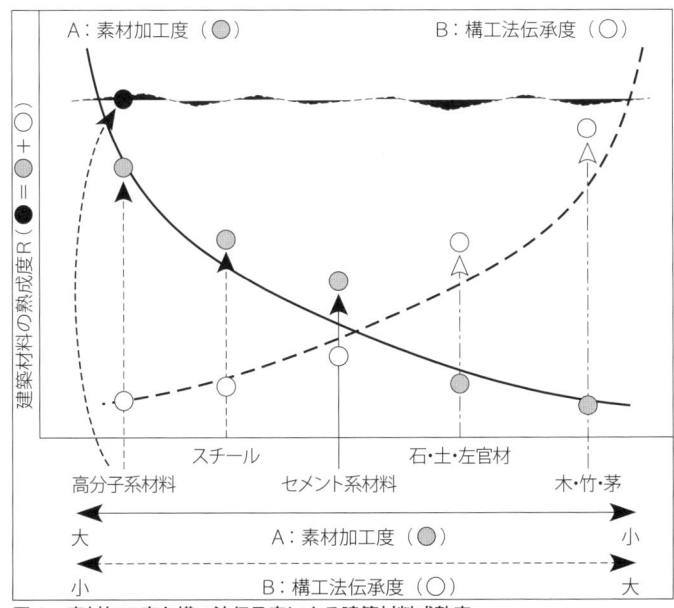

図4　素材加工度と構工法伝承度による建築材料成熟度
（参考文献 07 章 4）を基に作成）

ることがわかる。たとえば、高分子系材料を用いたプラスチック建材は、さまざまな形態や特性を持ち合わせることができるため、素材加工度（A）は比較的大きい製品となるが、伝統的に根づいた構工法（B）のしくみは少ない。逆に、植物材料である茅は、自生地から刈取り乾燥させる程度の処理を施し、素材加工度（A）は高められることなく製品化されるが、屋根葺きの際には伝統的な茅葺きの構工法（B）でたしかな施工がなされ、それが長きにわたって成立してきた。

　このように、実際の建築物の生産のしくみや寿命を根本的に考える段階においては、使用する建築材料の**素材加工度（A）**と**構工法の伝承度（B）**にかかわるしくみの理解が必要であり、さらに前者については、多様な構造材料と建築仕上げ材料の組み合わせにより生じる複合的な状態の影響をとらえる必要がある。そのうえで、物理寿命や機能寿命といった寿命概念に関係する材料の経年的な劣化性状をふまえて維持保全を行うことが、建築を長らく保つうえでのひとつの目標となる。

　また現状では、多くの建物の寿命が20年、30年などと指折りで数えられる程度にとどまり、解体廃棄時に**資源循環**の要求がきわめて高くなるような状況といえるが、国内では、おもに構造材料に関しては、限られた素材を用いた均質な材料として多用されているため、解体後は、用途に応じた適切な処理を施し、**資源循環**を促進させるような処理が実際になされている。建設現場における分別解体や中間処理施設での排出物の適正管理、さらには再資源化を含めた、いわゆる３R[4]を見据えたシステムが成り立っていることは国内の建材に関する**資源循環**の大きな特徴といえる。

5．材料から建物までの品質管理から品質保証へ

　図５に生産物全般の「**広義の品質（Broad Quality）**」の位置づけを示す。「広義の品質」とは、「狭義の品質（Narrow Quality）」「広義の信頼性（Broad Reliability）」ならびに「安全性（Safety）」を主たる要因として構成される概念といえる。「狭義の品質（Narrow Quality）」は、設計者や開発者や生産者などのつくり手の管理下にある製品・生産物などの「機能・性能」ならびに「形態・外観」に関する品質としてとらえられる。つくり手は、品質の管理責任を担い、最終的に生産物を世に送り出し、市場における品質の価値が評価されることになる。「広義の信頼性（Broad Reliability）」は、完成した製品や生産物が、使い手にわたった後、一定の使用期間を経て、結果として定まる寿命や故障率などの信頼性指標に基づき評価される「狭義の信頼性」をはじめ、使い手を介した満足度など、かたちのない財の程度を示す「サービス性」、そしてサービス性を

[4] ３Rとは、資源の消費を減らすこと（Reduce）からはじめて、使えるものは何度も繰り返し使い（Reuse）、そして使えなくなったら原材料として再生利用（Recycle）するという３つのキーワードの頭文字をとったもの。

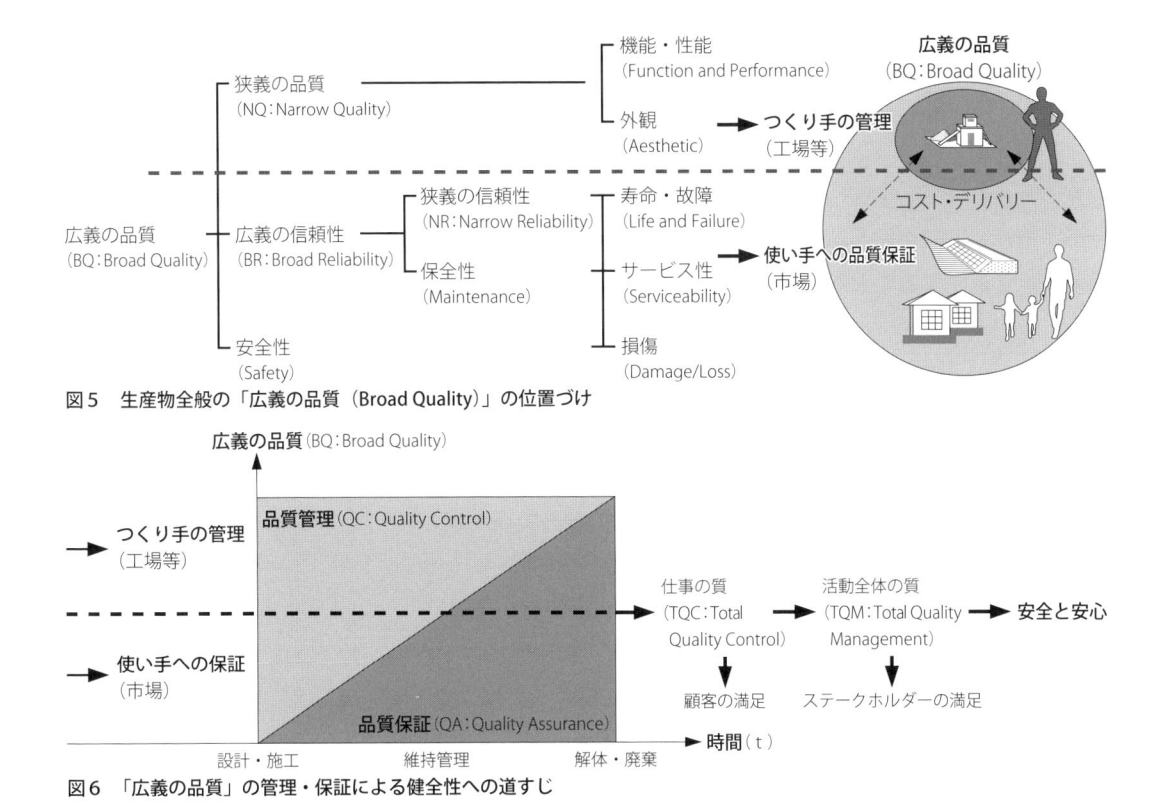

図5 生産物全般の「広義の品質（Broad Quality）」の位置づけ

図6 「広義の品質」の管理・保証による健全性への道すじ

導き出すしくみ自身が劣化した際、それらを修復して正常に機能させる「保全性」などにより構成される。

「安全性（Safety）」は、法律用語をはじめ、各種の規格類でさまざまな定義が存在するが、生産物全般に共通の内容として、「人間の死傷または資材に損失もしくは損傷を与えるような状態がないこと」と理解される。「信頼性」が生産物の役割や目的を遂行するための機能上の寿命・故障を対象とするのに対し、「安全性」は損失条件を直接取り扱う、明確に区別された概念といえる。

以上により、生産物全般における「**広義の品質**」の位置づけを整理することで、「つくり手」と「使い手」の本質的な役割の違いや、長期的な品質保証内容を把握することができる。

続いて、図6に「**広義の品質**」の管理・保証による健全性への道すじを示す。生産物全般に対し、つくり手（設計者、開発者、製造者、施工者、生産者ほか）が品質を管理し、使い手（施主、使用者、第三者ほか）への品質を保証するという考え方は、ものづくりの基本的条件として位置づけられるが、実際に生産物全般でそのような状況が実現されているわけではない。しかし、ひとつの目標として、生産物に対する使い手のニーズが失われない段階まで品質保証がなされることが望ましく、その条件が、使い手による、個々の生産物への品質要求に応じて適切に評価されれば、「健全な生産物」として認められよう[5]。

5）「品質保証」の定義については、日本建築学会・コンクリートの品質管理指針・同解説（1999）では、「品質に対する要求事項が満たされていることについて、十分な信頼感を得るために行う活動全体」および、JIS Q 9000（品質マネジメント）では、「品質要求事項が満たされるという確信を与えることに焦点を合わせた品質マネジメントの一部」としている。

このように生産物全般は、先に示した「**広義の品質**」の充足性が確認されながら、市場における、経済性をはじめとする各種の評価を受けることになる。建築のつくり手は、設計段階から、製造・施工段階、維持管理段階ならびに最終段階に至るまでの「品質管理」および「品質保証」の責任範囲を区別したうえで、生産物の耐用年数を意識し、組織活動の質に変化を与える可能性を追求することが重要である。

6．建築生産による社会的影響

写真2に建築生産による都市の形成と集積を示す。国内では、明治時代に入り、海外からの建築技術導入に端を発し、石材やレンガをはじめとするさまざまな建築材料の製造技術が構築され、建設活動を介した就労機会の増加と街区の形成がはじまった。その後、1960年代の高度経済成長期になると、住宅や道路などの巨大なインフラ整備の社会要請に対し、使用・安全面で合理性のあるコンクリートが数多く選択され、国土全般にわたり鉄筋コンクリート構造物が普及した。

一方、都市化によるさまざまな問題も生じはじめている。とりわけ2011年3月11日に発生した東日本大震災では、首都圏においても震度5強の揺れが観測され、鉄道やバスなど多くの交通機関が停止し、首都圏と関東地方を含めて10万人を超える帰宅困難者が生じる事態となった。平常時のみならず災害時における問題も含め、建築生産と都市形成のあり方について再考する必要性が生じつつある。

a 最盛期のレンガ製造工場（埼玉深谷/1908年ごろ）

b 丸の内レンガ街（東京丸の内/1909年ごろ）

c 現代の都市景観（新宿西口・東京都庁/2010年）

d 過密状態にある都市（新宿西口・震災直後/2011年3月）

写真2　建築生産による都市の形成と集積

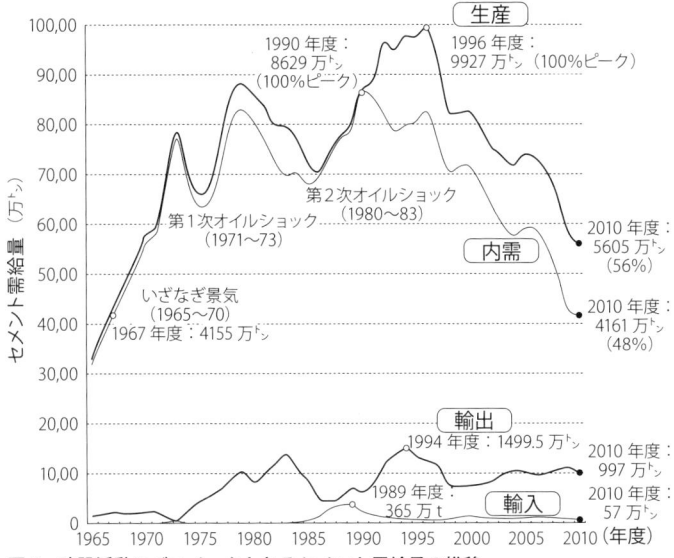

図7 建設活動のバロメータとなるセメント需給量の推移
(参考文献07章6)を基に作成

　図7に建設活動のバロメータとなる**セメント需給量**の推移を示す。セメントの国内需要に関しては、二度のオイルショックで一時的に低下したものの、高度成長期より増加の一途をたどり、バブル経済終盤である1990年度には8628万トンと過去の最大量を記録した。生産量に関しては、1996年度に9927万トンと過去の最大量となっている。需給がピークに達した後は、世界的な景気後退に伴う建設工事減少などの影響により、需要減少が長らく続いており、生産量に関してはピーク時の半分程度まで縮小している。

　図8の国内における非木造（RC造、S造など）建物のストック量に示されるように、1960年代からは数多くの非木造である鉄筋コンクリート構造や鉄骨構造の建物が建設されており、特にaの非住宅における増加量は著しく、都市の不燃化と併せて主要な社会基盤が形成されたことがよく理解できる。また、図9に世界各国の**コンクリート蓄積量**（1913〜2009年）を、

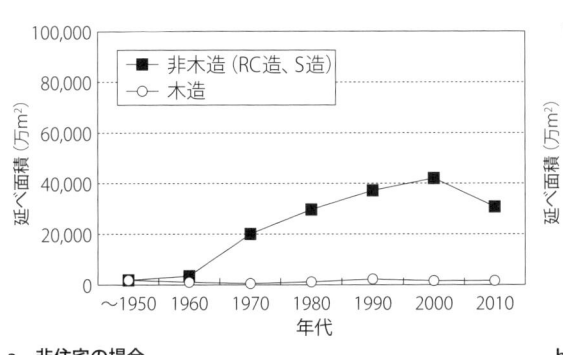

a　非住宅の場合　　　　　　　　　　b　住宅の場合
図8 国内における非木造（RC造、S造など）建物のストック量

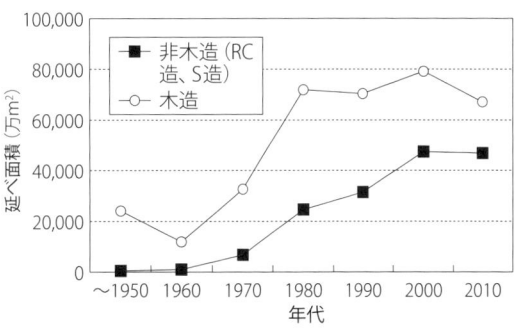

a　国全体比較

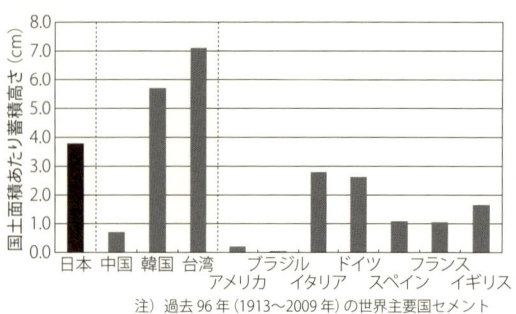

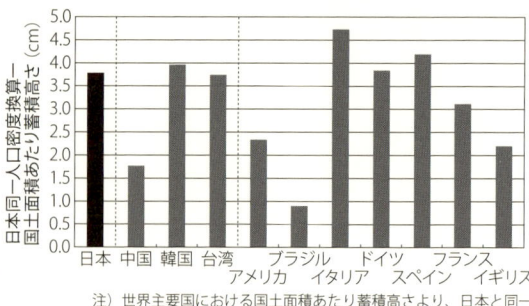

b　同一人口密度の場合の比較

図9　世界各国のコンクリート蓄積量（1913～2009年）

aの国全体比較とbの同一人口密度の場合で示すが、過去100年間で、世界全体でコンクリートを用いた社会基盤施設が数多く建設されてきたことがわかる。このような社会環境は、まさにこれらの多大な建設投資と労働力の集積による、公共および民間における建築生産活動を通じて支えられてきたのである。

7．これからの材料選択と生産設計

（1）資源環境への配慮

これからの材料選択と生産設計を考えるにあたって、国内では、天然資源が乏しいこと、最終処分が可能な処理場が少ないことにより、資源環境への配慮を前提とする必要がある。

図10に**グリーン購入法**（国等による環境物品等の調達の推進等に関する法律）と表4に**特定調達品目**の例（公共工事）を示す。グリーン購入法とは、再生品等の「供給面」の取り組みに加え、「需要面」からの取り組みが重要であるとする観点から、2000年に制定された比較的新しい法律であり、国等の公的機関が率先して環境物品等（環境負荷低減に資する製品・サービスなど）の調達を推進するために、「特定調達品目」として具体的な品名を整理し公表している。特定調達品目を、材料選定と生産設計の段階で計画的に採用することで、工事全体のリサイクル製品の使用率が高めることができ、最終的には環境負荷を低減することができる。

図11に**インバース・マニュファクチャリング**（IM：Inverse Manufacturing）[6]におけるライフサイクル・オプション[7]の分類を示す。インバース・マニュファクチャリングとは、「逆工場」とも呼ばれ、他産業分野で現在普及している考え方である。一連の生産システムを逆工程でとらえ直し、製品ライフサイクル全体における資源・エネルギー消費量および廃棄物など、おもに静脈部分で生じる環境負荷量が最小になるしくみの構築を目的としている。IMの実現には、これまでの大量生産—消費型の市場原理に基づくのではなく、限定されたマーケットに

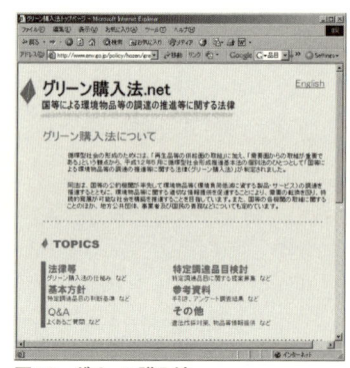

図10　グリーン購入法

6）インバース・マニュファクチャリングとは、材料を加工して組み立てて製品をつくる通常の工場の逆を行く考え方のもので、廃棄物を資源化させる工場という言い方もできる。過去の成功例とされるのが、富士フィルムのレンズ付きフィルム「写ルンです」の循環再生システムである。

7）ライフサイクル・オプションは、リデュース、アップグレード、リユース、リサイクル、メンテナンスなど広い意味での循環方法をいう。材料選択を行う前に、製品やそのライフサイクルに適した循環方法を適切に設計しようというものである。

表4 特定調達品目の例（公共工事）

分類	品目名		判断の基準
	品目分類	品目名	
資材	コンクリート塊、アスファルト・コンクリート塊リサイクル資材	再生骨材等	コンクリート塊またはアスファルト・コンクリート塊から製造した骨材が含まれていること
	コンクリート用スラグ骨材	高炉スラグ骨材 フェロニッケルスラグ骨材 銅スラグ骨材	天然砂、天然砂利、砕砂または砕石の一部、もしくは全部を代替して使用できるスラグを使用した骨材であること
	混合セメント	高炉セメント	高炉セメントであって、原料に30%を超える分量の高炉スラグを使用していること
		フライアッシュセメント	フライアッシュセメントであって、原料に10%を超える分量のフライアッシュを使用していること
	コンクリートおよびコンクリート製品	透水性コンクリート	透水係数 $1×10^{-2}$ cm/sec 以上であること
建設機械	—	排出ガス対策型建設機械	搭載されているエンジンから排出される排出ガス成分および黒鉛の量が一定値以下のものであること
		低騒音型建設機械	建設機械の騒音の測定値が一定値以下のものであること
工法	建設汚泥再生処理工法	建設汚泥再生処理工法	①施工現場で発生する建設汚泥を、現場内再生利用を目的として、高圧プレス処理により盛土材等へ再生する工法または固化材添加により流動化処理土へ再生する工法であること ②固化材を使用する場合、再生処理土からの有害物質の溶出については、土壌の汚染に係る環境基準（環境庁告示第46号）を満たすこと
	コンクリート塊再生処理工法	コンクリート塊再生処理工法	施工現場で発生するコンクリート塊を、現場内再生利用を目的としてコンクリートまたは骨材に再生処理する工法であること

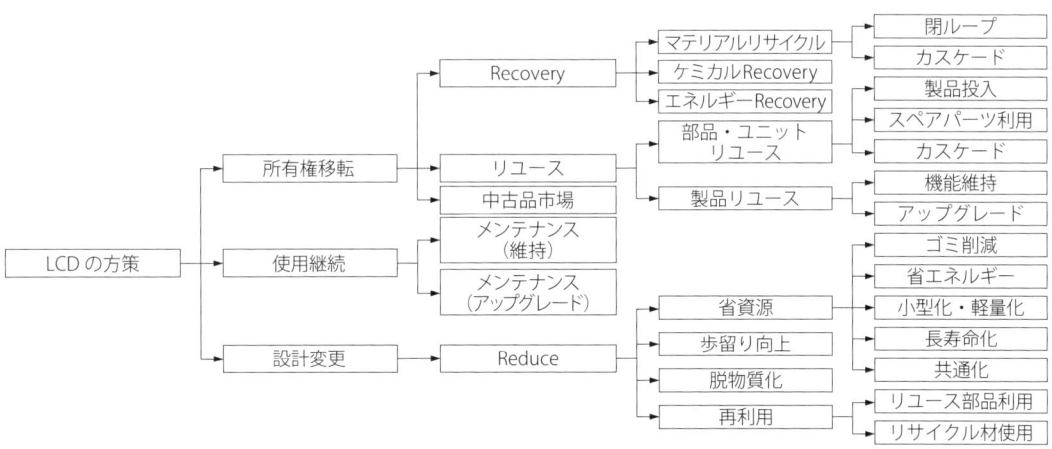

図11 インバース・マニュファクチャリングにおけるライフサイクル・オプションの分類（参考文献07章6）を基に作成）

必要な効用を最適量のみ提供するというしくみが必要であり、市場でストックされている製品自身は部品倉庫になると考え、その循環サイクルはできるだけ小さいループで、同一製品に十分に使える品質で循環させる。そして、品質が低下するカスケードリサイクルの工程は極限まで小さくすることなどがきわめて重要になるとしている。

（2）エネルギー量・炭素循環性への配慮

エネルギー量と炭素循環性への配慮は、地球温暖化対策の観点からもきわめて重要な要件といえる。

図12に各種資材単位量あたりの二酸化炭素排出量原単位を示す。炭素循環の問題に関しては、1997年に京都議定書が議決されたことにより、建設業においても、資材ごとに積極的に

二酸化炭素排出量の削減対策が推進されてきた。建築関連のライフサイクル全体における二酸化炭素排出量に着眼すれば、資材の製造・輸送ならびに建物の施工段階における二酸化炭素排出量は、ライフサイクル全体の3分の1程度を占め、特に製造段階におけるセメント製造による排出量原単位が大きいことがわかる。

また、図13にある各種構工法における環境性能の比較より、建物への材料選択を含めた構造種別や構工法を適切に選定することで、エネルギー消費量から環境負荷物質の排出量が大きく変化することがわかる。このように、合理的な生産設計を実施することで、エネルギー使用量と環境負荷量を計画的に削減することが可能であり、今後、重要な課題として位置づけられる。

図14に**カーボンフットプリント**の概念図と図15に製品表示例を示す。現在、国際的な動向として、ISO（国際標準化機関）における二酸化炭素排出量の算定にかかわる検討が進行中であり、商品・サービスのライフサイクルの各過程で排出された「温室効果ガスの量」を合算し、得られた全体の排出量をCO_2量に換算して表示する「カーボンフットプリント（CFP[8]）」

8) ＣＦＰは Carbon Footprint of Products の略称で、商品やサービスの原材料調達から廃棄、そしてリサイクルに至るまでのライフサイクル全体を通して排出される温室効果ガス排出量を CO_2 に換算して、商品やサービスにわかりやすく表示するしくみで、ラベル表示されている商品もある。

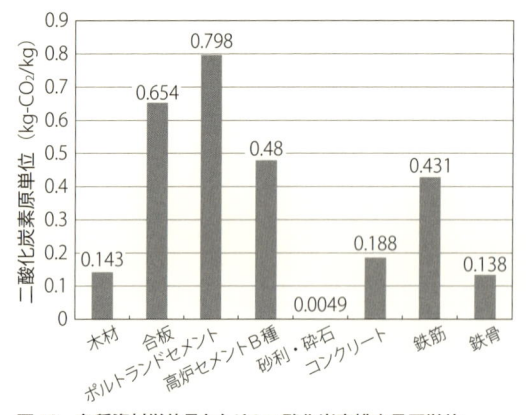

図12　各種資材単位量あたりの二酸化炭素排出量原単位
（参考文献07章6)、10)、11) を基に作成）

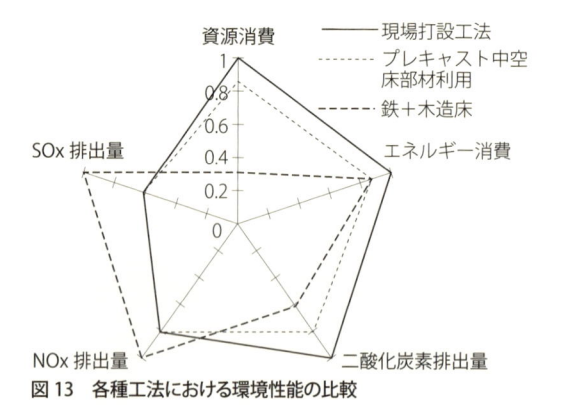

図13　各種工法における環境性能の比較

図14　カーボンフットプリントの概念図　（参考文献07章12) を基に作成）

図15　製品表示例
（参考文献07章12) を基に作成）

制度により、いわゆる「炭素の足跡」を明記し、公表する取り組みが推進されている。

国内では2008年に、「低炭素社会づくり行動計画」により、**カーボンフットプリント**の制度化に向けた取り組みがはじまっている。現在も、CO_2排出量の算定・表示、信頼性の確保など基本ルールの策定が検討中であることから、今後の建築材料ならびに建物自身についても、炭素の足跡を残すことを前提とした生産活動が求められるであろう[9]。

（3）評価・格付けシステムへの配慮

評価・格付けシステムは、建築への環境配慮が重視される状況でその導入が加速している。省エネルギー、省資源ならびに二酸化炭素排出量の削減をはじめ、環境負荷の少ない資機材の使用や空間の快適性など、建築および関連するサービス全般にかかわる、性能や機能の実現性や保全性が検証され、第三者に対して結果を明示できるようなしくみとなっている。

図16にISOで定める建設プロジェクトの評価および生産システムの概略（ISO 15686-6）を示す。ここでは、建設物の維持保全を合理的に行うために、建物の所有者や使用者などの要求条件を適切に要求性能に反映し、最終的に社会・経済・環境の3つの側面をふまえた評価を実施して、設計・施工の活動に反映するしくみを具体的に提示している。

続いて、表5に建築の生産設計にかかわる環境配慮規格・ツール・仕様書類（個別および総合）を示す。これらは、建築のライフサイクル全体のうち、施工段階を中心とした個別段階に関する環境配慮の方針・仕様ならびに評価にかかわる情報に加え、建築全体の総合的な環境性能を評価するツールの事例を示しており、建築主、設計者・工事監理者、材料製造者および施工者などが建築生産を行ううえでの合意形成ツールになるとともに、国内外を含めた地域性なども考慮しながら、建築および関連するサービスに関する充足度や実効性の評価などを可能としている。

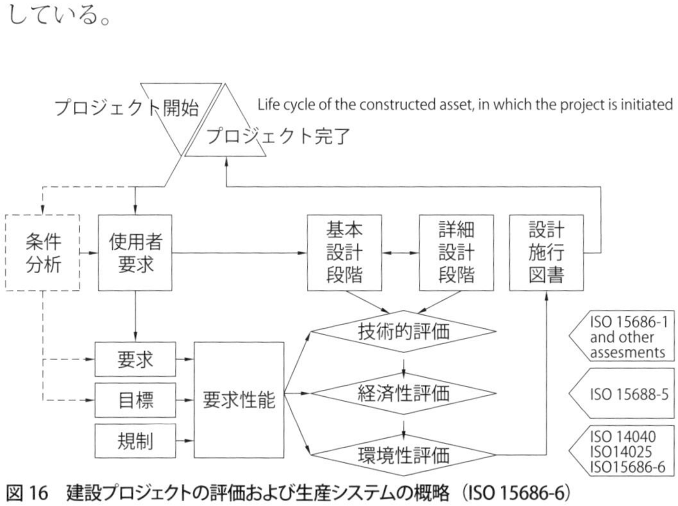

9）カーボンフットプリント（CFP）制度は、経済産業省などが主導して行っており、現在、（社）産業環境管理協会による新CFPプログラムの民間運用が開始されている。

図16　建設プロジェクトの評価および生産システムの概略（ISO 15686-6）

表 5　建築の生産設計にかかわる環境配慮規格・ツール・仕様書類（個別および総合）

名称	年	組織・国	その他
建物の LCA 指針	1999	日本建築学会	建物のライフサイクル全体における環境影響を評価
鉄筋コンクリート造建築物の環境配慮施工指針（案）・同解説	2008	日本建築学会	鉄筋コンクリート造建築物の施工段階を中心とした環境配慮要求を明示
ビルディングコンストラクションにおけるサステナビリティ規格（ISO 15392）	2008	ISO/TC59/SC17	ISO 15392 Sustainability in building construction -- General principles としての国際規格
コンクリートとコンクリート構造物の環境マネジメント規格（ISO/FDIS 13315 -1）	2011	ISO/TC71/SC8	ISO/FDIS 13315 -1 Environmental management for concrete and concrete structures, Part 1：General principles としての国際規格
BREEAM	1990	イギリス	Excellent、Very Good、Good、Pass による4段階で総合環境性能を評価・認証
LEED	1996	アメリカ	プラチナ、ゴールド、シルバー、認証の4段階で総合環境性能を評価・認証
CASBEE	2002	日本	S、A、B+、B-、Cの5段階評価をBEE値（品質性能Q/環境負荷L）により総合環境性能を評価・認証
GOBAS	2003	中国	クラスA～Eの5段階評価をQ/Lにより総合環境性能を評価・認証。日本のCASBEE研究委員会が技術支援

　これらの生産設計にも深くかかわるしくみは、世界規模で普及しつつあり、規格類や仕様ならびに評価方法と格付けシステムに準拠した生産設計の基本的な条件として位置づけていく必要がある。

08章 建築のつくり方（1）
—生産設計と施工計画

　実際に建築をつくるためには、どのようにつくるかつくり方を考えておくことと、設計図書にそれらを表現しておくことが重要である。その結果、無理な工事や品質不良といった不具合、余分な費用の発生をふせぐことができる。建築生産の場合、つくり方はおもに施工計画の段階において検討されるが、じつは設計段階におけるつくり方の検討も重要で、生産設計と呼ぶ。本章では、生産設計、その後の施工計画、そして施工計画と実際の管理との関係について学ぶ。

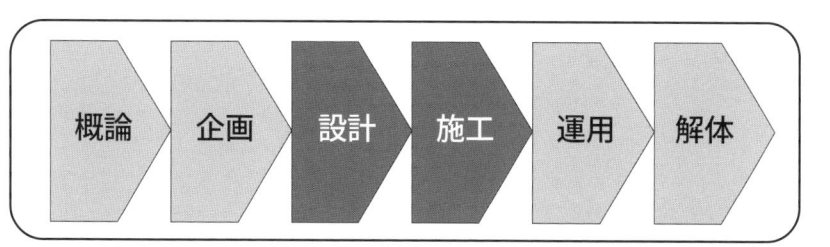

概論 → 企画 → 設計 → 施工 → 運用 → 解体　　建築生産の流れ

【本書の構成】　　　　　　　　　　　　　　　　　　　　【キーワード】

1. 設計段階における施工性の検討
- 生産設計とは　　　　　　―つくる手順と要領　　　　　生産設計
- 英国と米国の生産設計　　―海外の類似概念　　　　　　Buildability、Constructability
- 生産設計と施工計画　　　―設計段階での検討の具体化

2. 施工前の事前調査
- 設計図書の理解と確認　　―設計意図や設計内容　　　　事前調査、共通仕様書、特記仕様書、現場説明、質疑応答書
- 現場および近隣状況の把握―敷地内外の状況確認　　　　現場敷地内、近隣状況、敷地外、地球環境
- 気候および風土の理解と確認―積雪・地震・台風への対応
- 法的規制の調査と確認　　―建物を建てる際の規制や許可　建築基準法

3. 施工計画と施工管理の関係
- 工法計画と作業計画　　　―工法と作業内容の組み立て　施工計画、施工管理　工法計画、作業計画
- 工事編成　　　　　　　　―専門工事業者の編成　　　　工事編成
- 施工図と施工計画図書　　―施工者側の図面と施工の手順　施工図、施工計画書、施工要領書、総合図

4. 施工計画各計画
- 品質計画　　　　　　　　―品質特性と施工計画・管理の指標　QCDSE、要求品質、品質精度、瑕疵担保責任、デミング賞、ISO9000ファミリー
- 工程計画　　　　　　　　―工程の割付けと積み上げ　ガントチャート、棒線工程表、ネットワーク工程表、トータルフロート、クリティカルパス、労務の山崩し、コストスロープ、バナナ曲線
- 環境計画　　　　　　　　―建築生産とと2つの環境　地域環境、地球環境
- 安全計画　　　　　　　　―労働災害回避　　　　　　労働安全衛生法
- コスト計画　　　　　　　―実行予算の策定　　　　　積算、建築積算士、拾い出し、値入れ、工種別内訳書標準書式、直接工事費、工事原価
- 価値の向上を図るVEの手法―合理的な代替案選定　　　VE、マイルズ

1. 設計段階における施工性の検討

設計行為は、意匠設計、機能設計、生産設計に相当する3つの側面をもっていると考えられる。意匠設計は空間の形態(デザインなど)や使用する材料などの仕様を計画すること、機能設計は主として空間の機能を計画すること、そして生産設計は生産方法を計画することと理解できる。本章ではその中の生産設計について述べていくことにする。

(1) 生産設計とは

生産設計とは、簡単にいえば、施工する際につくる手順や要領を考えておくことである(図1)。たとえば鉄筋コンクリート構造の場合では、躯体のプレキャスト化や工業化製品の採用が生産設計の典型的な事例である。設計段階において、それらの採用部位や接合方法、施工手順について、品質や工程、原価など総合的に検討を行うことに相当する。設計が終了し、設計図書が完成した後では、設計変更できない項目も多い。設計段階において十分に生産設計を実施しておくことがつくり方を考えるうえでは有効である。

古阪は、**生産設計**を「設計段階でつくりやすさ、経済性、品質の安定性などの点から設計を見直し、施工の実現性を図ること、具体的には生産に有利な構・工法の選定、最適材料の選択、構造の単純化・標準化、資材・労務の入手性などを検討すること」と定義している(古阪、1993)。表1に生産設計の基本項目が整理されている。

このことはニュアンスは違えど、海外でも同様で、この生産設計に類似した概念として、英国の **Buildability**、米国の **Constructability** がある。

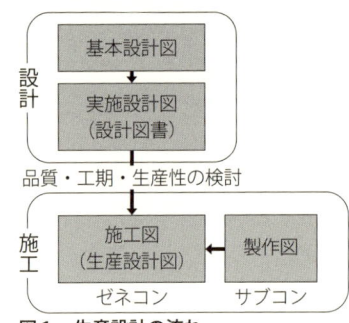

図1 生産設計の流れ

表1 生産設計の基本項目

基本項目	活動内容
生産に有利な構・工法の選定	構工法の選択、信頼性の付与、入手性の検討
寸法精度の設定	設計品質の確定、寸法公差の規定、代用特性の規定
最適材料の選択	材料選択、信頼・保全性の付与
構造の単純化・規格化・標準化	部品・部材の標準化、標準品・規格品の利用、繰り返し性の活用
市販品や規格品の採用	リードタイム工程表、市況の理解

(2) 英国の生産設計

生産設計に類似の概念として英国には **Buildability** がある。英国の CIRIA [1] は、**Buildability** を「完成建物に要求されるすべての事項を満たすことを前提に、建築物の設計が施工を簡単にしている度合い」と定義しており、「適切な材料の使用」「採用可能な技能を考慮した設計」「単純な組み立てを考慮した設計」「繰り返し/標準化を極力高めた計画」「妥当な誤差の容認」

---

1) CIRIA (Construction Industry Research and Information Association) は、非営利独立研究団体で、建設分野の官民をメンバーとする中立的な研究開発の推進組織である。

は、設計段階での検討項目であり、同時に設計仕様に直接かかわる内容でもあると指摘している（Griffith、1984）。

（3）米国の生産設計

米国の生産設計は **Constructability** と呼ばれる。米国の CII [2] は、**Constructability** を「プロジェクトのすべての目的を達成するために、企画・設計・調達・現場作業に関して施工上の知識と経験を最大限利用すること」と定義しており、「作業のパッケージ化」「労務計画」「現場へのアクセス」「設備の設置や交換のしやすさ」「保守性」「設備および資材の調達とリードタイムの考慮」「プレファブリケーション」「プレアッセンブリ」「モジュール化」は設計段階での重要な検討項目であると指摘している（CII、1986）。

2）CII（Construction Industry Institute）は、プロセスインダストリーとそのプラント供給コントラクタが共同で設立した団体で、テキサス大学オースチン校が事務局を務める産学の共同組織である。

（4）生産設計と施工計画

生産設計や Buildability、Constructability は、設計段階において検討する内容である。これらの結果が、施工段階の施工計画へと連続的に展開されることが望ましい。施工計画段階は、生産設計の内容を具現化していくプロセスであり、たとえばクレーンの選定や作業員の配置、作業手順など詳細な作業計画までを含めて検討、確定していくことになる。

2．施工前の事前調査

建築は通常、固有の土地に単品生産を行うため、個々の建築プロジェクトにより、つくるための条件もそれぞれ異なる。そこで、実際に施工を行う前に次の（1）から（4）までの**事前調査**を行って、固有の条件や要望を整理し、施工計画に反映することが重要となる。

（1）設計図書の理解と確認

設計意図や設計内容は、設計図書に記述されている。また、発注者は施工者と契約を交わす。一般に、契約書類は図2のような構成となっており、契約書には施工を行ううえでの条件や責任が明記されている。設計図書の具体的な中身は、建築の形態を示す設計図と、仕様が明記されている**共通仕様書**と**特記仕様書**[3]、そして**現場説明**、不明な点に関する**質疑応答書**で構成されている。設計図書の記述内容に不整合がある場合は、図中の付帯番号が示す優先順位に従うのが一般的である。

3）共通仕様書とは、通常の工事で共通して使えるように、一般的かつ標準的な事項を示した仕様書のことである。特記仕様書とは、建築工事における材料の品質、使用製品、施工方法などに関して、個々の設計に対して共通仕様書の記述では不十分な設計者の意図を文章、数値などで示した書類のことである。

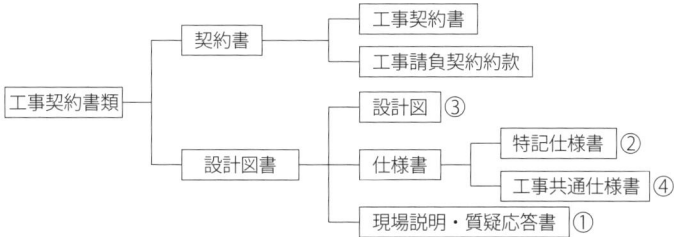

```
                    ┌─ 契約書 ─┬─ 工事契約書
                    │          └─ 工事請負契約約款
工事契約書類 ───────┤
                    │          ┌─ 設計図 ③
                    └─ 設計図書 ┼─ 仕様書 ┬─ 特記仕様書 ②
                               │         └─ 工事共通仕様書 ④
                               └─ 現場説明・質疑応答書 ①
```

図2　工事契約図書の構成

（2）現場および近隣状況の把握

建築生産において、現場敷地の状況や近隣の状況の把握は重要である。大きくは、敷地内の状況と敷地外の状況に分けられるが、概要は下記のとおりである。また、敷地外は地域環境と、より広範囲な地球環境とに区分できる。

①**現場敷地内**の状況確認として、まず敷地境界や地盤面の現況確認がある。次に、土質の分析や地下水位の把握、そして地中障害、有害物質などによる汚染などの確認もある。

②**近隣状況**に関しては、敷地周辺の一般歩行通路や車路の状況を把握し、状況によっては施工のために迂回路を設けるなど適切な対応を行わなければならない。さらに、建築工事に伴う落下や飛散防止の対策も必要である。

③**敷地外**に関しては、地域環境への配慮が必要である。建築工事に伴う地域環境への影響としては騒音、振動、悪臭、大気汚染、汚水、土壌汚染がある。

④地域環境よりももっと広範な意味での、**地球環境**への配慮が必要である。21世紀に入り、生産活動に伴う二酸化炭素排出量削減や生物多様性[4]への配慮がいっそう求められるようになってきている。

（3）気候および風土の理解と確認

建築は気候や風土などの自然環境や特徴の影響を受ける。たとえば、日本は地震の多い国、地域である。そして梅雨があり、夏から秋にかけては台風の季節でもある。日本海側では冬、雪が降り積もることも多い。これらの気候や風土は建築のあり方だけでなく、つくり方にも影響する。地震に対する技術として耐震構造があり、免震装置や制振装置が開発されている。施工時にも地震に対応した処置が必要である。台風時には、風圧による倒壊をふせぐために仮設足場の養生ネットを収納するなど、台風被害を回避するための養生を行う。またコンクリートの品質管理においては、熱暑地域や寒冷地域などの条件を考慮してコンクリート調合を決めることになる。

これらの対応は通常、設計図書の特記仕様書や共通仕様書、仮設計画図などの施工計画書や施工要領書[5]において検討され、記述される。

（4）法的規制の調査と確認

建築はさまざまな法規制を受ける。建築のあり様は、法律である**建築基準法**の単体規定や集団規定[6]によって制約を受けることになる。おもに災害などの経験をふまえて、より安全な建築のあり様が定められている。一方、建築のつくり方に関しては、騒音や振動に対する規制法や廃棄物の処理および清掃に関する法律によって施工方法の制限を受ける。また、施工方法の関係で道路使用の必要性がある場合は、道路交通法に基づいて道路使用許可を得なければならない。

4）生物多様性（biodiversity、biological diversity）とは、生態系または地球全体に、多様な生物が存在していることをいう。生物多様性の定義はさまざまであるが、1993年に発効した「生物の多様性に関する条約」では、「すべての生物（陸上生態系、海洋その他の水界生態系、これらが複合した生態系その他生息又は生育の場のいかんを問わない。）の間の変異性をいうものとし、種内の多様性、種間の多様性及び生態系の多様性を含む」と定義されている。

5）施工計画書とは、建設工事を実施するための計画を示した文書であり、通常、仮設計画、山留め計画、鉄骨建方計画、コンクリート打設計画について作成される。施工要領書とは、工事の施工または部材の製作にあたって、施工の手順、製作上の注意、品質管理の方法を具体的に記述した文書である。通常、施工計画書はゼネコン（総合建設業）が作成し、施工要領書はサブコン（専門工事業者）が作成する。

6）建築基準法は、建築物の最低基準を定めて、公共の福祉の増進に資することを目的としている。その骨子は大きく、単体規定と集団規定で構成されている。単体規定は、個々の建物の基準をまとめたもので、一般構造、構造強度、防火と避難、建築設備の規定などが記載されている。集団規定は、まちづくりのための基準をまとめたもので、道路、敷地、用途制限、面積、高さなどの形態規定などが記載されている。

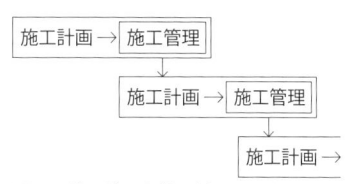

3. 施工計画と施工管理の関係

　施工段階には、**施工計画**と**施工管理**の2つの業務がある。しかし、この計画と管理には階層性があり、ある段階の管理は次の段階の計画と管理を含み、その管理にはさらに次の段階の計画と管理を含むような階層構造になっている（図3）。

　すなわち、計画と管理は何度も繰り返し行われるものであり、施工計画と施工管理はお互いに補完し合いながら進めなければならない。

　本来、**施工計画**とは、工事に先だって、設計図書どおりの建物を、契約条件に基づいて工期内に、経済的かつ安全に施工するための最善の方法（労働力や資材、施工方法など）を検討してまとめたものである。これをもとに受注者が行う工事のすべての管理を**施工管理**というが、施工計画と施工管理の目的は、いずれも一致している。与えられた条件（工期、場所など）の中で、できるだけ安全に適切な品質の建築を経済的につくることである。

　近年では、廃棄物の分別やリサイクルなど地球環境への影響も求められるようになってきており、多目的な意思決定が求められる。また経済性といった場合、個々のプロジェクトにおける経済性だけでなく、企業経営の視点からの長期的な経済性を考えなければならない場合もある。技術開発への取り組みや現場でのそれら新技術の適用なども長期的な視点に基づく取り組みといってよいだろう。さらに、現実のプロジェクトにおいては、自然や経済的な危険と隣合わせであり、リスクとのバランスをとることも重要といえる。

　以下では、建物をつくり込むうえで、必要な前段階の作業についてまとめてみた。

図3　施工計画と施工管理の関係

写真1　工法計画に基づいて工区設定

表2　施工計画図と施工図の例

種類	施工計画図の名称	種類	施工図の名称
調査	敷地現況図 埋設物調査図	躯体図	杭伏図 コンクリート躯体図 階段躯体図 工区割・打ち継ぎ計画図 鉄筋加工図・配筋図 型枠割付図 インサート割付け図
仮設	仮設建築（工事事務所）計画図 総合仮設計画図 足場計画図		
地下	山留め支保工計画図 乗入れ構台計画図 掘削計画図 山留め・杭打計画図 杭工事計画図	仕上げ図	総合図 平面詳細図 展開図・立面図 各部詳細図 仕上げ現寸図 便所詳細図 外構計画図 タイル割付け図 天井割付図 防水押さえ目地割付け図
上部躯体	鉄骨建方計画図 鉄骨足場計画図 型枠支保工計画図 コンクリート打設計画図		
揚重	荷取りステージ計画図 クレーン設置計画図 リフト設置計画図		
安全	安全通路計画図		

（1）工法計画と作業計画

工法計画とは、採用する工法を決定することである。工法を決める際には、使用する工具、機械、仮設構造物および作業手順が関係し、そのプロジェクト固有の条件に合わせる必要がある。**作業計画**とは、日々の作業内容を計画することである。工法計画に基づいて、どのような工区設定（分割）を行うか（写真1）、どのような作業チームを編成するか、各作業チームに対してどのような作業日程を立てるかに対して最適解を求めることである。

（2）工事編成

工事編成とは、それぞれのプロジェクトの条件を考慮して、実際に工事を行う専門工事業者を編成することである。具体的には、作業計画で明確になった各作業に対して、どの業者がどの作業を担当するかを決定することである。工事編成の際には、工事実績や技能レベル、地域特性なども考慮する。

通常、ある工種には決まった職種が担当する。鉄筋コンクリート構造で型枠工事なら型枠大工、鉄筋工事なら鉄筋工である。大規模プロジェクトでは、ひとつの工種に複数の業者が担当することもある。その場合は工区を分けて、業者ごとに担当工区を決めるのが一般的である。また、新しい技術を適用する場合には、業者の技能レベルや得手不得手をよく考慮して担当を決めなければならない。たとえばプレキャストコンクリート構造において、プレキャスト部材の設置担当は鳶工が担当する場合もあり、型枠大工が担当する場合もある。

（3）施工図と施工計画書

施工図とは、仮設や仕上げ詳細、原寸図など現場での施工を考慮して描かれる図面のことであり、設計者が描いた設計図書の意図をふまえて施工者の立場で描かれる。もともと設計者が施工図を描いていたが、現在は施工者が描くようになってきている[7]。また、サブコンやメーカーが描く製作図として、鉄骨

[7] 施工図として、コンクリート躯体図、型枠割付け図、鉄筋加工図、仕上げの平面詳細、タイル割付け図、天井割付け図などがある。

図、PCa 板割付け図、ALC 板割付け図、カーテンウォール図、エレベータ図、金物図、木製建具図、造作図、家具図、ユニットバス図、キッチンユニット図、OA フロア図などがある。

また、どのように工事を進めていくか、施工手順などの施工プロセスについては**施工計画書**として記述される。工事全体にかかわる総合工程や総合仮設などはゼネコンが計画し、施工計画書を作成することになる。サブコンはゼネコンとの協議をふまえて、各種専門工事の製作図や**施工要領書**を作成する。

施工計画図は、施工者が工事を行うにあたって、仮設物や機械の配置、資材の搬入経路、施工の順序や方法などを計画したもので、施工計画書や施工要領書に基づいてつくられる[8]。

施工計画図と**施工図**をまとめると表2のようになる。また、施工図を作成する前に、総合図を作成する場合もある。**総合図**とは、施工図作成前に意匠・構造・各設備間で設計情報を一元化して、調整することを目的とした図面のことである。重ね合わせにより、たとえば構造躯体と設備配管の干渉がないかを確認する。設計図書の平面詳細図、総合図、そして施工図になるに従って、その情報密度が高くなる。その参考例として集合住宅の住戸の例を紹介するが、図4が平面詳細図、図5が総合図、図6が施工図である。

[8] 施工計画図として、総合仮設計画図や足場計画図、掘削計画図、山留め計画図、鉄骨建方計画図などがある。

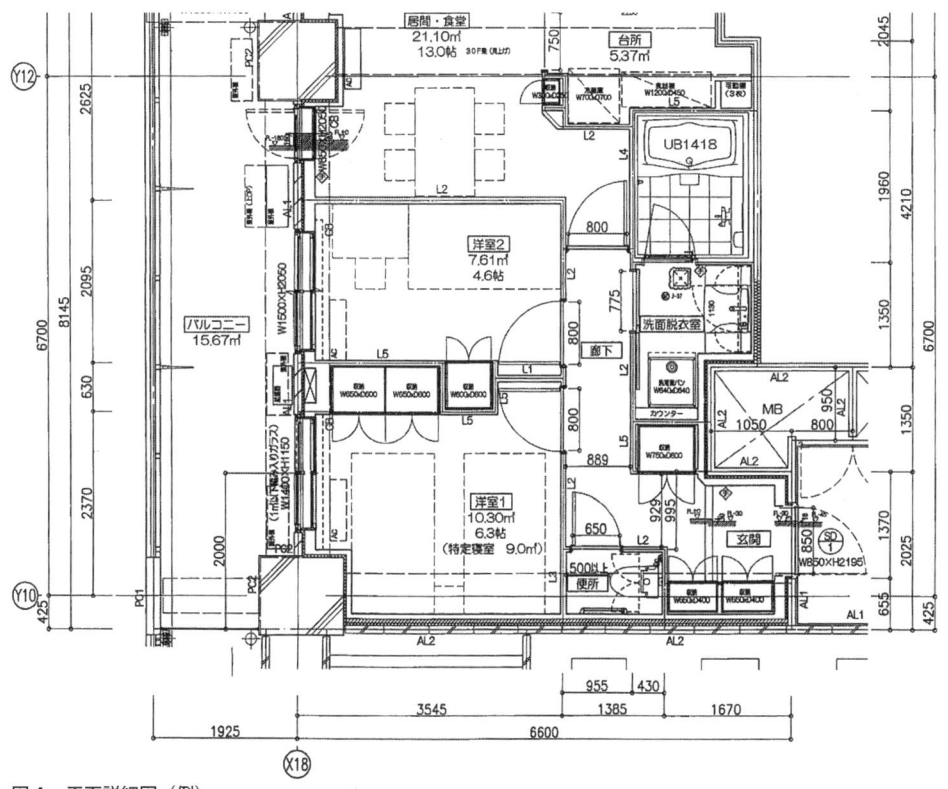

図4 平面詳細図（例）

図5　総合図（例）

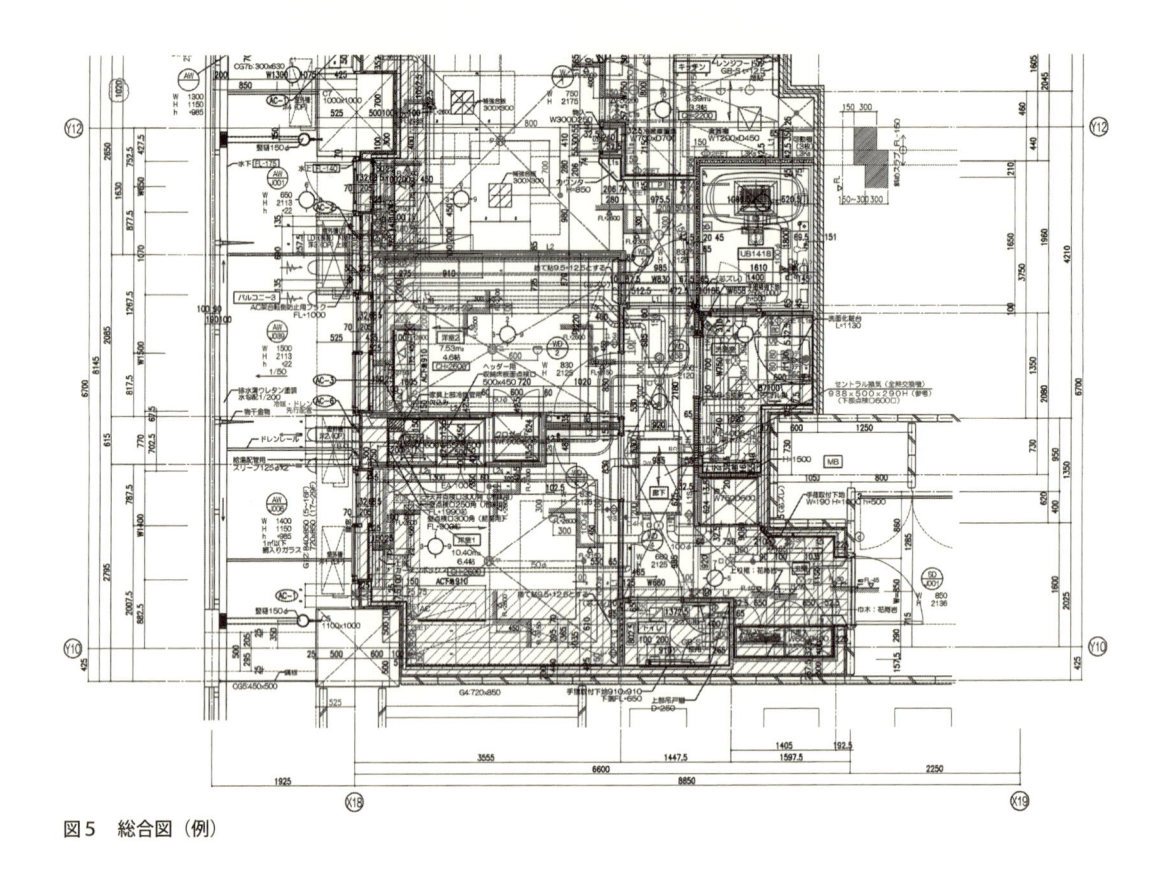

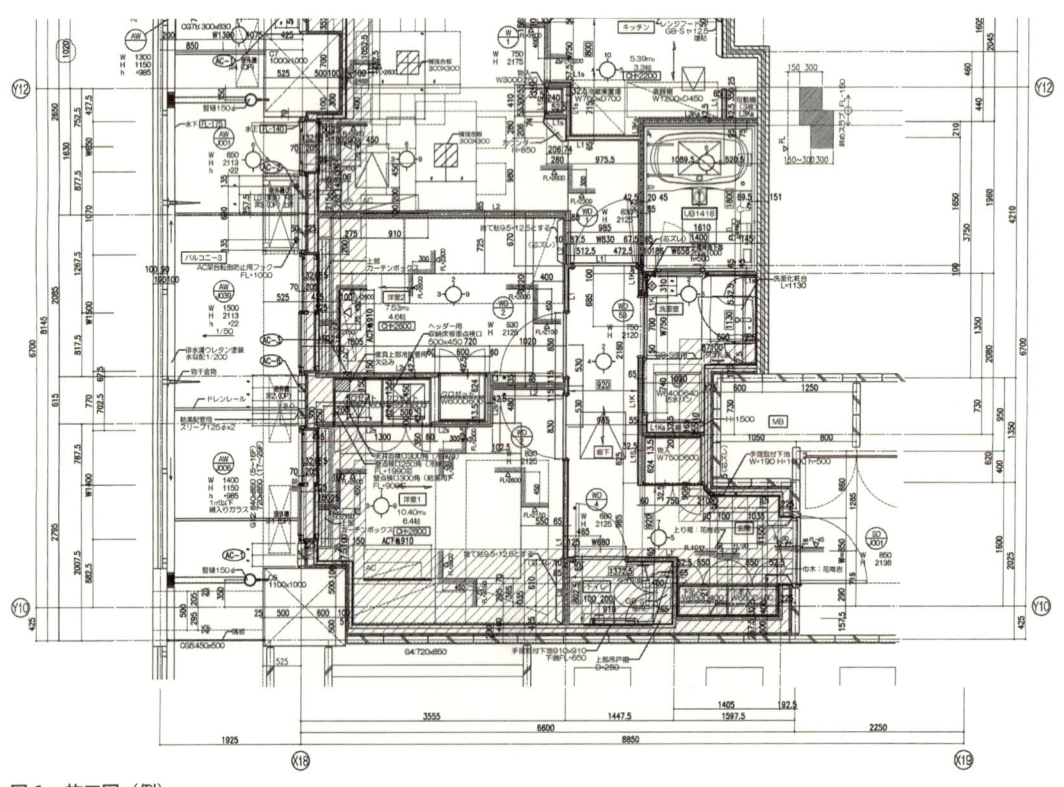

図6　施工図（例）

4．施工計画各論

　そもそも施工とはどのような行為をさすのだろうか。生産工学の分野では、生産（production, manufacturing）とは「生産要素（投入物）を有形・無形の経済財（産出物）に変換し、これによって価値を増殖し、効用を生成する機能である」（人見勝人、1990）としている。ここで、生産要素とは生産における投入物であり、本源的には①自然：土地、自然資源、②労働：肉体的または頭脳的人間、③資本：工場、機械、装置、工具、原料などである。

　生産要素は、生産システムの役割の観点からは①生産対象（主要材料と補助材料）、②生産手段、③生産労働力、④生産情報であり、IE：Industrial Engineering の観点からは Man（人）、Material（もの）、Machine（機械）の3M、さらには Money（金）、Method（方法）の5Mに相当する。

　建築の施工においても同じことが当てはまる。施工計画を立てるうえで重要な項目として、品質、原価（コスト）、工程、安全、環境の計画がある。それぞれの英語表記、Quality, Cost, Delivery, Safety, Environment の頭文字をとって QCDSE とも呼んでいる。以前は QCDS のみの表記であったが、重要度の点から SQDC の順に表記する場合もある。近年、環境への配慮をふまえて **QCDSE** と呼ぶようになった。

　施工計画の各論については、以下の（1）品質計画、（2）工程計画、（3）環境計画、（4）安全計画、（5）コスト計画、（6）VEにおいて説明する。これらは独立した内容ではなく相互に関連もしている。たとえば、十分な安全計画を立てるためには所定のコストも工程も必要であり、計画に見込んでおく必要がある。

（1）品質計画

　建築にかかわる品質は多様であり、「用」に関する性能や材質など、「強」に関する強度や耐久性など、「美」に関する寸法精度や美観などがある[9]。これらの品質項目をつくり込む計画を綿密に立て、施工を実施することが重要である。各品質項目には品質特性があり、施工計画および管理の際の指標となる。

　たとえば、部材の長さなどの寸法精度、部位・部材の位置精度がある。また、コンクリートの品質には強度、温度・湿度・化学作用に対する抵抗性、耐火抵抗、すりへり抵抗などがあり、これらは通常、生コンクリート[10]の品質として計画され、荷卸し地点における強度、スランプ、空気量、塩化物含有量で管理される。なお、生コンクリートは主として水量の多い、少ないによりコンクリートの軟らかさや流動性が異なる。この軟らかさや流動性の程度を示すひとつの試験方法がスランプ試験[11]である。

　また、**品質計画**のもとになるのは設計図書であり、**要求品質**

9）古代ローマの大建築家ウィトルウィウスは、「建築を考えるときは用・強・美の関係について考慮すべし」と記している。これは、建築の機能（用）と構造（強）と意匠（美）という3つの要素をうまく調和させることが大事であることを意味する。

10）生コンクリートは、日本工業規格（JIS）の「コンクリート用語」ではレディーミクストコンクリート（Ready Mixed Concrete）と呼ばれ、コンクリート製造設備をもつ工場で製造され、フレッシュコンクリートの状態で施工現場に配達されるコンクリートのことである。商品として取り扱うフレッシュコンクリートを生コンクリートといい、通称、生コンと呼ぶ。

11）スランプ試験とは、打設前の生コンクリートの流動性を示す値であるスランプ値を求める試験のこと。スランプ試験は、スランプコーンという試験用の入れ物に生コンクリートを入れ、突き棒で攪拌した後でスランプコーンを抜き取り、コンクリート頂部が何cm下がったかを測定する。その数値が大きければ、スランプ値が大きく、流動性の高い生コンクリートといえる。またスランプフローは、コンクリートの広がり径の大きさである。

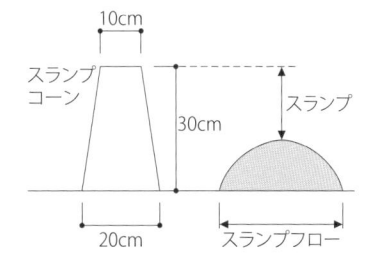

は共通仕様書や特記仕様書に記されている。しかしながら設計図書には理想の姿、言い換えれば数学の世界における出来形が描かれており、現実世界において寸分違わぬ出来形をつくることはできない。当然のことであるが、寸法においてもばらつきが生じる。ばらつきのないものは現実世界には存在しないといってよい。さらに、建築は多くの専門工事業者の協力によって成り立っており、相互の関係性も理解する必要がある。

たとえば鉄筋コンクリート構造の場合は、型枠工事に求められる寸法精度と鉄筋工事に求められる寸法精度があり、それらが組み合わさって最終的な鉄筋コンクリートの出来形、そして品質が決まる。そのうえで、仕上げのための下地が施され、最終的な仕上げが行われる。要するに、型枠工事、鉄筋工事、仕上げ工事それぞれに求められる**品質精度**があり、このような関係性を理解し、各工事において目標とする品質レベルと許容範囲を明確にすること、つまり、**ばらつきの管理**が品質管理の根本ともいえる。

品質をたしかめる方法として基準試験があり、材料そのものに対して行う試験と施工時に行う試験とに区分できる。その要領は、JIS（規格・基準）、JASS（建築工事標準仕様書）、官庁工事標準仕様書などに記されている。また検査には、全数検査と抜き取り検査[12]があり、対象と重要度によって対応する。

品質に関しては、施工者は発注者に対して**瑕疵担保責任**が生ずる。また、施工者は企業としての責任を示すために品質保証を明確にする動きがある。瑕疵担保責任とは、請負契約や売買契約における瑕疵に対して、発注者側から要求があった場合に施工者が負う担保責任である。品質保証とは、発注者に対して建築の品質が所定の水準にあることを保証することであり、その計画的・体系的な活動も意味する場合がある。

こうした日本の品質管理活動の発展の歴史は、第2次世界大戦後の復興期までさかのぼることができる。戦前の「安かろう悪かろう」という日本製品に対するイメージを払拭し、輸出を拡大することにより経済復興を果たすことが戦後日本の大きな課題であった。このような状況のもと、アメリカにおける品質管理推進の第一人者であった故W・エドワード・デミング博士[13]が日本科学技術連盟の招聘により来日し、統計的品質管理[14]の指導を行い、日本の品質管理活動に大きな成果を残した。**デミング賞**は品質管理のいっそうの発展を図るため、1951年に日本において創設されたものであり、建設業界でも竹中工務店を皮切りに建設会社の受賞が続いている。

またISO（国際標準化機構）[15]は、製品や規格・サービスなどの国際的な標準化およびこれに関連する活動の発展を図ることを目的としている国際的な組織であり、**ISO9000ファミリー**に代表されるマネジメントシステム規格、MSS（Management

12) 全数検査とは、検査対象一つ一つをすべて（全数）検査することであり、すべての製品の品質を保証することができる。しかしながら検査個数が多い場合は、全数検査を行うにはコストがかかりすぎる。また耐久試験のように、その製品を破壊しなければ品質測定できないものに関しても全数検査を適用することはできない。このような場合、抜き取り検査を適用する。抜き取り検査は、検査対象全体から一部を抜き取って検査する方式であり、製品の中にひとつも不良が入っていないと保証はすることはできない。そのため、どの対象に対してどの検査方法を用いるかが重要である。

13) W・エドワード・デミング（W. Edwards Deming, 1900-93）は、アメリカの統計学者。デミングは、あらゆるプロセスにおいて品質低下を招く危険因子は変動であり、この変動を制御することによって品質を向上させるという原理を提示した。また品質は、人間にかかわる要素にも強く影響されており、経営管理の重要性も指摘し、「経営管理の14の原則」としてまとめている。彼の功績は特に、日本における指導と日本製品の品質向上によって世界に広く知られるようになった。

14) 統計的品質管理については10章を参照のこと。

15) ISO（International Organization for Standardization）は、商品・サービスの円滑な交流、知的・科学・技術・経済活動の分野で国際標準化ならびに規格化を行うために、1947年に創立された機関である。ISOの委員会で作成した規格をISO規格といい、ISO9000ファミリー規格（品質）、ISO14000ファミリー規格（環境）などがある。フィルムの感度表示やねじなど、古くから身近なところでも活用されてきた。

図7　工程の割り付け

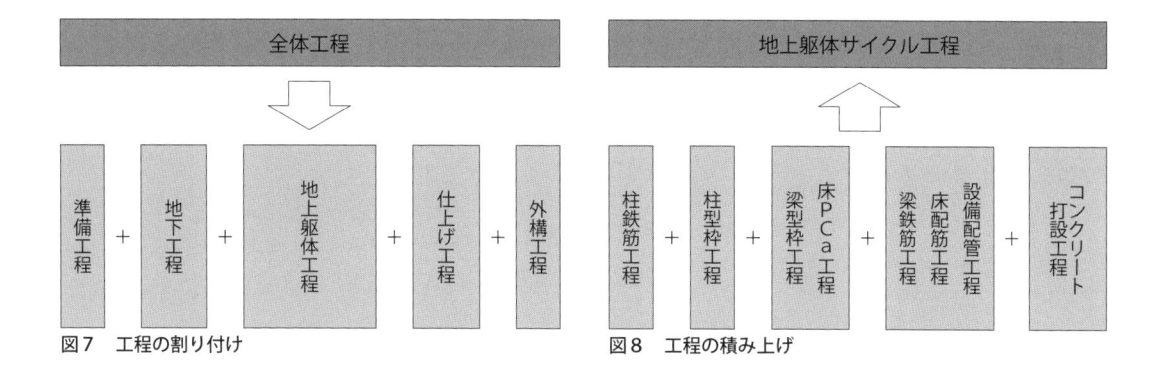

全体工程 = 準備工程 + 地下工程 + 地上躯体工程 + 仕上げ工程 + 外構工程

図8　工程の積み上げ

地上躯体サイクル工程 = 柱鉄筋工程 + 柱型枠工程 + 梁型枠工程 + 床PCa工程 + 梁鉄筋工程 + 床配筋工程 + 設備配管工程 + コンクリート打設工程

System Standard）とは組織が方針および目標を定め、その目標を達成するためのシステムに関する規格である。

　品質マネジメントシステムは品質に関して組織を指揮し、管理するためのマネジメントシステムであり、略してQMS（Quality Management System）と呼ばれる。なお、国際貿易上の技術的障害とならないよう、ISOによって開発されたQMSの規格であるISO9000ファミリーについては日本では国家規格であるJISとして発行されている。1987年にISO9000ファミリーが誕生し、1990年代より日本の建設業においてもISO9000ファミリーの導入が非常に活発化した。

（2）工程計画

　通常、工期は工事契約時に契約条件として設定されるもっとも重要な施工条件のひとつである。多くの場合は建物全体が完成する竣工日が設定され、近隣が住宅地などの場合は工事を行わない日や時間帯が条件として付加される場合もある。施工期間中の工事日程については施工者に委ねられることが多い。

　工程計画とは、工事を契約工期内に納めるために施工プロセスを計画することである。着工および完了日、工程上重要な区切り（Mile Stone／マイルストーンと呼ぶ）を明確にし、着工から竣工までの施工プロセスをバランスよく配置する。一方、**工程管理**とは施工プロセスを管理することであり、通常、進捗度の把握と対応に相当する。

　工程計画には工程の割り付けと積み上げ[16]がある（図7、8）。工程の割り付けとは、条件となる工期から地下工事・上部躯体工事……などのように順次、詳細な工事へと割り振っていく計画である。工程の積み上げとは、日々の作業内容を精査し、1日の作業、1サイクルの作業、上部躯体の作業と詳細工程を順次、全体へと積み上げていく計画である。この割り付けと積み上げ両者の整合性をとることが大切である。

　工程計画において、その要素である、「いつ」「何を」「どれだけ」行うかを示したものが工程表である。通常、総合工程表、月間工程表、状況により週間工程表などを作成する。近年、情報化技術の発展によりスケジューリングソフトウェアの利用が進ん

16）工程の割り付けとは、たとえば全体工程1年を、準備や地下・地上躯体など各工程に割り付けて、各工程にどれくらいの日数を当てることが可能かを判断する。工程の積み上げとは、たとえば地上躯体工事の詳細な作業計画を立てて、その積上げの結果、上部躯体基準階のサイクル工程は実動6日が可能であることを確認する。割り付けと積み上げの結果に整合性がとれていることが重要であり、整合しない場合は、工法変更やVEなどで調整する。

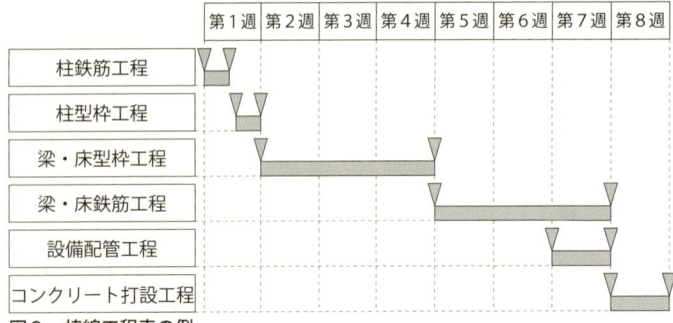

図9　棒線工程表の例

でいる。

　ガントチャート[17]は、縦に各作業を列挙し、横軸に各作業の進捗度を示したものである。各作業の進捗状況を明確に把握することができる。この名称は考案者のヘンリー・L・ガント[18]の名に由来する。

　棒線工程表[17]は、縦に各作業を列挙し、横軸に歴日をとり、各作業の着手日と終了日を棒線で表示する（図9）。各作業の日程を明確に表現することができる。

　ネットワーク工程表とは、丸印（ノードと呼ぶ）と矢線（アローと呼ぶ）を用いて、各作業と作業間の前後関係を表現する手法である。アロー型ネットワーク工程表の場合は矢線に作業を対応させて表現する。図10、11はその一例である[19]。

　工程計画を組み立てる際の手順は次のとおりである。

工程計画の手順①：作業の決定

　工程表で表現する各作業を確定する。作業は階層構造をなしており、細かく区分することができる。この階層構造をWBS[20]と呼ぶ。目的に合わせて、WBSの適切なレベルで表現することが重要になる。

工程計画の手順②：作業期間の見積り

　作業期間は、対象作業の「作業量」と「歩掛かりなどの生産性指標」、「投入資源（労務量）」で決まる[21]。たとえば100m^{2}の型枠仕事があり、1日あたり25m^{2}の型枠量をこなす職人が2人で仕事をする場合、その型枠工事は100m^2÷（25m^2/人日×2人）＝2日を要することがわかる。

工程計画の手順③：作業の接続関係

　建築工事は多くの作業の連続で成り立っている。ここでは、各作業の接続（前後）関係を決める。通常は先行作業が終了したら、その後続作業がはじまる「終了 – 開始（Finish-to-Start）」関係で表現できる。状況によっては、ある作業が終了した後に一定時間、後続作業が開始できない期間であるラグタイムや、先行作業が終了する前に後続作業を開始しなければならない状況下で、その2つの作業が重なり合う期間を示すリードタイムを用いて正確に実態を表現する。たとえば鉄骨工事では、発注してから現場納入までのリードタイムが長いので、工程計画の

---

17) ガントチャート（Gant Chart）と棒線工程表（Bar Chart）に関しては、明確な区分をせずに同義として扱うところもある。棒線工程表は一般には棒グラフ全般を指し、ガントチャートはその特殊例という見方もできる。

18) ヘンリー・L・ガント（Henry L. Gantt、1861-1919）は、アメリカの機械工学者にして経営コンサルタント。1910年代にガントチャートを考案したことで知られる。現在でもプロジェクトマネジメントの重要なツールのひとつとされている。

19) アロー型ネットワーク工程表では、アロー（矢印）が作業を表現しており、ノード（丸印）はアローの接続関係を表現している。ノードの中の数字は作業の1からはじまる自然数が配置されており、1から作業がはじまり、作業の進捗に合わせて数字が昇順に並んでいる。図11では、太いアローをつないだパス（経路）がもっとも時間を要するクリティカル・パスを表現している。

20) WBS（Work Breakdown Structure）とは、作業分析や作業計画に用いられる概念であり、その構成や展開図は「作業分割構成」「作業分解図」と呼ばれる。ひとつのプロジェクトは作業内容から分解が可能である。たとえば建築プロジェクトでは、準備工事、地下工事、地上工事、外構工事に分解できる。さらに地上工事は、地上躯体工事と外装工事、仕上げ工事、設備工事に分解できる。さらに地上躯体工事は、鉄筋コンクリート構造ならば型枠工事、鉄筋工事、コンクリート打設工事と順番に階層的に詳細化することが可能である。このような階層性を構造化し図示することにより、作業の関係を分析したり、計画に活用したりすることができる。

21) 工程計画を立案するうえで、歩掛かりや標準作業量を把握しておくことは重要である。

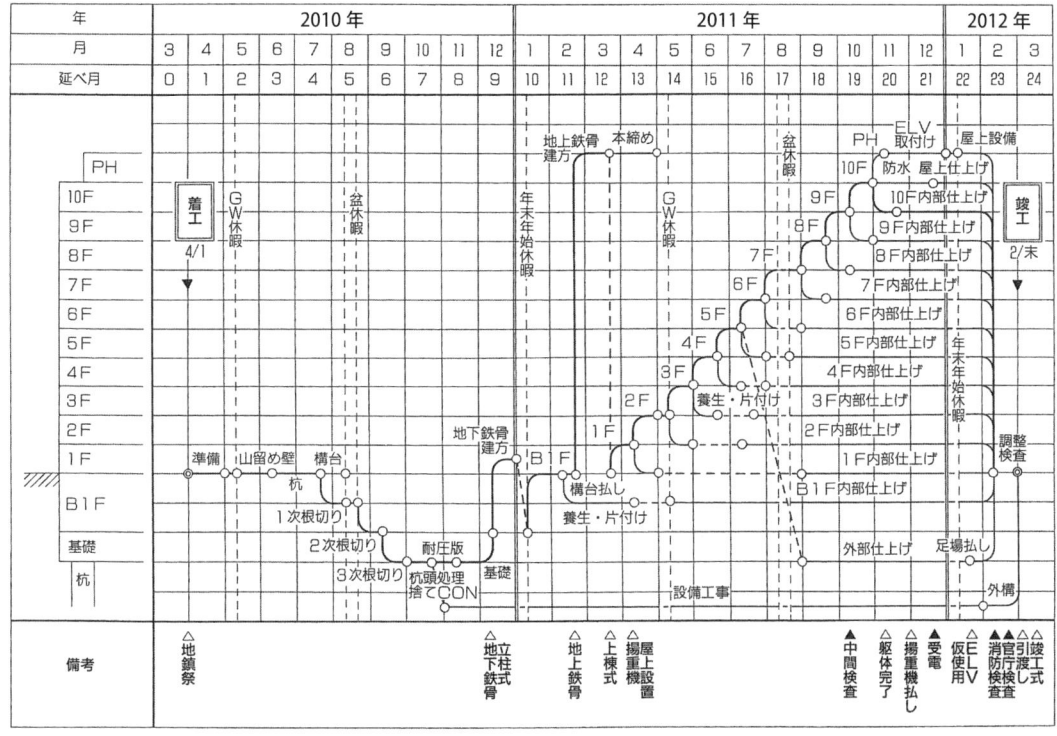

図10 ネットワーク総合工程表の例

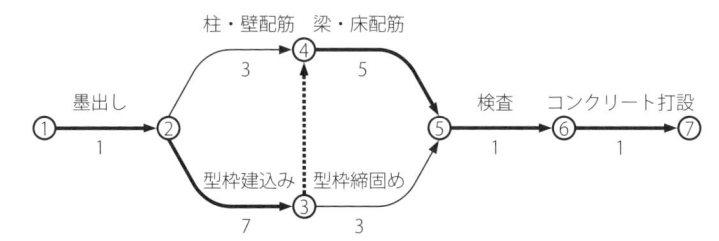

構造：SRC造　階数：地下1階、地上10階、塔屋1階　建築面積：520m²　延床面積：5,200m²

図11 鉄筋コンクリート構造躯体のネットワーク工程表の例

際にはこのリードタイムを十分に考慮する必要がある。

工程計画の手順④：フロートとクリティカルパス

　フロートとは、全体の作業終了日を遅らせることのない範囲内で、各作業の開始日を遅らせることができる余裕日のことで、フロートの中でも全体工期の中での最大余裕日のことを**トータルフロート**という。**クリティカルパス**とは、このフロートがゼロになっている一連の作業の経路のことをいい、工事開始から終了までの所要時間を決定する一連の工程の組み合わせをまとめたものである。工程表を作成するうえで、フロートも勘案しつつ、クリティカルパスをできるだけ短くするように計画を立てなければならない。

工程計画の手順⑤：労務資源の考慮

　工程計画において労務は重要な要素である。各作業に必要な職人数を積み上げることを労務の山積み[22]という。多くの職人を要する時間帯が山となって明示される。一方、谷の部分は

22）労務資源の平準化について、山積みと山崩しをもとにまとめてみると、まず単純に作業の前詰めで労務を「山積み」した場合、9人の日が4日、5人の日が2日、2人の日が3日とばらつきが発生してしまう。そこで、工程の余裕を利用して、全体工程に遅れの出ない範囲で「山崩し」を行えば、7人の日が2日、6人の日が3日、5人の日が4日と労務のばらつきが小さくなる。

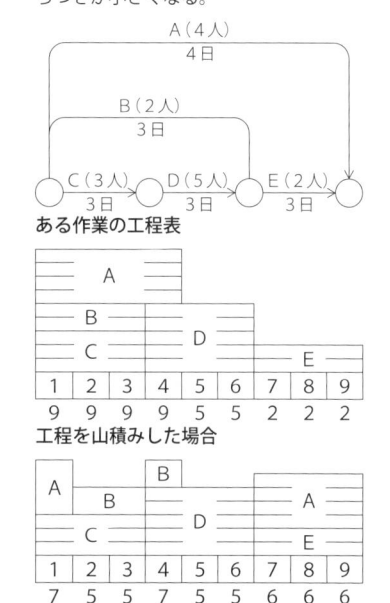

ある作業の工程表

工程を山積みした場合

工程を山崩しした場合

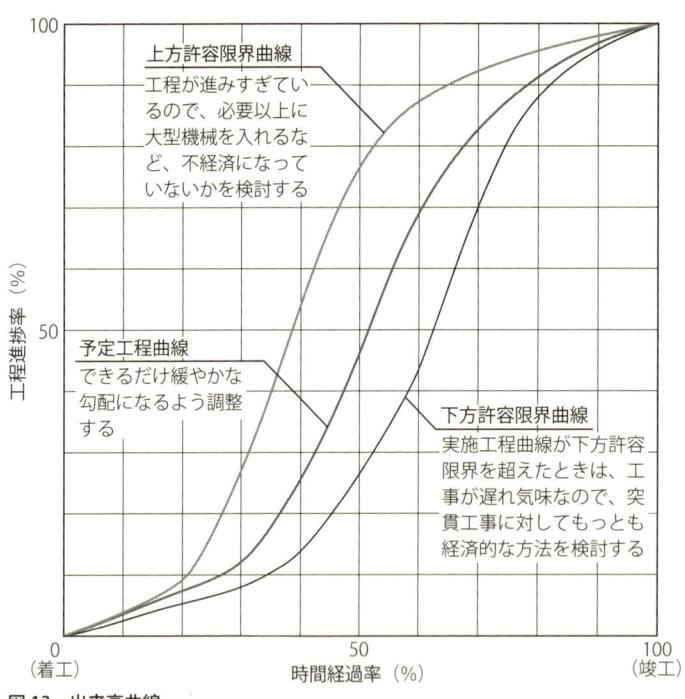

図13 出来高曲線

グラフ内注記:
- 上方許容限界曲線：工程が進みすぎているので、必要以上に大型機械を入れるなど、不経済になっていないかを検討する
- 予定工程曲線：できるだけ緩やかな勾配になるよう調整する
- 下方許容限界曲線：実施工程曲線が下方許容限界を超えたときは、工事が遅れ気味なので、突貫工事に対してもっとも経済的な方法を検討する

図12 コストロープ

少ない職人しか必要としない時間帯である。このような山や谷はマネジメントの点からは好ましい状況とはいえない。毎日、一定数の職人に作業を進めてもらう環境を整えることは調達の面でも安全の面でも好ましい。そこで、作業余裕の時間帯を利用して、移動可能な作業は調整して、可能な限り山と谷をなくすように平準化する**山崩し**[22)]を行う。

工程計画の手順⑥：コストスロープによる工程短縮

工程は原価とも関連している。いわゆる突貫工事になればコストは通常より多くかかる。計画段階で工程と原価との関係を考慮する方法として**コストスロープ**の利用がある（図12）。コストスロープとは1単位の時間を短縮するのに必要な費用であり、標準作業時間とその費用に対して特急作業時間で実施した場合の作業時間と費用との関係で求める。工程を短縮しなければならない場合は、各作業についてコストスロープを計算し、追加費用の小さい作業から時間短縮を図るのが経済的である。

工程計画の手順⑦：進捗管理

包括的な進捗度の管理には、出来高曲線（進捗度曲線）を用いる（図13）。この曲線は横軸に時間、縦軸に出来高を示したもので、一般に「S字型」となる。確率分布を考慮するとバナナのような形になるので**バナナ曲線**とも呼ぶ。

工事が計画どおりに進行していれば問題ないが、計画とずれてしまうことが多い。マネジメントの点からは常にバナナ曲線の確率分布から逸脱しないように、また無理をする必要のない計画を立てることが重要である。

（3）環境計画への取り組み

近年、環境に対する配慮が強く求められるようになってきている。建築生産においても同様である。むしろ建築生産によって生み出される騒音や振動、粉塵、水質汚濁、悪臭、廃棄物の量や影響を考えると、率先して環境配慮に取り組まなければならない。建築生産を取り巻く環境には、**地域環境**と**地球環境**がある。

地域環境は、施工現場近隣への騒音や振動、粉塵、水質汚濁、悪臭などである。法律や条例によって制限がかかる場合もある。たとえば、建築現場から発生する騒音や振動に対しては騒音規制法や振動規制法がある。さらに、それ以上の対応が求められる場合もある。騒音や振動への対応策としては、低騒音・低振動の工法や機器類の採用、仮設足場への防音シートや防音パネルの採用などがあるが、建築生産は近隣との相互理解と折り合いなしには実現しないといってよい。

地球環境への配慮としては、地球温暖化や生物多様性へ配慮として CO_2 の発生抑制がある。じつは地球環境への対応は建築生産のさまざまな段階で求められる。設計段階では CO_2 発生の少ない材料や製品の選択、生産設計では CO_2 発生の少ない工法の採用、施工段階では廃棄物の分別とリサイクルの実施である[23]。近年、ハウスメーカーでは自社で廃棄物の回収と分別、リサイクルを進め、大きな成果を上げている。

（4）労働災害をふせぐ安全計画

建築生産は屋外生産であり、重厚長大物を扱う。施工現場では、クレーンなどの揚重機や運搬のためのトラックやダンプが出入りし、近年では超高層や超々高層の建築も登場しており、高層化が進んでいる。このような重機を操作し、高所作業を伴う建築施工の現場においては、安全性に対して綿密な計画を行う必要がある。

施工の際には、**労働安全衛生法**を遵守しなければならない。同法では、たとえば職長教育、新規入場者教育、危険または有害な業務に従事する作業者に対する特別教育の実施が定められており、安全計画の中にそうした要素を盛り込まなければならない。

（5）コスト計画

建築生産は経済活動であるがゆえに、その中でコスト計画や管理の果たす役割はきわめて大きい。コストに関しては設計段階での検討事項が多いので、設計段階から改めて考えたい。

設計段階では通常、予算に収まるようにコストチェックを行いながら設計を進めていくことになる。図 14 は設計段階のコストマネジメントのモデルを示したものである。設計の途中段階で 4 回のコストチェックを行っている場合は設計完了段階でうまく予算に収まっているが、途中に 1 回しか行っていない場

[23] 廃棄物の分別やリサイクルについては 13 章に詳しい。

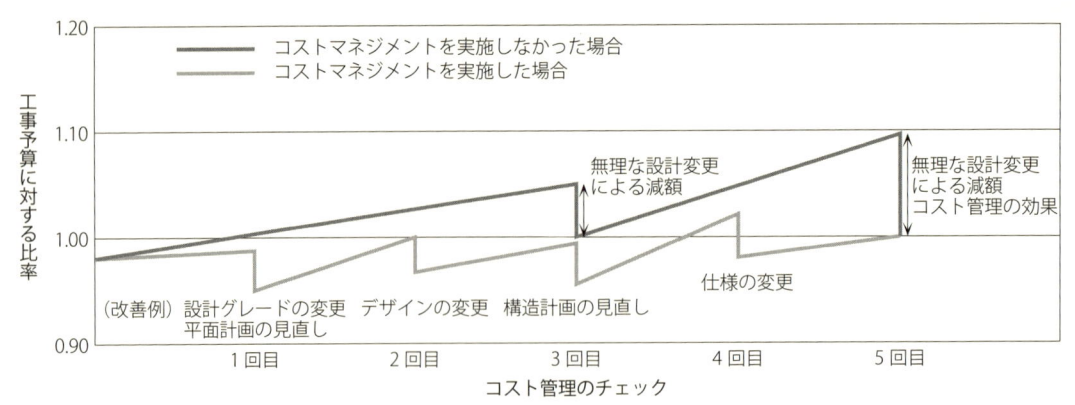

```
                                              無理な設計変更    無理な設計変更
                                              による減額        による減額
                                                              コスト管理の効果
```

グラフ: 縦軸「工事予算に対する比率」(0.90〜1.20)、横軸「コスト管理のチェック」(1回目〜5回目)
- コストマネジメントを実施しなかった場合
- コストマネジメントを実施した場合
- (改善例) 設計グレードの変更／平面計画の見直し／デザインの変更／構造計画の見直し／仕様の変更

図14　設計段階のコストマネジメント

合は最終段階に強引なコストダウンを強いられており、予算とコストの乖離状況を把握しながら設計を進めていくことの重要性を読み取ることができる。

　設計段階におけるコスト管理は、設計詳細がいまだ確定していないので概算が主たるものとなる。おもな概算手法としては、①面積単位の概算として「坪あたり」や「延べ面積あたり」など、②設備や機能単位の概算として「病院における1ベッドあたり」や「学校における1学級あたり」など、③部分別の概算として「基礎・床・壁・天井あたり」などがある。部分別の概算では、各部分別の結果を積み上げて、最終的に建築全体の工事費を予測する。設計詳細が確定していくに従って、この積み上げ概算が主たるものとなっていく。

　設計が完了すれば、施工者は設計図書に基づいて**積算**を行うことになる。積算に関しては、**建築積算士**[24]という専門的な知識をもった職能が、工事費の算定やコストマネジメントなどを行っているが、いずれにせよ、積算とは、施工者が工事に着手する前に設計図書に基づいて対象建築物の生産に必要な各工事の費用を算出し、どのくらいかかるのか工事費の予測を行うことである。設計図や仕様書から必要な工事を洗い出し、各工事に必要な数量を細目別に計測する数量積算が基本であり、細目別数量に対応する単価を乗じて各工事費を予測する。この数量積算を「**拾い出し**」といい、単価設定を「**値入れ**」と呼んでいる。また、この積算の方法として、①**工種別内訳書標準書式**に準拠した工種別積算（図15）と、②**部分別内訳書標準書式**に準拠した部分別積算がある。工種別は専門工事の種類別であり、元請が下請の専門工事業者に発注する場合に便利である。一方、部分別は建築部位ごとにコストを把握できるため、設計者にとって便利である。

　ここで、建築費の構成についてみてみよう。図16は建築費の構成を示したものである。**直接工事費**とは施工に直接必要とする費用であり、諸経費や共通仮設費を含まない費用である。直接工事費は大きく、建築・設備・屋外施設の各工事費

24) 建築積算士は建築コストの専門資格であり、数量積算（数量拾い）を行って工事費を予測する技術を基本としている。もともと国家資格であったが、現在はその普及に伴い、日本建築積算協会が認定している。日本では建築積算士は、設計事務所・ゼネコン・積算事務所などに属し、それぞれの立場でコスト計画や管理に携わっている。海外のQS（Quantity Surveyor、積算士）は積算のほか、契約管理や紛争処理などより広い領域で活躍し、職能としても確立している。

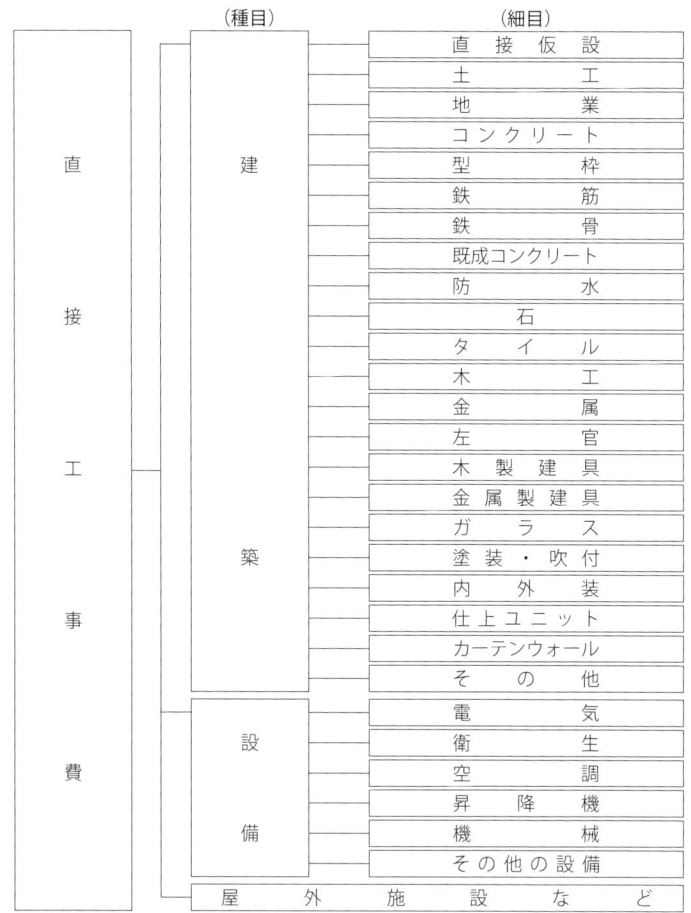

```
                    （種目）          （細目）
              ┌──────┬──────── 直 接 仮 設
              │      ├──────── 土    工
              │      ├──────── 地    業
              │      ├──────── コンクリート
              │      ├──────── 型    枠
              │      ├──────── 鉄    筋
              │      ├──────── 鉄    骨
              │      ├──────── 既成コンクリート
              │      ├──────── 防    水
              │      ├──────── 石
              │  建  ├──────── タ イ ル
              │      ├──────── 木    工
              │      ├──────── 金    属
              │      ├──────── 左    官
直             │      ├──────── 木 製 建 具
              │      ├──────── 金 属 製 建 具
接             │  築  ├──────── ガ  ラ  ス
              │      ├──────── 塗 装 ・ 吹 付
工             │      ├──────── 内  外  装
              │      ├──────── 仕 上 ユ ニ ッ ト
事             │      ├──────── カーテンウォール
              │      └──────── そ の 他
費             │  設  ┌──────── 電    気
              │      ├──────── 衛    生
              │  備  ├──────── 空    調
              │      ├──────── 昇 降 機
              │      ├──────── 機    械
              │      └──────── その他の設備
              └─ 屋 外 施 設 な ど
```

図15 工種別内訳書標準書式

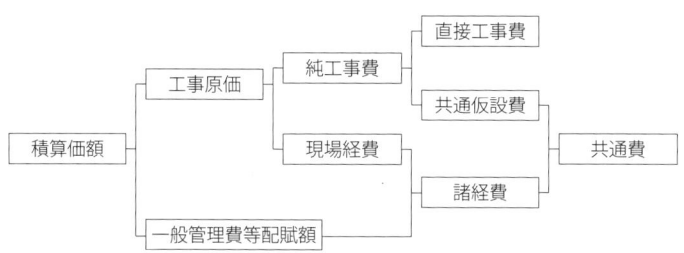

```
                              ┌── 直接工事費
                  ┌── 純工事費 ┤
                  │            ├── 共通仮設費 ──┐
積算価額 ── 工事原価┤                             ├── 共通費
                  │            ┌── 諸経費 ──────┘
                  └── 現場経費 ┘
         └── 一般管理費等配賦額
```

図16 建築費の構成

に区分される。共通仮設費とは建築・電気・機械など複数の工事種目に対して共通の仮設に必要な費用のことであり、直接工事費と共通仮設費を合わせて純工事費と呼ぶ。現場経費は現場の管理運営に関する費用であり、おもな項目として施工管理者の人件費や施工管理上の必要な経費である。純工事費と現場経費を合わせて**工事原価**と呼ぶ。一般管理費等配賦額とは本社・本店などの母店で要する費用であり、会社を維持運営していくために通常、各現場の工事価格に一定の割合で配賦（割り当てる）している費用である。工事原価と一般管理費等配賦額を合わせて積算価額となる。さらに消費税が上乗せされて工事費となる。実際の契約金額は入札などの競

争的な誘因が働き、異なる場合が多い。その場合、工法変更など、さらなる VE を進めて、実際に工事を行うためのコスト計画を編成し直さなければならない。これを実行予算の編成という。

（6）価値の向上を図る VE の手法

VE（Value Engineering）とは、「最低のライフサイクルコストで必要な機能を確実に達成するために製品とかサービスの機能的研究に注ぐ組織的な努力である」と定義されている（日本VE協会）。1947 年、アメリカの GE 社のローレンス・D・マイルズ[25]によって開発され、1960 年ごろ、わが国に導入された技術である。VE 誕生のきっかけは GE 社の「アスベスト事件」である。アメリカの電機会社である GE 社では、火災予防規則により電気製品の塗装工場の床にはアスベストを使うことが規定されていた。当時、アスベストは高価で入手が難しかったが、購買部長であったマイルズはアスベスト使用の根拠を正し、必要な機能は不燃床材であることを明確にしたうえで、より安価な代替材を提案し、採用された。この考え方が VE のもととなったのである。VE を式で表すと、下記のような式になる。

$$\text{Value（価値）} = \text{Function（機能）} / \text{Cost（コスト）}$$

VE では、上式による Value 値で代替案との比較・検討を行うことになる。当初は製造メーカーの資材部門に導入され、そのコスト低減の効果が注目されたが、その後、企画、開発、設計、製造、物流、事務、サービスなどへと適用範囲が広がり、あらゆる業種で活用されるようになった（図17）。そして顧客満足の高い、価値ある新製品の開発、既存製品の改善、業務の改善、さらに小集団活動にも導入され、企業体質の強化と収益力の増強に役立っている。

25）ローレンス・D・マイルズ（Lawrence D. Miles、1904-85）は、アメリカの GE（ゼネラルエレクトリック）の電気技術者で、VE の考え方と技法を考え出し、1960 年にはアメリカ VE 協会の初代会長に就任した。日本においても VE のいっそうの普及促進と、技術水準の向上や企業経営の効率化を図るため、1982 年には、マイルズ賞が創設された。

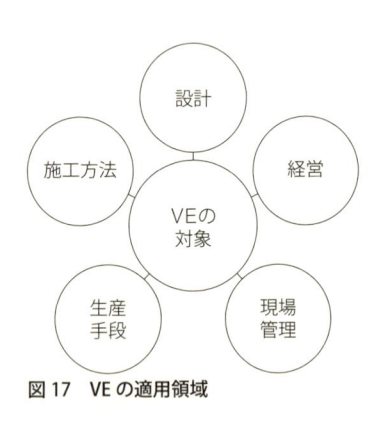

図17　VE の適用領域

09章 建築のつくり方(2)
―木造住宅とRC構造建築の工事の流れ

本章では、建築がどのようにつくられていくのか、その流れを理解する。日本においてもっとも代表的な2つの建築構法、ひとつは戸建住宅で多く採用されている「木造軸組構法」、もうひとつは集合住宅などで採用されている「鉄筋コンクリート構造」を取り上げる。いずれも日本の建築業界において、広く周知されている在来工法と呼ばれるものだ。最後に工事現場で大きな役割を果たしているクレーンと、活躍が期待されるロボットについて紹介する。

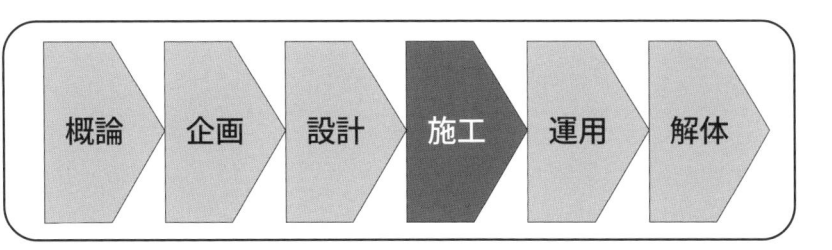

建築生産の流れ: 概論 → 企画 → 設計 → **施工** → 運用 → 解体

【本書の構成】　　　　　　　　　　　　　　　　　　　【キーワード】

1. 木造住宅の全体像

- 木造の分類 ― 3つの構法
  - 軸組構法、在来構法、伝統構法、枠組壁構法　木質パネル構法

- 木造住宅の工事の流れ ― 根切りと地業からはじまる
  - 根切り、地業、基礎工事、木工事、建方、屋根の建方、外装工事、内装工事、設備工事

- 根切りと地業と基礎 ― 地盤調査をもとに検討
  - 地盤改良、杭工事、布基礎、べた基礎

- 軸組 ― 構造部材
  - 土台、柱、通し柱、管柱、梁、小屋梁、桁、軒桁、胴差し、筋かい、大壁、真壁

- 各部位の構法 ― 非構造部材（羽柄材）
  - 床、根太、壁、間柱、屋根、和小屋、洋小屋

2. 鉄筋コンクリート構造の全体像

- 着工と準備工事 ― 事前調査から準備工事へ
  - 杭打ち工事、山留め壁

- 掘削工事と地下工事 ― 不要な土砂を取り除く
  - 根切り、切梁、アースアンカー工法、逆打ち工法

- 躯体工事と施工手順 ― 主要構造部をつくる
  - クレーン、プレキャスト工法

- 外装工事と内装工事、設備工事 ― 仕上げ工事
  - 木工事、塗装工事

3. 次世代の建築生産システム

- 機械化とロボット化 ― 重厚長大な資機材を扱う
  - クレーン、搬送機器・ロボット、全自動ビル建設システム

1. 木造住宅の全体像

　戸建の木造住宅は、大きくは3つの構法[1]に分類できる（図1）。ひとつは、木造軸組構法（以下、**軸組構法**[2]と記す）と呼ばれるもので、柱や梁などの線状の部材の組み合わせで成り立つ構造方式である。

　軸組構法には、さらに2つのタイプがある。ひとつは、軸組を筋かい[3]や金物[4]で補強したもので、**在来構法**と呼ばれることも多い。ただし在来構法には、いくつものバリエーションが存在し、筋かいや火打などの斜材を用いずに、もっぱら構造用面材と金物により補強したものなどもある。

　これに対し、筋かいは用いずに壁を貫で補強し、また、金物をほとんど使用しない構法を**伝統構法**と呼ぶ。これは、古くから寺社建築において確立されてきた構造方式であるが、現代の木造住宅に用いられることは少なくなっている。よって、このテキストでは、特にことわりのない限り、筋かい等の斜材を用いた在来構法を前提にした記述とする。

　また軸組構法に対して、面で構造を成り立たせる方式を壁式構法[5]というが、木造では**枠組壁構法**（ツーバイフォー）が該当する。枠組壁構法は、北米で完成され、わが国には1960年代半ばころに導入された比較的新しい構法で、1974年に建築基準法に基づいた技術基準が建設省（現・国土交通省）より告示され、一般構法としてオープン化された[6]。

　木質パネル構法は、構造としては枠組壁構法と同じであるが、工場生産比率を高めてパネル化し、現場における施工を合理化したものである。

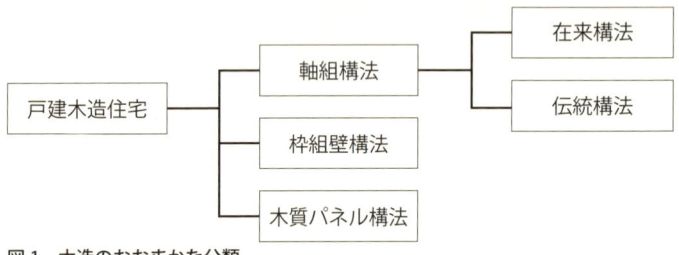

図1 木造のおおまかな分類

（1）木造住宅の工事の流れ

　戸建の木造住宅（在来構法）の工事の流れについて説明する。まず、工事の流れの概略（図2）を示し、その後に各部の詳細を構法の観点から述べることにする。

　木造住宅の工事の流れは、大ざっぱにいうと、根切り[7]（掘削）→地業→基礎工事→刻み→建方（躯体）→屋根工事→外装工事→内装工事→設備工事というような流れになる。外装から先は、明確な順序はなく大半が並行して行われる作業であるが、着手の順でいうと、このような流れとなる。

1）構法には工法も当てはめることが可能であるが、この章では構法を用いることにする。なお、構法と工法の説明については、05章を参照のこと。

2）軸組構法は、柱や梁などの線状の部材で構成される骨組みのことをいう。

3）筋かいには筋違、筋交の字が当てられることもある。詳しくは121頁参照。

4）金物は、木造建築のおもに接合部を補強する金属製の部材で、補強する場所によりさまざまな種類の金物がある。

5）壁式構法は、軸組構法のように柱や梁などを使わないため、余分な突出部がなく、空間を効率よく利用することが可能である。

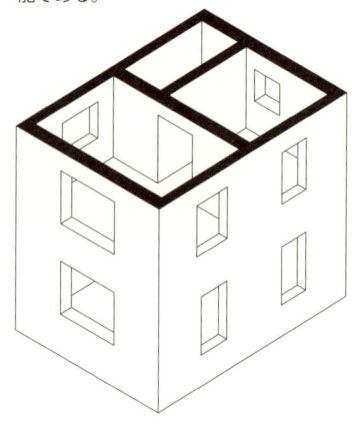

6）オープン化とは、情報が開示され、誰もが利用可能な状態にあること。対して、クローズド化は、特定のメーカーなどの範囲でしか利用できない状態のことをいう。

7）根切りは、根伐りと表記する場合もあるが、本書では根切りを用いる。

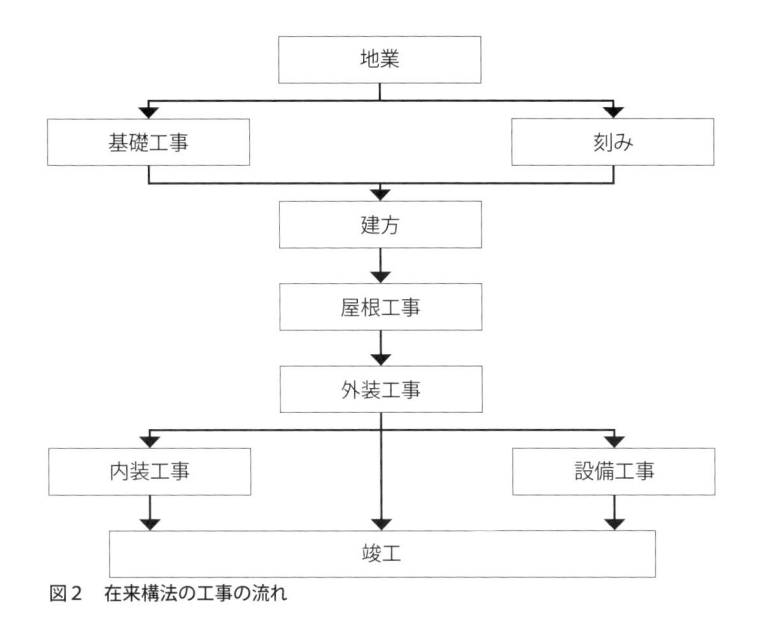

```
         ┌─────────┐
         │  地業   │
         └────┬────┘
      ┌───────┴───────┐
      ▼               ▼
 ┌─────────┐     ┌─────────┐
 │ 基礎工事 │     │  刻み   │
 └────┬────┘     └────┬────┘
      └───────┬───────┘
              ▼
         ┌─────────┐
         │  建方   │
         └────┬────┘
              ▼
         ┌─────────┐
         │ 屋根工事 │
         └────┬────┘
              ▼
         ┌─────────┐
         │ 外装工事 │
         └────┬────┘
      ┌───────┼───────┐
      ▼       ▼       ▼
 ┌─────────┐      ┌─────────┐
 │ 内装工事 │      │ 設備工事 │
 └────┬────┘      └────┬────┘
      └───────┬───────┘
              ▼
         ┌─────────┐
         │  竣工   │
         └─────────┘
```

図2　在来構法の工事の流れ

　工事はまず、**根切り**と**地業**からはじまる。根切りとは、基礎を構築するために地盤を掘削すること、地業とは、建物の基礎より下の地盤を整える工事である。これらは、地盤の支持力を向上させ、地盤沈下を防ぐために行うものであるが、これらに先立って行われる地盤調査[8]において、軟弱地盤など地盤に問題があると診断された場合には、地盤改良が必要になる。

　続いて、**基礎工事**である。基礎とは、建物と地盤を結合し、建物自体の重量や荷重、さまざまな外力により発生する力を、地盤に伝える役割を担うものである。ゆえに、基礎が悪ければ、どんなによい建物をつくっても、建物が想定した性能を発揮できないばかりか、不具合が生じる要因にもなる。基礎という言葉が、一般に「物事の基本」というような意味で用いられていることからも、基礎の重要性が理解できよう。

　基礎が完成すると、土台を敷き、躯体となる軸組部材を組み立て（建方）、屋根や壁を仕上げ……と木を扱う工事が続く。これら一連の工事を木工事という。**木工事**とは、すなわち、大工がかかわる工事と言い換えることもできる。

　木工事は大きくは、躯体、壁や床の下地、および、仕上げ（造作）に分けることができるが、ここでは、下地までのプロセスを概説する。

　木工事のうち、現場での建方に先立って行われる作業を刻みという（写真1、2）。刻みとは、木造建築の材料である材木に、穴をあけたり、凸凹状の細工を施すことである。直行する部材を接合する箇所を仕口、延長する方向に接合する箇所を継手といい、これを上手に加工することが、木造建築を担う大工の重要な技能とされている。大工[9]が刻みを行う場所を、下小屋などと呼び、刻みとそれに先立って行われる墨付け[10]は、お

8）建物を建てる際に、該当する地盤の特性を把握するなどの目的で調査すること。木造住宅でよく使われる方法には、スウェーデン式サウンディング調査（下の図）がある。先端がスクリュー状の器具に荷重を掛けて、25cm下がるまでに、ハンドルを何回転させたかによって地盤の強さを表すN値を推定する。深度10mまで測定が可能。

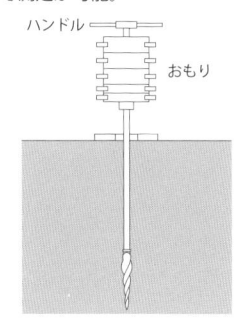

9）大工はもともと、律令時代の建築技術者を指す言葉で「おおきたくみ」と読んだ。

10）墨付けとは、大工が材料を加工する前に、墨壺と墨差しを使って、柱や梁などの部材に基準となる目印を付ける作業のことをいう。

写真1　大工による刻みの作業 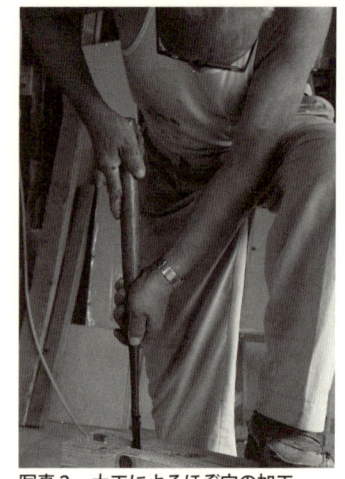　　写真2　大工によるほぞ穴の加工

おむね、坪あたり1人工（にんく）[11]を要する重労働でもある。しかし、昨今では、機械化された工場で半ば自動的に加工するプレカット[12]が主流となっており、人手による墨付けや刻みの作業は存在しないことが多くなっている。

通常、プレカットを含む刻みの作業は、地業や基礎工事と並行して行われるので、基礎工事が完了すると、すぐに躯体の建方に移行することになる。木造に限らず、建物の本体（構造体）を組み立てることを、**建方**という。

建方は、土台の敷設にはじまり、その上に通し柱と管柱を建て、胴差し、桁、梁といった横架材を設置して、まずは1階部分を完成させる。続いて、2階の管柱を建て、軒桁を敷設して小屋梁を架け渡して2階が完成となる。

次は、**屋根の建方**である。日本の軸組構法の特徴は、屋根の骨組み（小屋）を三角形に組んだトラス構造にしないことである。建方の順番でいうと、最初に小屋束を建て、次いで、長手方向に母屋および棟木を架け渡し、最後に三角形の2辺となる垂木を設置する。通常、建方は下地までで完了する。

しかし、屋根に限っては、雨や雪の建物内部への浸入を防ぐために、野地板を張り、防水工事を行うところまでを連続して行う。風雨を防ぐことで、現場で作業する人の安全や作業性の向上を図るという意味もある。防水工事は、通常、アスファル

11) 人工とは、1人の作業者が、1日の所定の労働時間でこなすことのできる作業量。単位は人・日。たとえば10人工の作業は、1人でやれば10日、2人なら5日、10人なら1日で完了する計算になる。

12) プレカットとは、事前に工場などで原材料を切断したり加工したりしておくこと。

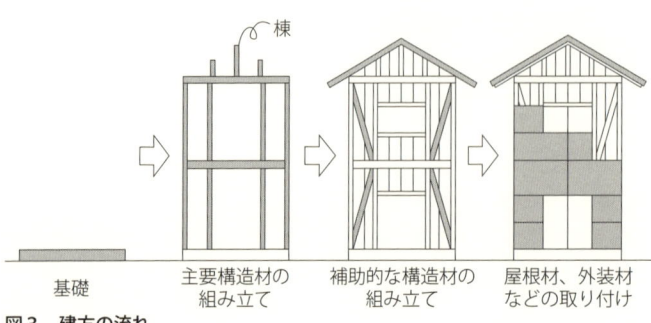

図3　建方の流れ

基礎　→　主要構造材の組み立て　→　補助的な構造材の組み立て　→　屋根材、外装材などの取り付け

トルーフィングが用いられる。

　建方は工事全体の重要な節目ではあるが、要する時間は、短ければ半日〜1日、平均すると2日程度、長い場合でも3〜4日で完了する。建方が完了すると、**外装工事**、続いて**内装工事**および**設備工事**が行われる。外装がある程度進み、外装が風雨を防げる程度まで進捗すると、これらの工事は、並行して進められるようになる。建方の流れを簡単にまとめると図3のようになる。

　では改めて、次項以降で工事の流れを細かくみていくことにしよう。

（2）根切りと地業と基礎

a）根切りと地業

　建物を建てる地盤は、軟弱地盤から強固な地盤までさまざまであり、根切り（写真3）[13]・地業工事に先立って行われる地盤調査の結果に従って、地業の方法と基礎の種類が選択される。

　一般的な地盤の場合、基礎は直接基礎とし、割栗地業や砕石地業を行う。割栗地業とは、割栗石と呼ばれる10〜15cm程度の玉石を小端立てに敷き並べて突き固める方式であり、教科書的には地業の基本である。しかし、手間を要する作業であることから、昨今では、砕石が用いられることが多い。砕石とは、大きな岩石を砕いたもので、これを敷き詰め、突き固めたのが砕石地業である。地業が完了したら、その上に捨てコンクリート[14]を打設し、そこに墨出しを行って基礎工事にとりかかる。

　地盤が建物を支えるのに十分な強度を有していない場合、すなわち軟弱な地盤である場合には、**地盤改良**や**杭工事**を行う必要がある。地盤改良にはいくつかの種類があるが、大きくは、軟弱（≒軟らかい）地盤の表層（1〜2m）に、セメント系の土質固化剤を混ぜて締め固める方法や、固化剤と土を混ぜたものを杭のように柱状に構築して、地盤を補強する方法がある。

　それでも十分な地耐力が得られない場合には、杭により建物

[13] 住宅レベルであればそれほど深くは掘削しないが、大規模な建物で掘削の深さが大きい場合、かつ掘削する壁面が崩壊の可能性がある場合は山留め工事を行う。

[14] 捨てコンクリートとは、基礎部分のコンクリートを打つ前に、地盤の上に直に打設されるコンクリートのこと。水平を出すためのもの。

写真3　根伐りの様子

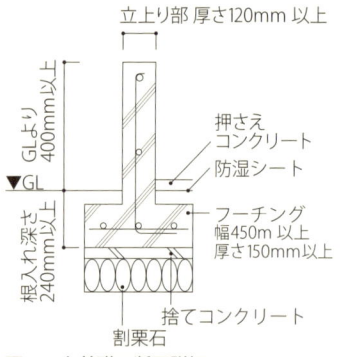

図4　布基礎の断面詳細

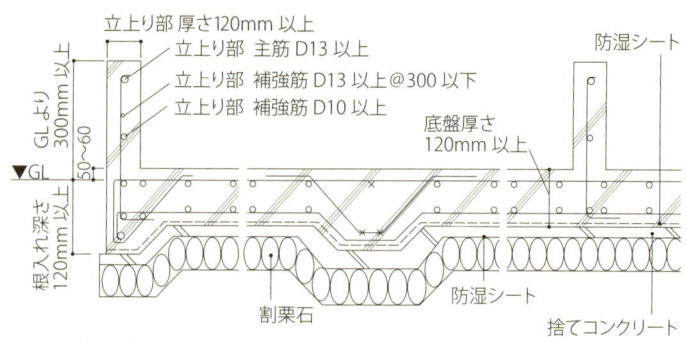

図5　べた基礎の断面詳細

写真4　基礎の配筋

写真5　べた基礎

（基礎）を支持する必要がある。杭とは、一定以上の強度を有する地盤まで杭を打ち込むか、あるいは、途中の地盤との摩擦力により、地中に柱状の構造体を構築するものである。

b）基礎

　基礎とは、建築物からの荷重を地盤に伝達させるものである。軸組構法の場合、基礎は地盤と軸組のあいだに存在し、木材を

直接地盤にふれさせることなく、軸組を地盤に固定する役割を担っている。また、この基礎をつくるうえで重要な作業を配筋工事（写真4）という。捨てコンクリートの中に鉄筋を配置する作業である。これが終わると次に枠をつくり、そこへコンクリートを流し込んで基礎がつくられていく。

木造軸組構法では、鉄筋コンクリート製の**布基礎**（図4）[15]または**べた基礎**（図5、写真5）[16]のいずれかが用いられることが多い。前者は比較的良好な地盤、後者はやや軟弱な地盤で用いられるが、耐久性や防湿性能の優位性からべた基礎が採用されることが多くなっている。

（3） 軸組

軸組構法を構成する部材は、大きくは**構造部材**と**非構造部材**に分けることができる。おもな構造部材は、土台、柱、梁、桁、胴差しと筋かい、および補強材である火打梁である。非構造部材は内外装材や窓など、構造と直接かかわりのないもののことをいう。

a）土台

土台は、軸組の最下部にあって、柱から伝えられる荷重を基礎に伝える横架材であり、柱脚部分の移動を拘束して軸組全体を一体化し、建物の水平耐力性能を向上させるものである。土台は、現在では、ほぼ例外なく用いられる必須の部材であるが、原始的な建築に土台はなく、掘立柱から石場建ての発展過程[17]を経て登場する。土台は、傷みやすい部分に位置するので、ヒノキやヒバ、クリなどの腐食や虫害に強い樹種、あるいは、防腐剤が注入された部材が用いられる。

b）柱

図6は木造軸組構法の大まかな全体像をまとめたものである。柱や梁など架構に関する話では、この図を参照してほしい。

まず**柱**は、屋根や床の荷重を支え、その荷重を基礎に伝える役目を果たす部材である。土台から軒桁まで1階と2階を貫いた柱を**通し柱**と呼び、建物の四隅など、構造上重要な箇所に用いられる。それに対し、各階ごとに設けられる柱を**管柱**と呼ぶ。管柱は、各階で独立してはいるが、力の流れを考慮すれば、上下階の同位置に設けるのが望ましい。

柱には、正角（正方形断面）の材が用いられ、1辺が3寸5分（105mm）あるいは4寸（120mm）とすることが多い。通し柱には、4寸5分（135mm）や5寸（150mm）といった太い材が用いられることもある（図7a）[18]。

c）梁

梁は、2階の床組や小屋組を支える横架材である。梁をどのように架設するかは、軸組の構法計画の中でも大変難しい事項である。よい軸組の構法は、梁に無理な力がかからないものであるから、プランニング段階で、なるべく2階の壁が1階の壁

[15] 布基礎は、逆T字形の断面形状をした鉄筋コンクリートが連続している基礎のこと。

[16] べた基礎は基礎の立ち上がりだけでなく、底面全体が鉄筋コンクリートになっている基礎のこと。

[17] 掘立柱は、地面に穴を掘り、直に柱を埋め込む方法で、石場建ては、自然の石の上に柱を建てる方法。中世から近世にかけての神社仏閣は、ほとんど石場建ての方法を採用している。

[18] 建築においては、現代においても尺寸を基準とした寸法が用いられることが多い。
1寸 = 30.3mm
10分 = 1寸
10寸 = 1尺（303mm）
6尺 = 1間（1,818mm）

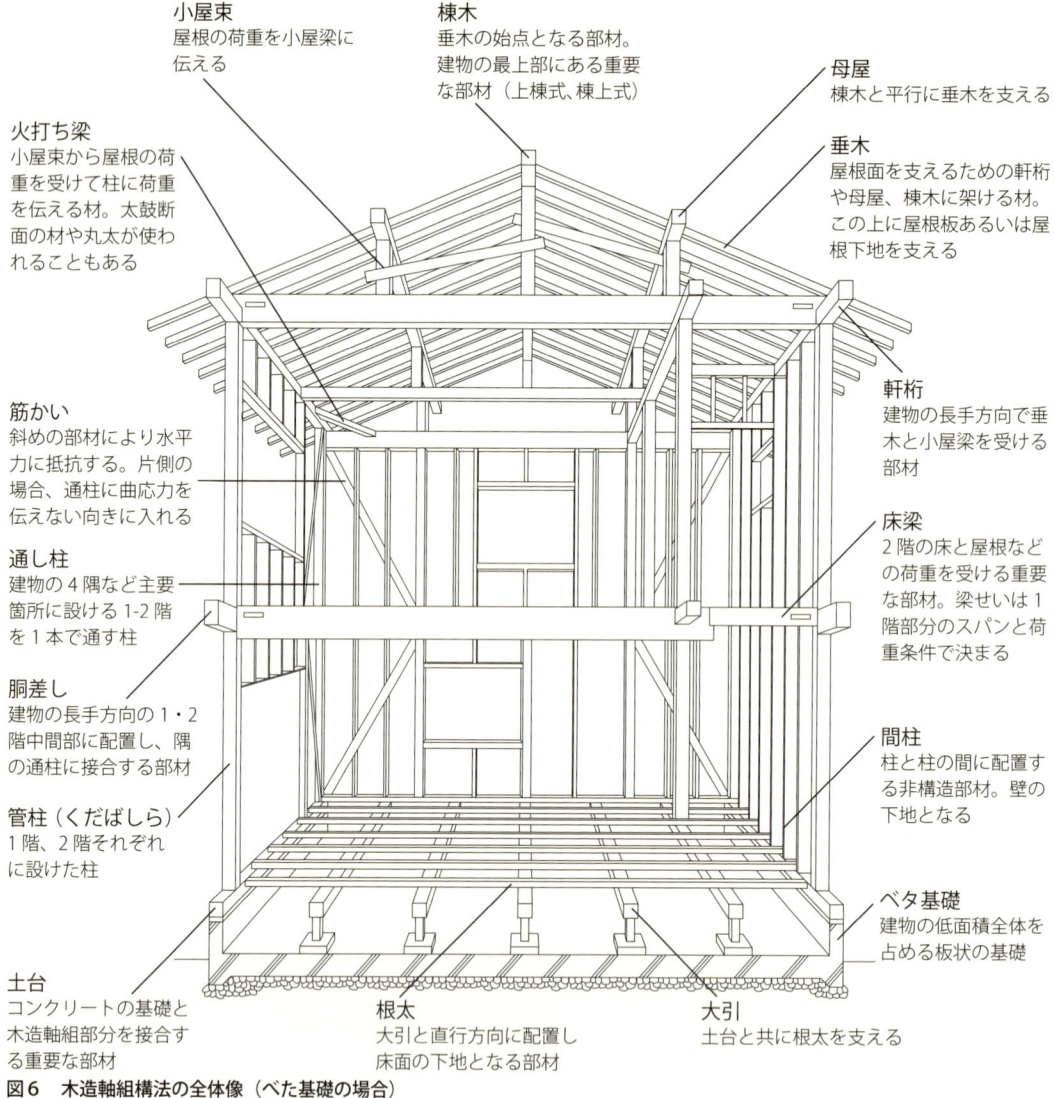

図6　木造軸組構法の全体像（べた基礎の場合）

- **小屋束**：屋根の荷重を小屋梁に伝える
- **棟木**：垂木の始点となる部材。建物の最上部にある重要な部材（上棟式、棟上式）
- **母屋**：棟木と平行に垂木を支える
- **垂木**：屋根面を支えるための軒桁や母屋、棟木に架ける材。この上に屋根板あるいは屋根下地を支える
- **火打ち梁**：小屋束から屋根の荷重を受けて柱に荷重を伝える材。太鼓断面の材や丸太が使われることもある
- **軒桁**：建物の長手方向で垂木と小屋梁を受ける部材
- **筋かい**：斜めの部材により水平力に抵抗する。片側の場合、通柱に曲応力を伝えない向きに入れる
- **床梁**：2階の床と屋根などの荷重を受ける重要な部材。梁せいは1階部分のスパンと荷重条件で決まる
- **通し柱**：建物の4隅など主要箇所に設ける1-2階を1本で通す柱
- **胴差し**：建物の長手方向の1・2階中間部に配置し、隅の通柱に接合する部材
- **間柱**：柱と柱の間に配置する非構造部材。壁の下地となる
- **管柱（くだばしら）**：1階、2階それぞれに設けた柱
- **ベタ基礎**：建物の低面積全体を占める板状の基礎
- **土台**：コンクリートの基礎と木造軸組部分を接合する重要な部材
- **根太**：大引と直行方向に配置し床面の下地となる部材
- **大引**：土台と共に根太を支える

の直上になるよう計画すれば問題は生じにくい。また軸組構法では、荷重による長期の変形などを考慮して、最大スパン[19]は2～2.5間（けん）程度にとどめるのが望ましい。

梁に用いられる材は、接合の都合上、幅は柱と同寸法とするので、スパンや荷重に応じてせい[19]を大きくすることで断面積を大きくして材の強度を確保する。梁せいは、樹種や産地など木の性質にも影響を受けるので、これを適切に定めるのは簡単ではないが、おおむねスパンの1/10～1/15を確保すればよいとされている。

このような、長方形断面の材は平角と呼ばれる（図7 b）。平角材は、木材の流通上の規格で、120mm以降、150mm、180mm……と30mm刻みに定められており、梁では210～300mmの材が使われることが多い。

屋根を支える**小屋梁**は、荷重に抵抗するためにアーチ状の丸

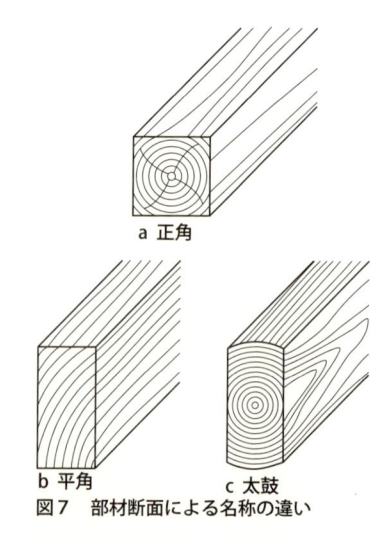

図7　部材断面による名称の違い
- a 正角
- b 平角
- c 太鼓

19）スパンは長さ、せい（成）は高さのこと。

太梁や太鼓梁が用いられることがある（図7c）。

d）桁と胴差し

　床の荷重や軸組の荷重を受ける役割は同じであるが、外周部にあって棟に平行に架設され、梁を受ける部材を**桁**と呼ぶ。建物の躯体の最上部にあって屋根（垂木）を受ける桁は、**軒桁**と呼ばれる。

　1階と2階の中間部分（2階の床を支える部分）にあって、通し柱のあいだをつなぎ、管柱を受ける桁と平行の部材を**胴差し**と呼ぶ。

　なお、これらのせいについては、梁と同様に算定すればよい。簡単な概略は図8のとおりである。

e）筋かいと貫

　筋かいは、四角形に囲まれた軸組の対角線に入れられる部材で（図9a）、地震や風などで生じる水平力に抵抗し、四角形が変形しようとするのを防ぐ役割を担うものである。ただし、日本の伝統的な軸組構法には筋かいはなく、貫によって壁が補強されていた（図9b）。筋かいと貫では、外力に対する抵抗メカニズムが異なる。

　また、筋かいを用いた構法は**大壁**、貫構法は**真壁**が前提という分け方もできる（図10）。写真6は貫構法と真壁構法がセットになったものである。大壁は、軸組部材が仕上げ面に露出しないもの、真壁は、軸組部材が外面に現れるもので、前者を洋風、後者を和風と区分する考え方もある[20]。

（4）各部位の構法

　軸組部材のうち、間柱、根太、垂木などの非構造部材を羽柄（は

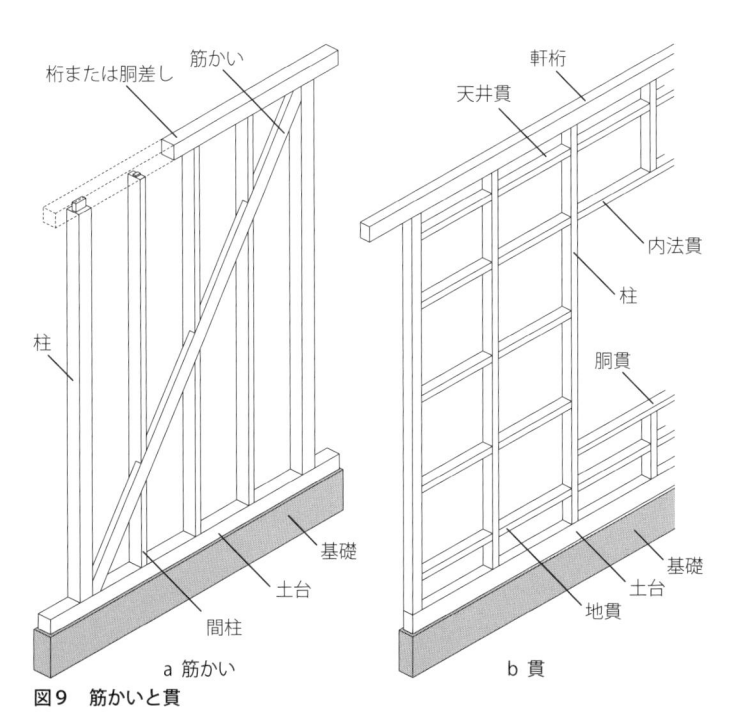

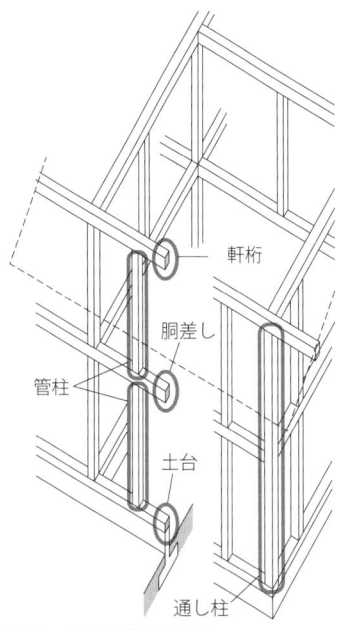

図8　主要構造材の概要

20）大壁は柱が見えない壁、真壁は柱が表面に表れている壁のこと。

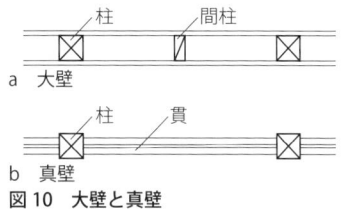

図9　筋かいと貫

a　筋かい
b　貫

図10　大壁と真壁

a　大壁
b　真壁

写真6　貫と小舞を用いた伝統的な真壁構法

がら）材[21] と呼ぶ。羽柄材という言葉は、元来、製材業界における用語であったが、昨今では、軸組構法において一般化した呼び名である。以下、羽柄材を含む軸組構法の各部位の構法について、床、壁、屋根（小屋）に分けて解説する。

a）床

木造軸組構法における1階の**床**は、基礎の上に配置される土台と、羽柄材の大引、根太で構成される（図11）。大引は、床の荷重等でたわむので、3尺（909mm）内外に束を入れて支えるが、最近では、高さ調整機能のついたプラスチックや鋼製

[21] 羽柄材は、根太、垂木、貫、野地板、壁下地板などの小断面製材品の総称。構造材を補う材料や下地材のこと。

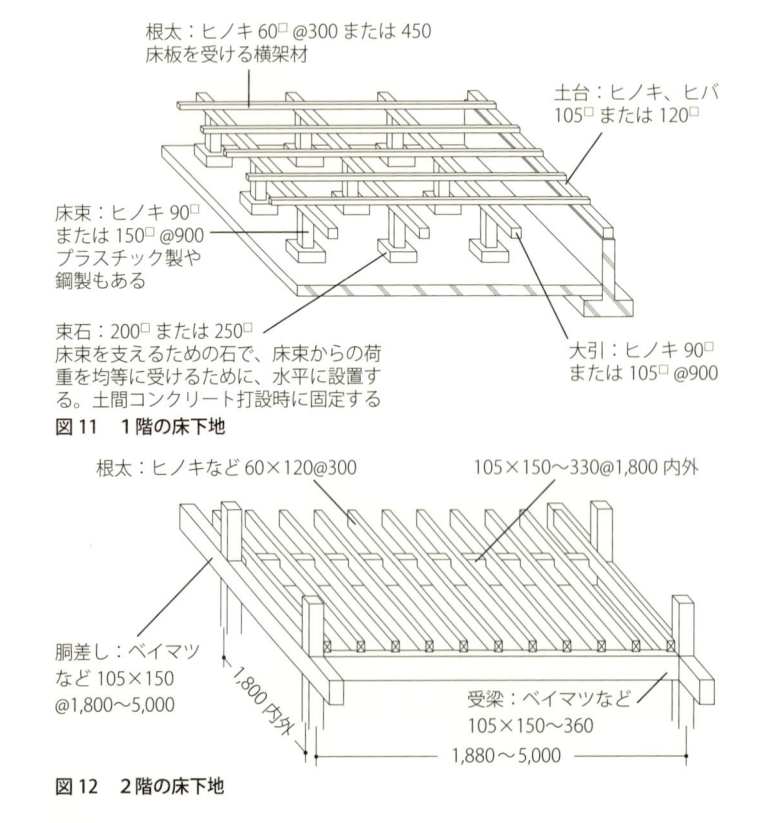

根太：ヒノキ 60□ @300 または 450
床板を受ける横架材

土台：ヒノキ、ヒバ
105□ または 120□

床束：ヒノキ 90□
または 150□ @900
プラスチック製や
鋼製もある

束石：200□ または 250□
床束を支えるための石で、床束からの荷重を均等に受けるために、水平に設置する。土間コンクリート打設時に固定する

大引：ヒノキ 90□
または 105□ @900

図11　1階の床下地

根太：ヒノキなど 60×120@300

105×150～330@1,800 内外

胴差し：ベイマツ
など 105×150
@1,800～5,000

1,800 内外

受梁：ベイマツなど
105×150～360

1,880～5,000

図12　2階の床下地

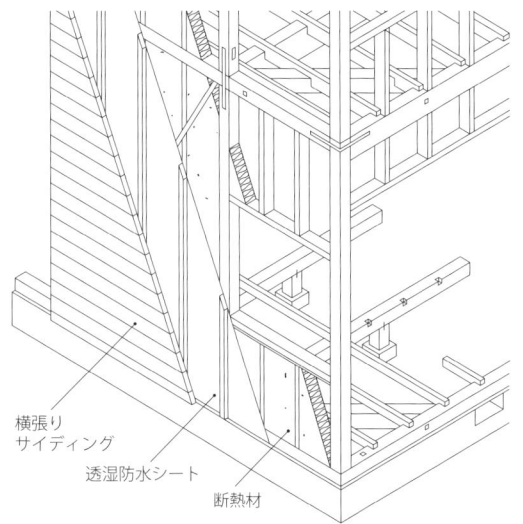

図13 壁の下地と仕上げ

図14 屋根の下地と仕上げ（和小屋）

図15 小屋組（洋小屋）

の束を使うことが多い。なお、土台は3.5寸または4寸角（120mm）、大引きは3寸または3.5寸角（105mm）の材を用いるのが一般的である。

根太は、大引の直角方向に架設し、間隔は洋室の場合1尺（303mm）程度とすることが多い。和室では、床の上に重いものを積載しないので、1尺5寸（455mm）前後とすることもある。

2階の床には大引と呼ばれる部材はない（図12）。一般に、梁の間隔1間（6尺）までは、1階根太よりせいを大きくした根太だけで構成し、梁の間隔が大きい場合には小梁を挿入する。なお1階の根太は、45mm角程度の部材が使われ、2階根太は、せいが105～120mm程度の材を用いるのが一般的である。

b）壁

壁は、大壁の場合、構造的には柱と土台、胴差し、桁、梁などの横架材、および筋かいで構成され、羽柄材の間柱を用いて面を構成すると、壁の下地となる。

間柱[22]には、柱を2分割あるいは3分割した45×105mm程度の材を用い、これを1尺5寸（455mm）程度の間隔で柱間に挿入して壁の下地材とするのが一般的である。筋かいと間柱の取り合い部では、構造材である筋かいを優先し、間柱を切り欠いて納める。これを下地にして合板を張り、壁面とするのが昨今の一般的な構法である（図13）。

c）屋根（小屋）

屋根の骨組みを小屋というが、日本の軸組工法における**小屋組**は三角形を単位とした構造形式であるトラスではないところが特徴である。この日本の伝統的な小屋組を**和小屋**と呼ぶ（図14）。これに対し、合掌材で最初に三角形を形成し、トラス構造で屋根を構成するものを**洋小屋**という（図15）。洋小屋は、

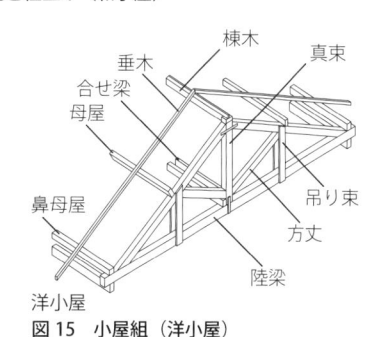

[22] 間柱は柱のあいだに入れる部材のことで、通常は柱の断面は正方形であるが、間柱の断面は長方形をしている。

世界的には標準的な構法である。

　和小屋は小屋梁に束を立て、桁と平行に配置する母屋を支え、母屋と直行する方向に垂木を設置して屋根面の下地を構成する。なお、屋根の最上部に設置する母屋と平行の材を棟木、寄棟の切り換え部に45°に設置する部材を隅木と呼ぶ（図16）。

　棟木は、建物の中でもっとも高いところに位置するので、ここに神様が降臨するとして、「棟上式」や「上棟式」と呼ばれる儀式[23]が行われる。

　母屋には105mm角程度の材が用いられ、3尺（909mm）間隔で配置することが多い。垂木のサイズを大きくして、母屋の間隔を倍の6尺とする方法もある。垂木は、一般には45×60mm程度の材料を用い、1.5尺（455mm）内外に配置するのが一般的である。

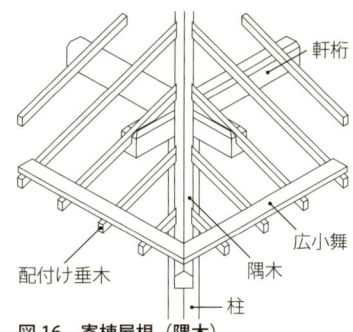

図16　寄棟屋根（隅木）

23）棟上式や上棟式は、柱、梁、桁などの骨組みが完成して、棟木を上げる際に行われる儀式で、棟梁や大工さんへの感謝の気持ちを表す意味もある。

2．鉄筋コンクリート構造の全体像

　鉄筋コンクリートは、鉄筋で補強されたコンクリートのことで、コンクリートと鉄筋でそれぞれの短所を補い合っている。コンクリートは圧縮に強いが、引っ張りには弱く、鉄筋を入れることで強度を保っている。鉄筋コンクリート構造[24]はそうした材料のもつ特性を生かした構造方式である。ここでは木造同様、在来構法について概説する。

　鉄筋コンクリート構造の在来構法も、日本で多く用いられている構法のひとつである。杭、基礎、地下および地上の躯体、仕上げからなり、ラーメン架構[25]の場合、躯体の構成部材は柱、梁、床である。

（1）着工と準備工事

　建築工事に取りかかる前に、敷地調査、地質調査、近隣建物調査、埋設物調査などの事前調査が必要である。敷地調査では測量を行い、敷地境界の確認を行う。地質調査ではボーリング[26]を行い、土質柱状図[27]から建物の支持層や地下水の深さを把握する。近隣建物調査では近隣建物の施工前の状態を確認する。埋設物調査では文化財の調査や、不発弾などの危険物調査、建替え工事では各種設備配管の確認を行う必要がある。

　準備工事として現場敷地の工事仮囲いやゲートの設置、仮設工事事務所の設営がある（図17）。ゲートの位置は竣工までの搬出入計画に基づいて適切な位置に設ける。そして工事開始となる。

　通常、**杭打ち工事**からはじまる（図18）。工事に際しては、建物の基礎となる本設杭を構築する工事と、仮設の**山留め壁**を構築する工事がある。山留め壁とは、掘削の際にまわりの地盤が崩れないように、矢板や堰板で土を押さえる工法のことで、いろいろな種類がある。

24）鉄筋コンクリート構造はRC構造ともいう。

25）ラーメン架構は、柱や梁などの軸組構造で架構を行う構造形式。

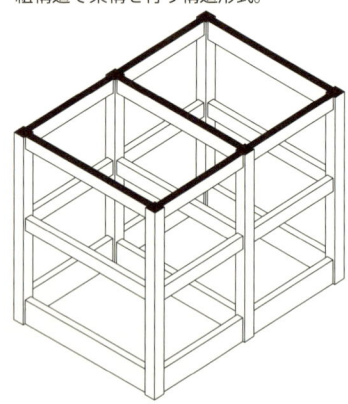

26）ボーリングは地中に円筒状に穴を掘削すること。

27）土質柱状図は、下の図のように、ある地点の地質の状況を表した断面図のこと。ボーリング柱状図ともいう。

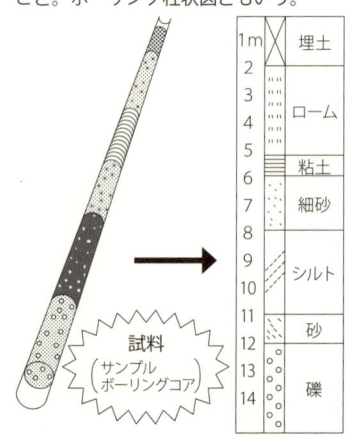

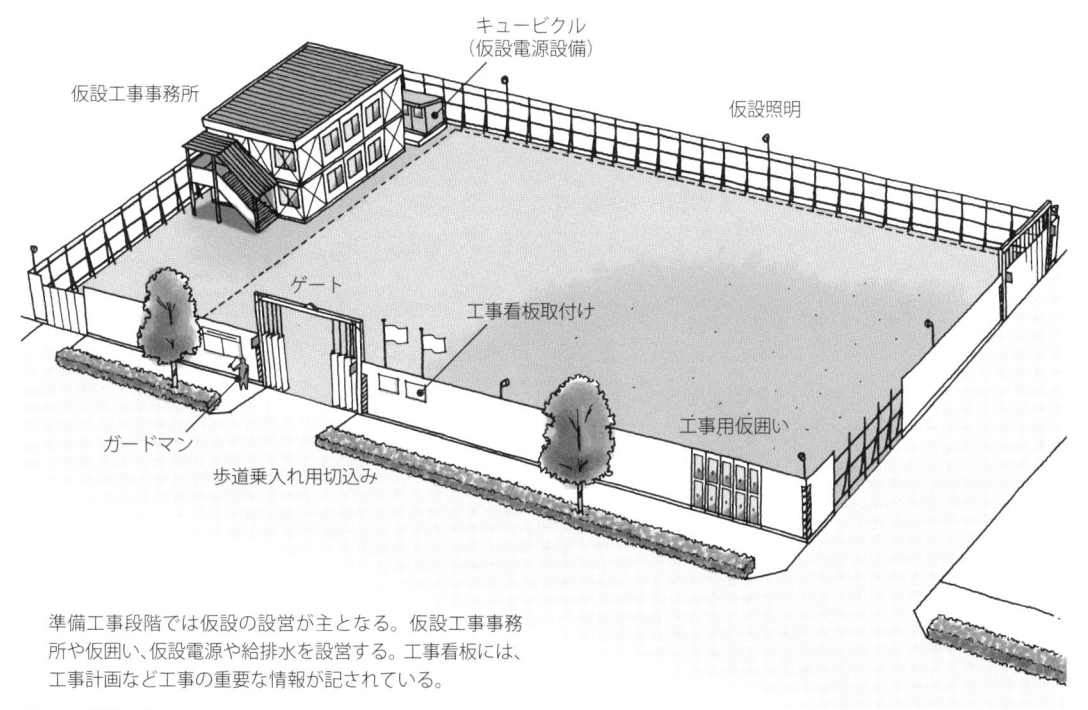

準備工事段階では仮設の設営が主となる。仮設工事事務所や仮囲い、仮設電源や給排水を設営する。工事看板には、工事計画など工事の重要な情報が記されている。

図17　準備工事

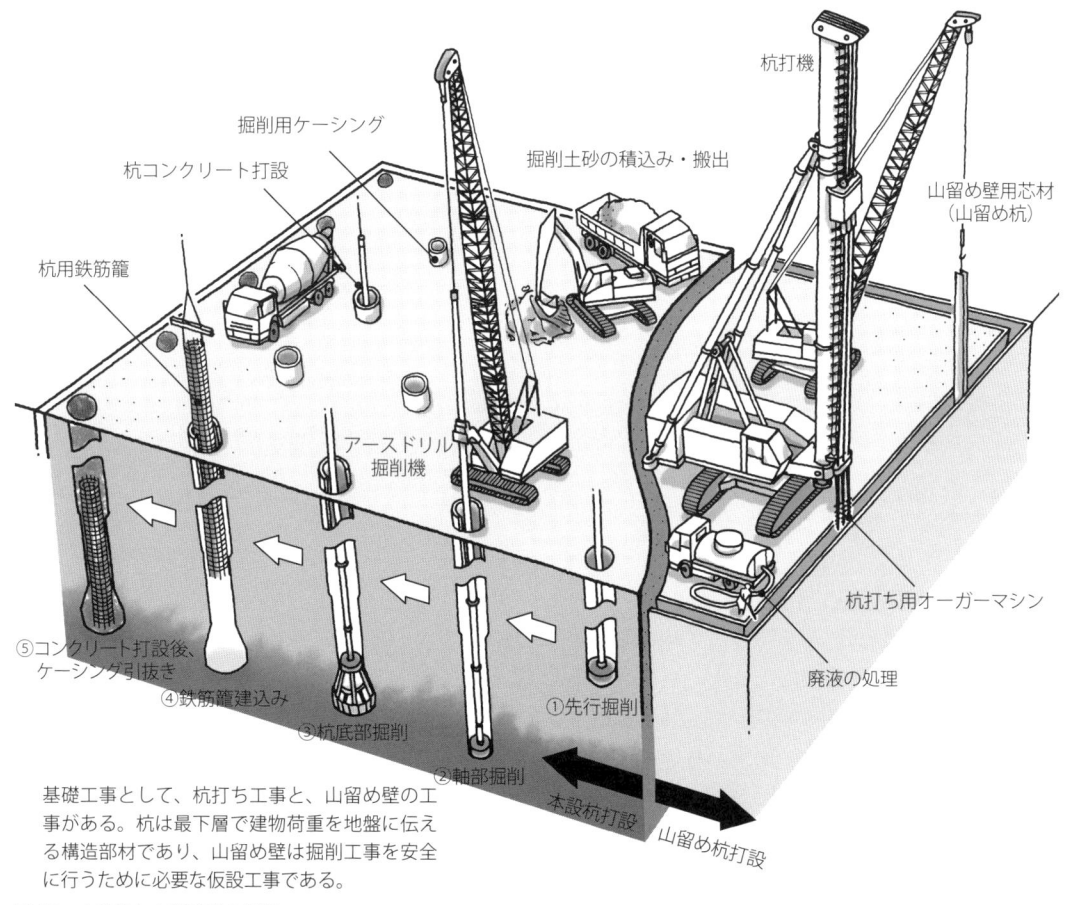

基礎工事として、杭打ち工事と、山留め壁の工事がある。杭は最下層で建物荷重を地盤に伝える構造部材であり、山留め壁は掘削工事を安全に行うために必要な仮設工事である。

図18　本設杭と山留め壁の構築

09章　建築のつくり方（2）

図中ラベル:
- 腹起こし（山留めが崩れないように押さえる部材）
- クラムシェル（深堀り掘削作業に適している）
- バックホウ（地表面より低い場所の掘削に適している）
- 仮設構台（仮設の支柱、作業床等で構成され、作業構台ともいう）
- 山留め壁
- ダンプカー
- 切梁
- 杭棚（切梁を中間で支えるために打設する支柱杭）
- 二次掘削面
- ディープウエル
- 一次掘削面
- 作業の流れ

山留めが崩れないように、必要に応じて腹起こしと切梁を設ける。山留め壁が完了すれば、掘削工事である。通常は、仮設構台を設けて土砂の搬出を行う。

図19　掘削工事

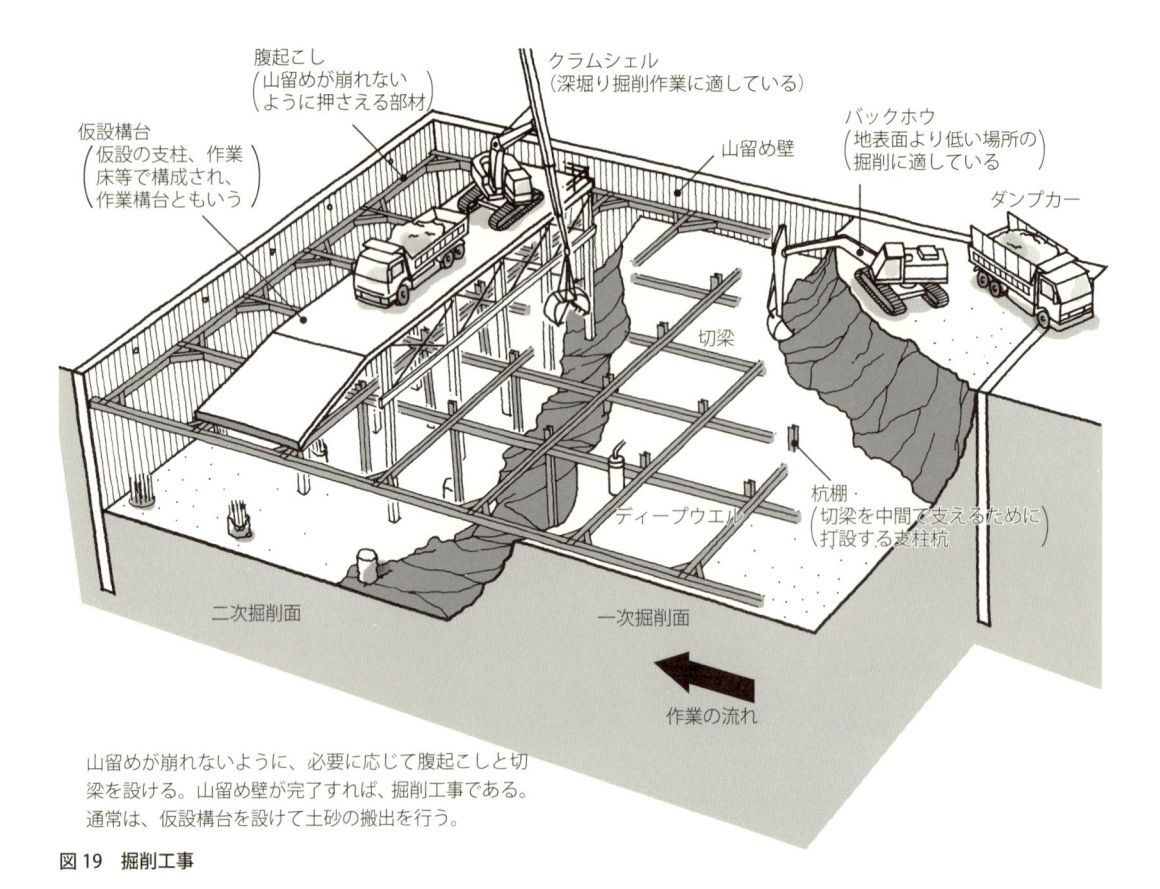

（2）掘削工事と地下工事

掘削工事は、不要な土砂を取り除く工事である。「**根切り**」[28]ともいう（図19）。掘削工事の進捗に合わせて、必要ならば山留め壁が崩れないように切梁や腹起こしで突っ張る。切梁を必要としない**アースアンカー工法**もある。切梁がないので地下工事の作業性はよい。地下水が高いときは、仮の井戸を設けて水を汲み上げ、地下水位を下げながら工事を進める。

通常は、掘削工事を行って、次に下から順次、地下部分の躯体を構築するが（図20）、特に工期が短い場合は、地下階の工事と地上階の工事を同時並行に進める「**逆打ち工法**」を採用する場合もある[29]。地下工事は不確実性の高い土と水との戦いでもある。

（3）躯体工事と施工手順

躯体工事は主要構造部をつくる工事のことをいう。

地上躯体は特に、高層になると高さとの戦いとなる。まずは**クレーン**を設置し、重量物の揚重を計画的に行う（図21）。ラーメン架構のRC造の場合、通常、柱鉄筋、柱と梁の型枠、床型枠、梁鉄筋、そして床鉄筋の順に工事が進む（図22）。高層での施工は危険を伴うので、**プレキャスト工法**などの工業化工法を採用し、クレーンで効率よく部材の揚重、そして設置を行う。

28）根切りは、基礎をつくる際に、地面を掘削して所要の空間をつくることで、根切りしたときの底の水平面のことを根切り底という。根切りしないと基礎をつくることはできない。

29）逆打ち工法は、地下を1階部分から順に下に掘り進めて地下の躯体を構築していく工法で、1階部分から地上部分と地下部分を同時に建設することができるため、工期の短縮にもつながるメリットがある。

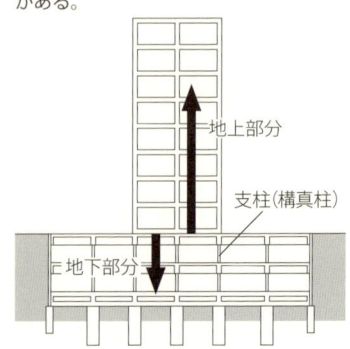

（図：地上部分／支柱（構真柱）／地下部分）

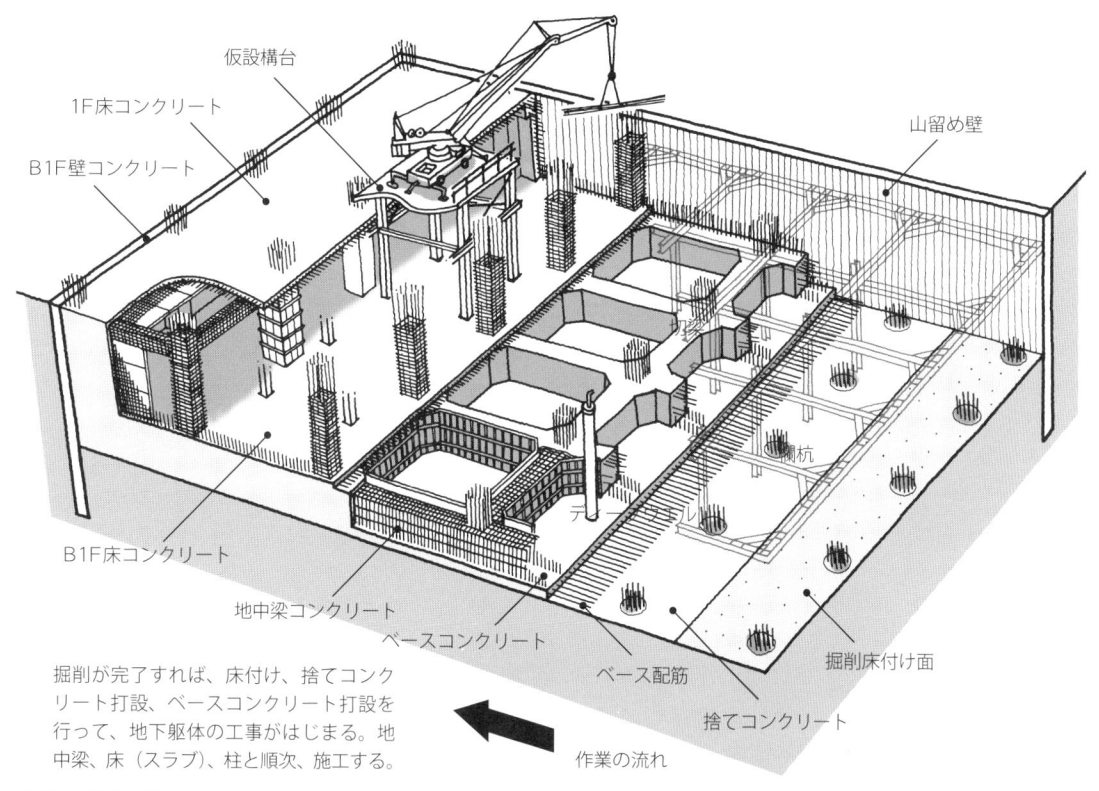

図20 地下工事

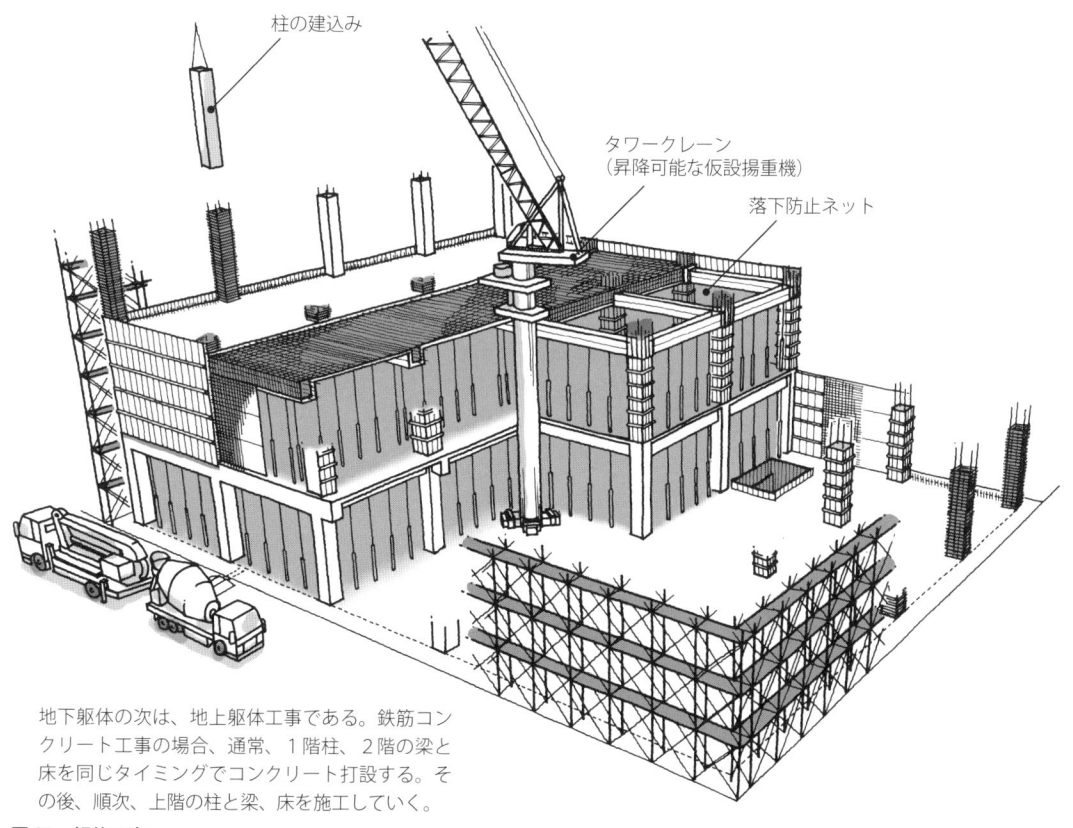

掘削が完了すれば、床付け、捨てコンクリート打設、ベースコンクリート打設を行って、地下躯体の工事がはじまる。地中梁、床（スラブ）、柱と順次、施工する。

主な符号：1F床コンクリート、B1F壁コンクリート、仮設構台、山留め壁、B1F床コンクリート、地中梁コンクリート、ベースコンクリート、ベース配筋、捨てコンクリート、掘削床付け面、鋼杭、作業の流れ

図21 躯体工事

地下躯体の次は、地上躯体工事である。鉄筋コンクリート工事の場合、通常、1階柱、2階の梁と床を同じタイミングでコンクリート打設する。その後、順次、上階の柱と梁、床を施工していく。

主な符号：柱の建込み、タワークレーン（昇降可能な仮設揚重機）、落下防止ネット

09章　建築のつくり方（2）　127

❶ 柱主筋をつなぐ。

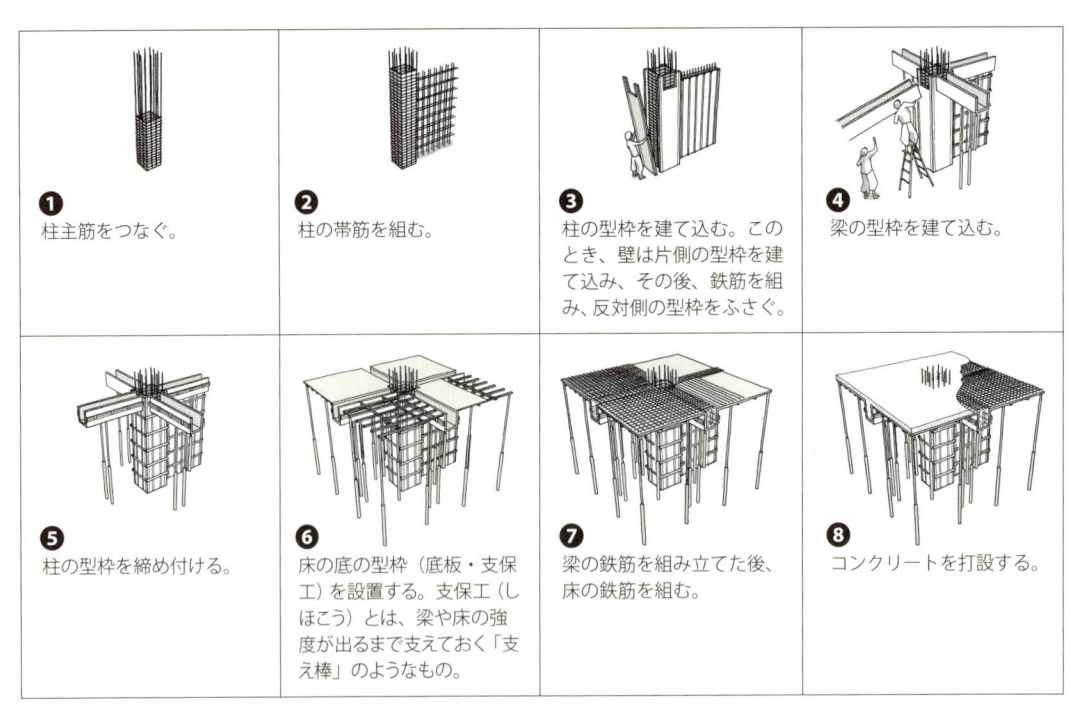

❷ 柱の帯筋を組む。

❸ 柱の型枠を建て込む。このとき、壁は片側の型枠を建て込み、その後、鉄筋を組み、反対側の型枠をふさぐ。

❹ 梁の型枠を建て込む。

❺ 柱の型枠を締め付ける。

❻ 床の底の型枠（底板・支保工）を設置する。支保工（しほこう）とは、梁や床の強度が出るまで支えておく「支え棒」のようなもの。

❼ 梁の鉄筋を組み立てた後、床の鉄筋を組む。

❽ コンクリートを打設する。

図22　鉄筋コンクリート構造の施工手順

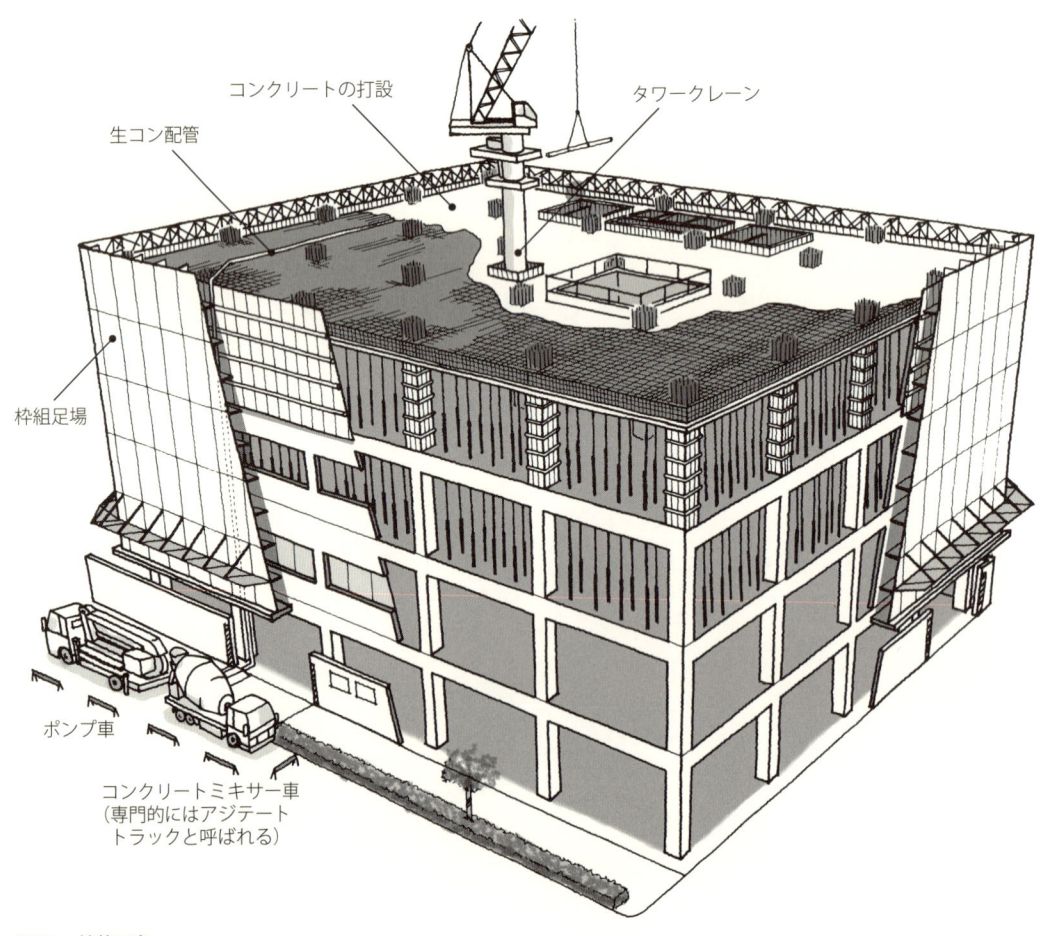

コンクリートの打設
タワークレーン
生コン配管
枠組足場
ポンプ車
コンクリートミキサー車（専門的にはアジテートトラックと呼ばれる）

図23　外装工事

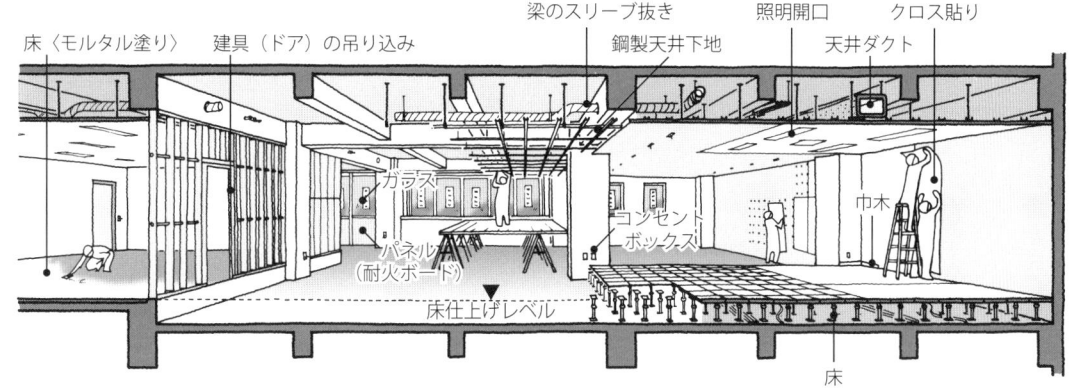

図24 内装工事と設備工事

（4）外装工事と内装工事、設備工事

躯体工事の次は、外装工事と内装工事がある（図23、24）。外装工事は躯体工事同様、自然環境の影響を受けやすい。内部から取り付け可能な工法もある。内装は多くの**木工事**や**塗装工事**などの工種が錯綜するため、施工順序、そして資材の搬入時期、作業の引き継ぎを明確にすることが重要となる。躯体工事から内装工事にかけて、並行して設備工事も行われる。近年、設備工事の割合が高くなっており、建築工事と設備工事の調整も重要度を増している。通常、外構工事[30]が最後であり、仮設類が解体されて竣工となる。

3．次世代の建築生産システム

建築生産は単品生産であり、一般に屋外で作業が行われる。また、生産設備はプロジェクトごとに調達し、建築資材量は膨大である。重厚長大な資機材を扱うため、機械化・ロボット化の技術開発が導入され、重要な役割を担ってきた。今後もその活躍が期待されており、今後、特に有望な技術についてふれる。

a）クレーンと施工ロボット

クレーンは建築施工にとって不可欠な設備のひとつである。クレーンの登場により飛躍的に生産性が向上した。1966年に世界最初のフロアクライミング方式のタワークレーンが採用され、日本で最初の超高層建築に位置づけられる霞が関ビル工事で、ワイヤを初めて使用したフロアクライミング方式のタワークレーン（写真7）が用いられている[31]。また、ユニット化・大型化された部材には**搬送機器・ロボット**が有効である。

b）全自動ビル建設システム

1990年代前半、各種ロボットや自動化技術の集大成ともいうべき**全自動ビル建設システム**が開発された[32]。自動化施工システム、全天候施工システムなど、各社において技術開発が行われ、天候に左右されない快適な作業空間が生まれた。製造

30）外構工事は、躯体以外の外回りの工事のことで、舗装工事や造園植栽工事などをいう。

31）タワークレーンは、工事がはじまると組み立てられ、突如、街中にその大きな姿を現す。そして躯体工事が終了すると、解体、搬出され、街の風景から消えていく。特に高層の工事で採用されるフロアクライミング方式（下の図）は、建物の構造躯体である床や梁を利用して、建物に乗っかる方式である。工事中は最上階が順次、構築されていくので、工事進捗に合わせてクレーンも建物のフロアを尺取り虫のようにクライミングしていく。

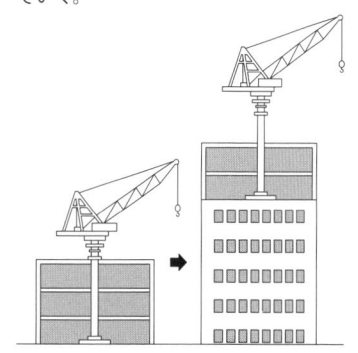

32）全自動ビル建設システムについては、05章の「構工法と設計」を参照のこと。

写真7　フロアクライミング方式のタワークレーン

写真8　自動化搬送システムの活用

　工場と同様の搬送環境を整え、垂直・水平リフトで建築資材の搬送を行い、自動で組み立てや接合を行うシステムである。屋内においては、仕上げ用の資材や設備機器がストックヤードから作業階まで自動的に搬送できる自動化搬送システムが開発され、実用化された（写真8）。

10章 建築プロジェクトをマネジメントする—施工管理

建築工事は屋外の一品生産で工期も長い。天候や風雨など自然環境の影響も、物価変動などの経済環境の影響も受ける。建築工事はこれらの不確実性とリスクの中で実施されるため、マネジメントが重要となる。建築工事のマネジメントの各論として、品質管理、工程管理、安全管理、原価管理があり、近年は環境管理や情報管理に関心が高まっている。また、コミュニケーションや労働に対するモチベーションの向上に対する重要性も指摘できる。

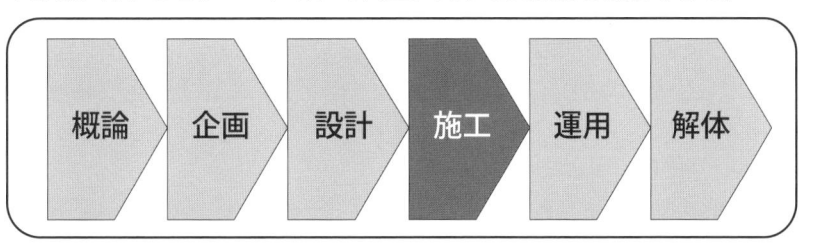

概論 → 企画 → 設計 → **施工** → 運用 → 解体　　建築生産の流れ

【本書の構成】　　　　　　　　　　　　　　　　　　【キーワード】

1. **施工計画と施工管理**
   - 管理業務の手法　　　　　　—科学的な管理手順　　　PDCA サイクル
2. **品質管理**
   - 品質管理の位置づけ　　　　—統計的・全社的品質管理　日本工業規格、統計的品質管理、全社的品質管理、ISO9000 ファミリー
   - QC 工程表と QC7 つ道具　　—5W1H　　　　　　　　QC 工程表、QC7 つ道具
3. **工程管理**
   - 施工段階の工程管理　　　　—おもな内容　　　　　　進捗管理、作業改善
   - テイラーとギルブレスの科学的管理法—作業改善技術　標準作業量、時間研究、動作研究
   - 作業分析に基づく改善方法　—作業測定方法　　　　　サーブリッグ記号
4. **環境管理**
   - 建設副産物の分別　　　　　—循環型社会のシステム　建設副産物、3Rの原則、ゼロ・エミッション
   - 建設副産物の適正処理　　　—適正処理のしくみ　　　マニフェスト制度
5. **安全管理**
   - 日常の安全管理　　　　　　—安全衛生の規則と対応　安全衛生法、労働基準監督署、統括安全衛生責任者、元方安全衛生責任者
   - 建設の労働災害と労災補償　—測る尺度　　　　　　　度数率、強度率
6. **原価管理**
   - 実行予算の編成　　　　　　—施工のための予算計画　実行予算
   - 工事の支払い　　　　　　　—特約事項で定める　　　内金支払い
7. **3 次元のコミュニケーション**
   - コミュニケーションのツール —3 次元表現　　　　　　スケッチ、CAD・BIM
8. **技能労働とモチベーション**
   - マグレガーのX理論とY理論　—体系化された経営理論　X 理論、Y 理論
   - メーヨーのホーソン実験　　—労働条件と生産性　　　責任とモチベーション

1. 施工計画と施工管理

　施工計画とは、契約条件に基づき、設計図書どおりの建築物を、決められた工期内に、経済的かつ安全につくるために、施工の各段階ごとに最善の方法を計画することをいう。そして、策定した施工計画に基づいて、工事を実施する際に安全の確保や環境保全への配慮といった社会的な制約条件の中で、工事の円滑な実施を図ることを施工管理という。

　施工計画においては、目的を達成するために計画を立て、実行に移し、その結果の確認をしたのち実際の計画と比較しながら、必要な処置をとることになるが、これらの検討から得られたものを次の計画に反映させるという科学的な態度が大切である。このような管理の手順は、**PDCAサイクル**として知られる（図1）[1]。事業活動における管理業務を円滑に進めるうえで、必要な手法のひとつである。

①計画（Plan）：目的を決める。目的を達成する方法を決める
②実施（Do）：計画で決められた基準どおり実施する
③結果の確認（Check）：実施の結果を調べ、評価・確認する
④処置（Action）：結果に基づいて処置をとる

　本章では、建築工事における「実施（Do）」以降のプロセスである施工管理を中心に、品質、工程、環境、安全、原価、コミュニケーション、モチベーションについての概要を述べる。

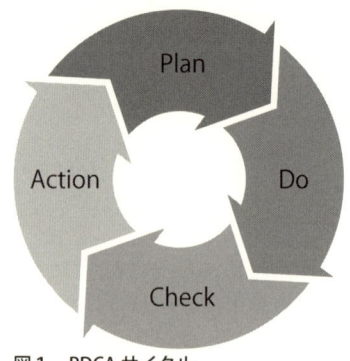

図1　PDCAサイクル

1）PDCAサイクルについては04章を参照のこと。

2. 品質管理

　建築の品質は、人命にかかわる大きな課題でもあるため、きわめて重要である。また建築は、長期間にわたって使用されるものであるため、使用に伴う時間を念頭に置いた品質を確保しなければならない。

　日本工業規格（JIS Z 8101）では、品質管理（QC：Quality Control）とは「買い手の要求に合った品質の品物またはサービスを経済的に作り出すための手段の体系」と定義しており、「製品の品質を一定の水準に保つために必要な管理」と理解することができる。

（1）品質管理の位置づけ

　品質管理に関してみると当初は、**統計的品質管理**（SQC：Statistical Quality Control）が製造現場を中心に根づいていた。統計的品質管理とは、統計学を用いて品質を管理するしくみであり、生産工程全体を対象として品質特性を測定し、そのばらつきをみながら管理を行う手法である。現在でも品質管理の専門部署を設置し、技術支援を行っているところもある。

　そして1980～90年ごろになると、検査による品質管理から、工程の段階でつくり込む品質管理へと移行した。検査によ

る品質管理では専門部署に依存する傾向にあるが、品質管理を効率的に実施するためには企業活動の全段階にわたって、経営者、管理者、作業者などの参加と協力が不可欠である。そうした取り組み、つまり全社的に品質をつくり込むことを**全社的品質管理**（CWQC：Company-wide Quality Control）[2]という。

今日では、**ISO9000 ファミリー**[3]の普及により、品質管理は統計的品質管理を用いた全社的な取り組みとして位置づけられるようになった。

（2）QC 工程表と QC 7 つ道具

建築の品質管理は通常、**QC 工程表**を作成し、誰（Who）が、何（What）を、いつ（When）、どこで（Where）、どのように（How）管理するかを明確にすることにある。いわゆる5W1Hである。QC 工程表[4]は、品質管理の基礎になるもので、主要工程ごとに、管理項目や品質特性などの項目を区分した様式に記載するもので、品質計画書といってもよい。

また品質管理手法の中でも、誰にでもわかりやすく、有用で使いやすいものに「**QC 7 つ道具**」がある。この名称は弁慶の7つ道具からとったものであり、これらをうまく使えば職場の身のまわりの問題の 95％は解決できるともいわれている。QC 7つ道具とは、特性要因図、パレート図、グラフ、チェックシート、ヒストグラム、散布図、管理図である。

特性要因図（図2）とは、問題としている結果とそのもととなるさまざまな原因の関係を整理して、魚の骨のような図にして系統的にまとめたものであり、品質の特性や問題点とその原因との関係を整理し、対策を打つために用いられる[5]。特性が絞り込まれているとき、それを防止するための管理項目を検討したり、発生原因を追究したりするときに使用される。

パレート図（図3）とは、品質不良の原因や状況を示す項目を層別して、出現度数の大きい順に並べた棒グラフで、その累

2）全社的品質管理は総合的品質管理（TQC:Total Quality Control）ともいう。TQC は、品質管理を、製造部門だけに任せるのではなく、営業・設計・技術・資材・財務・人事などの各部門、さらには経営者・管理職・担当者に至るまでが、密接な連携のもとに品質管理を効果的に実施していく活動のことをいう。

3）ISO9000 ファミリーは品質マネジメントシステム関係の国際標準化機構（ISO）による規格。10 章を参照のこと。

4）QC 工程表は、製造業では製品を製造する工程を管理するためのもので、プロセス順に記載されており、各工程での検討内容が記されている。製造の工程や業務、作業が誰にでもわかるように作成されているため、コストダウンを考える際などに、欠かせないものである。

5）特性要因図は、工程の管理および改善を進めるうえで欠かせない、QC 手法のひとつで、原因追求型と対策検討型がある。話し合いの道具ともいわれ、ブレーンストーミングなどによって作成される。

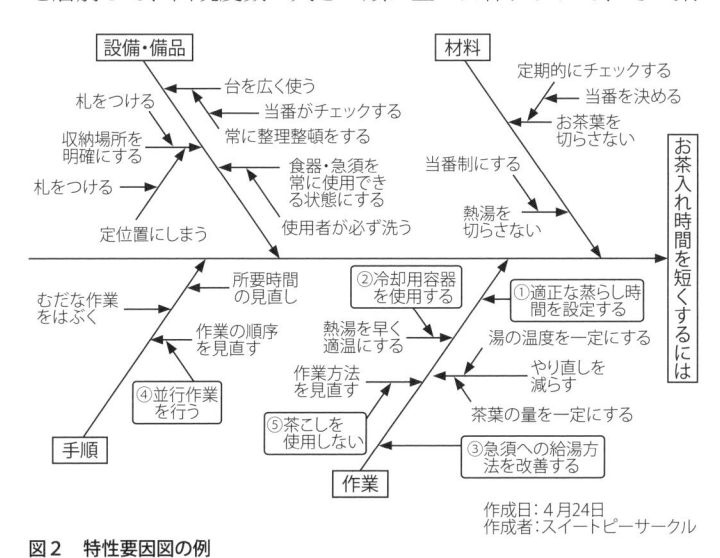

図2　特性要因図の例

（出典：図2　朝香鐵一・石川馨・山口襄共同監修『新版　品質管理便覧　第2版』日本規格協会、1988）

図3　パレート図の例

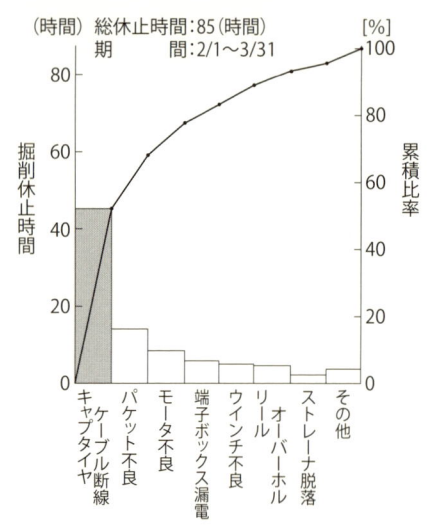

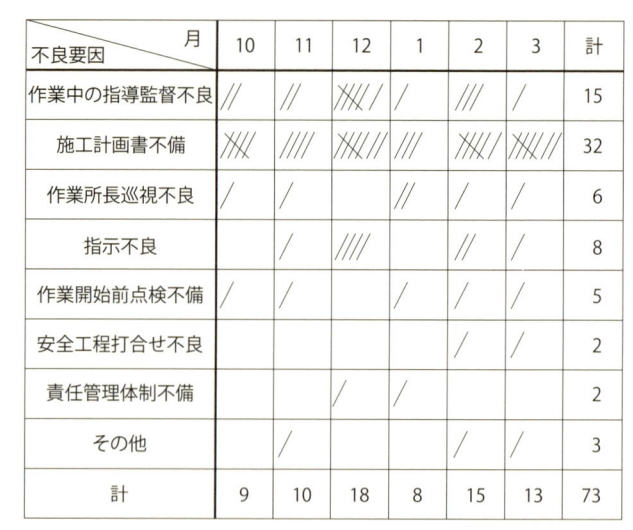

図4　チェックシートの例

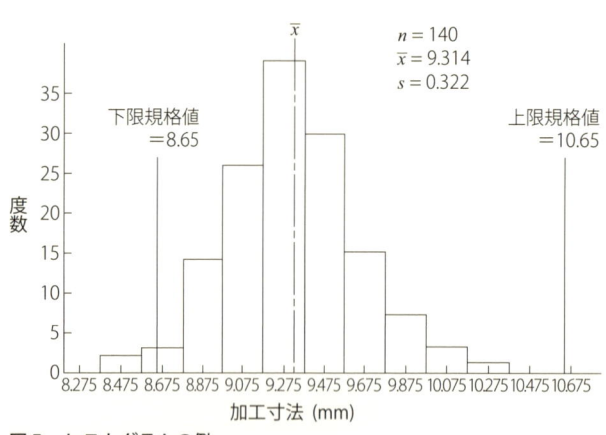

図5　ヒストグラムの例

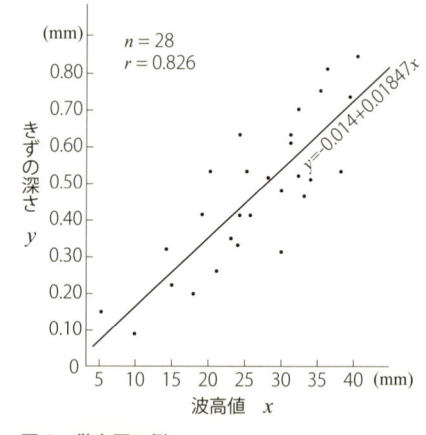

図6　散布図の例
（出典：図3～図6．朝香鐵一・石川馨・山口襄　共同監修『新版 品質管理便覧　第2版』日本規格協会、1988）

積和を折れ線グラフで示した図で、どの項目について対策を立てればよいかなど、その全体への影響を知ることができる。

　グラフとは、データを図示したものであり、全体像の把握や状態変化を知ることができる。

　チェックシート（図4）は、調査や点検に必要な項目や点検内容があらかじめ印刷（記載）されている調査用紙で、観察結果を用紙にチェック（斜め線を入れる）するだけでデータの収集や点検ができる。チェックシートには2種類あり、ひとつは現状把握を目的にした記録用チェックシート、もうひとつは点検・確認を目的にした点検用チェックシートである。

　ヒストグラム（図5）とは、測定値の存在する範囲をいくつかの区間に分け、各区間を底辺とし、その区間に属する測定値の出現度数に比例する面積をもつ柱を並べた棒グラフであり、データがどんな値を中心にどんなばらつきをしているかを調べる際に用いられる[6]。ヒストグラムを作成するには、まず度数分布表を作成しなければならない。

[6] ヒストグラムは柱状図ともいい、データの分布状態、工程平均やばらつき、不良・不具合の発生状況などが把握できる。

散布図（図6）とは、2変数（2種類の項目）を横軸（x軸）と縦軸（y軸）にとり、測定値を打点してつくった図であり、2変数にある相関関係や層別項目の影響を把握することができる[7]。また散布図に回帰直線を描くことで、予測値を求めることができる。

管理図とは、工程が安定的な状態にあるかどうかを調べるため、または工程を安定な状態に保持するために用いるグラフであり、工程の異常や改善点を把握するのに有効である。

通常、同じ作業を行ってもできた製品の品質にはばらつきが生じるが、このばらつきは2つに分類することができる。まずその原因を調べても意味がない偶然のばらつき、そして見逃すことのできない原因によるばらつきである。管理図は、それらのばらつきがどちらのものかを判断するためのツールでもある。

[7] 散布図とは、対になった二組のデータの関連性を表したもので、改善すべき特性とその要因を把握する際に用いられる。両者のあいだに強い相関がある場合には、プロットされた点は直線または曲線に近づく。

3．工程管理

施工段階における工程管理のおもな内容は**進捗度管理**と**作業改善**である[8]。進捗度管理とはいうまでもなく、所定の工事を工期内に終わらせるように、仕様書や規定の品質精度を保ち、予算に応じた施工を計画・管理することである。また、建築プロジェクトは一品生産であるため、プロジェクトごとに作業改善による対応を行う必要がある。ここでは作業改善を中心に話を進めることにする。

[8] 工程計画については08章を参照のこと。

（1）テイラーとギルブレスの科学的管理法

計画と実施のあいだでずれが生じた場合、計画にそうように現状を改めるのが作業改善である。今日の作業改善技術の基礎を築いたのは、アメリカのテイラー[9]とテイラーと親交のあったギルブレス[10]である。

テイラーは工場において最高の生産高を達成するためには、①公正な課業（1日に完了すべき基準仕事量）、②正確な時間、③一定の方法、が必要であるとし、時間研究に力を入れた。一方、ギルブレスは作業方法そのものを綿密に研究し、動作研究を行うために人間が行う手作業の最少単位であるサーブリッグ記号（図7）を考案した。

テイラーは「1日の公正な仕事量」＝**標準作業量**（ならびに標準時間）を求めるのに先立ち、作業方法の改善、標準化を行っている。ギルブレスは、作業における動作（方法）を研究し、その中から最良の方法を見つけ出すと同時に、結果として労働に必要な所要時間もわかるとしており、両者はともに方法と時間の双方を扱っている。

作業の標準化に関する研究は、**時間研究**と**動作研究**の2つからなるが、要約すれば、時間研究は生産工程における標準的な作業時間を設定し、これに基づく1日の課業を決めるための

[9] フレデリック・テイラー（1856-1915）はエンジニア兼経営学者で、科学的管理法の発案者。科学的管理法で生産現場に近代化をもたらし、マネジメントの概念を確立した。

[10] 建築工事の職人の経歴をもつフランク・ギルブレス（1868-1924）は、妻のリリアン（1878-1972）とともにコンサルタント会社を設立し、建設業におけるレンガ積み作業の動作研究などを通じて、18個のサーブリッグ（Therblig）という標準動作記号を定めて、動作分析の手法を確立した。ちなみにサーブリッグは、ギルブレスのつづりを逆から読んだものである。

サーブリッグ記号	動作	サーブリッグ記号	動作
⊙	探す	∪	使用する
⊙	見い出す	#	分解する
→	選ぶ	◊	調べる
∩	つかむ	8	用意する
∩	つかみつづける	⌒	放す
⌣	運ぶ	⌒	避け得ぬ遅れ
⌣	延ばす	⌒	避け得る遅れ
9	位置を決める	♉	考える
#	組み立てる	♎	休む

図7　サーブリッグ記号

ものであり、動作研究は作業に使用する工具や手順などの標準化のためのものである。これらの研究をもとに、テイラーは管理についての客観的な基準をつくり上げ、この標準作業量の確立によって、初めて合理的な「計画に基づく管理」が行われるようになった。このことは、いわゆる「**科学的管理法**」[11]として広く知られている。施工段階ではこれらに準拠したかたちで、作業測定と作業分析に基づく改善活動が行われている。

（2）作業分析に基づく改善方法

ギルブレスは**サーブリッグ記号**を考案し、作業の人数および使用機械・設備、作業時間を明確にする作業測定方法を確立した。

日本建築学会の作業能率測定指針では、作業を主体作業、付随作業、付帯作業、非作業、そして余裕に分けている。主体作業とは対象物に直接係わる加工・組立てなどの作業、付随作業とは対象物を完成させるのに間接的に必要となる作業、付帯作業とは段取り・片付け・清掃など、本来の作業のための準備や後始末の作業、非作業とは対象物の完成に対して不必要な作業あるいは何もしていない状態をいう。標準作業時間を設定する場合は、ギルブレスは余裕時間という概念を導入している。

余裕には以下のようなものがある。作業余裕とは工具の取り換え、機械の注油など作業中に不規則に起こり、しかも避けられない遅れに対する余裕であり、疲労余裕は疲労によって作業の所要時間が延びること、疲労を回復するための休止時間を補償する余裕であり、職場余裕とは用談・手持ちなど職場に発生する余裕のことである。

問題点を発見したら、改善のための代替案を考えなければならない。一般に、この段階が作業改善の中でもっとも難しいといえる。対象作業に対して、なぜ(Why)、何を(What)、どこで(Where)、いつ(When)、誰が(Who)、いかに(How)の5W1Hを投げかけるのも有効である。

11）科学的管理手法（Scientific management）とは、特に製造業の生産活動において、作業者の基準仕事量と標準的な手順を合理的・科学的な方法で定め、適切な管理のもとで計画的に生産活動を行い、能率・生産性を最大化しようとする管理手法のことである。

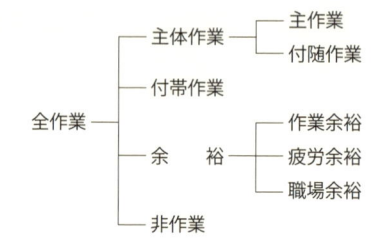

```
全作業 ─┬─ 主体作業 ─┬─ 主作業
        │            └─ 付随作業
        ├─ 付帯作業
        ├─ 余　　裕 ─┬─ 作業余裕
        │            ├─ 疲労余裕
        │            └─ 職場余裕
        └─ 非作業
```

4．環境管理

1990年代後半より環境管理においては、特に地球環境問題への関心が高まり、その対応が重要視されるようになってきた。施工段階における環境の対象は広く、一般に地域環境と地球環境に分けることができる[12]。地域環境では、騒音・振動、水質汚濁、建設副産物と廃棄物処理がおもな対象であり、地球環境では、施工に伴い発生するCO_2やフロンガスの影響を考慮する必要がある。環境管理の面では以下のような、さまざまな取り組みがなされている。

（1）建設副産物の分別

建設施工の現場においては多量の**建設副産物**[13]が発生する。建設業は全産業の約2割を占めており、その影響は大きい。2000年に制定され、2001年に施行された循環型社会形成推進基本法では、いわゆる**3Rの原則**の実施、①廃棄物の発生抑制（Reduce）、②循環資源の循環的利用の促進（Reuse, Recycle）、③適正な処分の確保による環境への負荷低減などが盛り込まれている。

さらに、1994年、グンター・パウリ[14]が国連大学において提唱した「**ゼロエミッション**」[15]として、産業などから排出される廃棄物を再利用することで廃棄物のない社会をめざすこと、つまり完全循環型社会システムの構築が示されている。さまざまな産業が連携することによって、廃棄物を限りなくゼロに近づける構想である。

（2）建設副産物の適正処理

建設施工で発生する産業廃棄物の適正処理のしくみとして、「**マニフェスト制度**（産業廃棄物管理票制度）」（図8）があり、一般に広く普及している。マニフェスト制度とは、廃棄物の排出事業者から運搬業者を通して中間処理業者および最終処分業者によって処理されるプロセスを伝票によって記録し、最終的には排出事業者がすべてを確認することができるシステムである。

また近年、大手ゼネコンやハウスメーカーでは自社で資源循環センターを立ち上げ、徹底した分別と資源循環の促進に取り組んでいる（写真1、2）。

---

12) 地域環境や地球環境については08章に詳しい。

13) 建設副産物とは、建設発生土など建設工事に伴って副次的に得られるものの総称で、具体的には建設現場に持ち込んで加工した際に生じた資材の残りや、現場内で発生したものの中で、工事中あるいは工事終了時に、その現場内では使用の見込みがないものをいう。建設発生土などそのまま原材料として使えるもの、アスファルトコンクリート塊やコンクリート塊、発生木材など、中間処理を施すことで利用が可能になるものの2つに大きく分けられる。

14) グンター・パウリ（1956-　）はトリノ工科大学教授。1994年にZERI（Zero Emissions Research Initiatives：ゼロエミッション研究構想）財団を創設、主宰者。1994～97年には国連大学の学長顧問も務めた。

15) ゼロ・エミッションとは、1994年、国連大学が提唱した「ゼロ・エミッション研究機構」の中で示された概念で、廃棄物として捨てられているものを有効利用することで、廃棄物の発生量を減らし、燃やしたり埋め立てたりすることを極力やめることをいう。

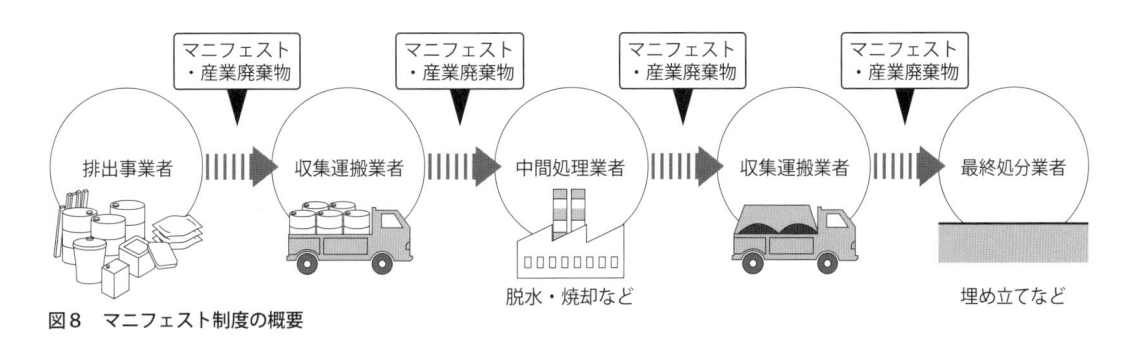

図8　マニフェスト制度の概要

写真1　搬入された廃棄物

写真2　分別作業風景

5．安全管理

　工事現場における「安全第一」の看板が示すように、施工者にとって安全はもっとも守らなければならない事項のひとつである[16]。直接、工事に携わる技能労働者をはじめとして、ゼネコンの技術者や設計者など、関係者全員の安全と労働環境を整える必要がある。一般に安全管理は、労働災害を防止するための措置である「安全管理」と、労働者の健康管理に対する措置である「衛生管理」に区分される。「安全衛生」に関する諸規則は、**労働安全衛生法**および、これに付随する政令や諸規則をもとにしており、**労働基準監督署**が指導監督に当たっている。

　常時使用する労働者が50人以上の場合は、「統括安全衛生責任者」および「元方安全衛生管理者」を選任し、届け出る必要があり、労働安全衛生法および同規則によって、安全衛生組織の設置・運営がゼネコンに義務づけられている。

（1）日常の安全管理

　日常の安全管理は、安全朝礼および体操にはじまり、危険予知ミーティング、使用開始時点検、事業所の巡視と作業中の指導監督、安全工程打ち合わせ、持ち場の後片付け、終業時のチェックに至るまで、日々の積み重ねである（図9）。建築工事は一般に屋外での生産活動でもあるため、工事関係者以外の第三者の安全確保も重要な課題である。危険物の飛散防止を計画し、重機などの般出入は人の往来の少ない時間帯に行うなどの対応が求められる。

（2）建設の労働災害と労災補償

　労働災害[17]がどのくらい多いかを測る尺度として延べ100万時間の作業で発生する死傷者の数で、災害発生の頻度を表す**「度数率」**がある。また、事故による影響がどのくらい大きいかを測る尺度として**「強度率」**がある。

　　度数率＝労働災害による死傷者数÷延べ実労働時間数×1,000,000

16) 建設業の場合、最終的な設置場所で生産活動を行うため、生産現場が刻々と変化するという特徴がある。また生産組織も、そのプロジェクトのために構成されたテンポラリーなチームであり、多くの職種がかかわり、現場に入る人数も変動するため、コミュニケーションを含めて工場内の生産現場とは異なる難しさがある。

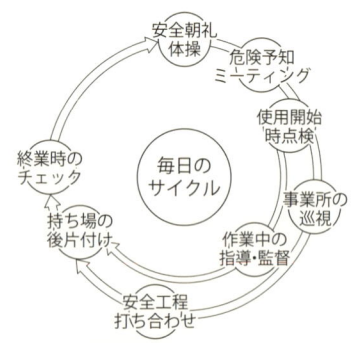

図9　安全施工サークル

17) 労働災害については9章も参照のこと

強度率＝労働損失日数÷延べ実労働時間数×1,000

強度率の計算基礎となる労働損失日数は、労働災害によって労働に従事できなくなったと推定される日数である。

また、建築工事は「労働者災害補償保険法」の強制適用を受け、ゼネコンがその工事現場の労働災害の補償のために一括して保険に加入することが義務づけられている[18]。

6．原価管理

施工に着手する前に実行予算を編成し、施工途中では予算と工事支出のバランスをとる必要がある。

（1）実行予算の編成

建築工事を受注した会社は、受注工事の実施面における、あらゆる工事的要素を計上し、利潤の目標を設け、施工のための予算計画を立てる。これが「**実行予算**」[19]である。実行予算は、その工事の実施金額の目標であり、その内訳は予算の配分を意味する。各工事の詳細施工計画を反映させて単価と数量で表現したものであり、工事の目標となるものでなければならない。予算と支出の対比を行い、常に工事収支のバランスを保ち、予定利益の確保に努めるのが工事現場における原価管理の基本である。

（2）工事の支払い

工事の支払いは請負契約の特約事項で定められる。出来高払いとは、一般に発注者が工事中にその進捗率に応じた**内金支払い**を行う。前渡し金・前払い金とは、工事契約と同時に支払われる内金のことである。また、工事出来高に対応する「取下げ金額（工事出来高に応じて受け取る工事契約金額）」と、その時期は、契約支払い条件として重要である。

7．3次元のコミュニケーション

施工段階では特に、プロジェクトをマネジメントするゼネコン技術者と、直接、施工を担う技能労働者とのあいだのコミュニケーションが鍵となる。実際の現場では、**スケッチやCAD・BIM**による3次元表現が重要な媒体となっている。以下はその一例である。

（1）事例1：外装ALC版のユニット化の検討

この検討図（図10）は、外装ALC版[20]を無足場で取り付けするにはどうすればよいかを検討したもので、地上でのサッシ取り付け方法と手順についてゼネコン技術者から専門工事会社へ示されたスケッチである。

（2）事例2：斜面上における山留め計画の検討

この検討図（図11）は、斜面に立つ建物の複雑な床付け高

18）労災保険に関しては、建設工事は現場ごとに加入することになっている。小規模な現場（概算保険料の額に相当する額が160万円未満で、かつ、請負金額が1億9000万円未満のもの）については、個別に加入せずに一括有期事業としてまとめて加入することができる。

19）実行予算とは工事受注後、見積もり時点での施工計画を再検討し、工事実行が可能となる金額のことで、原価管理の基本となる。

20）ALC版とは気泡の入った軽量コンクリート版で、耐熱性と耐火性に優れている。おもにS構造の外壁に用いられる。

さと山留め範囲について検討し、全体のレベル確認とともに、山留め施工計画を専門工事会社に示すために作成したものである。この図によって複雑な地下工事の全体像を関係者全員が共有することができる。

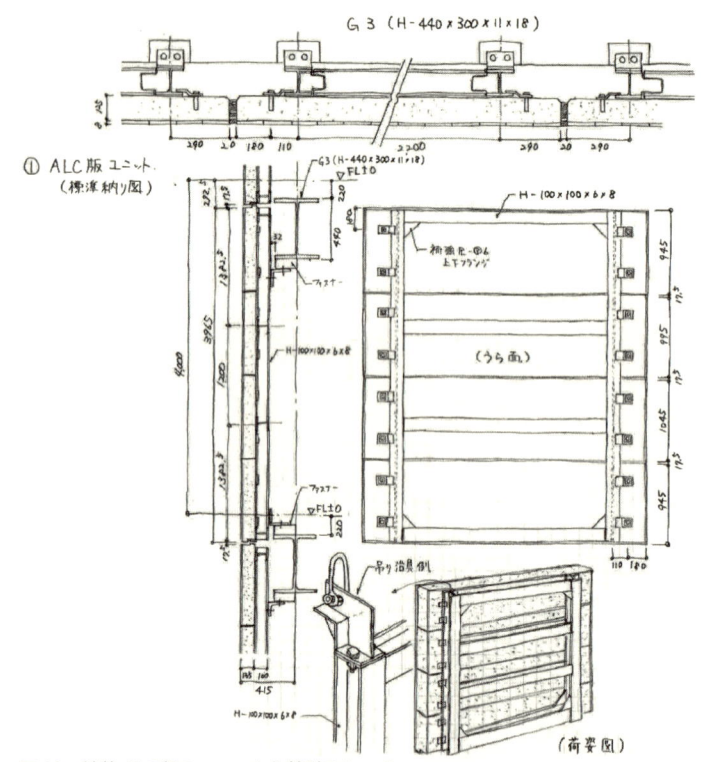

図10 外装ALC版のユニット化検討スケッチ

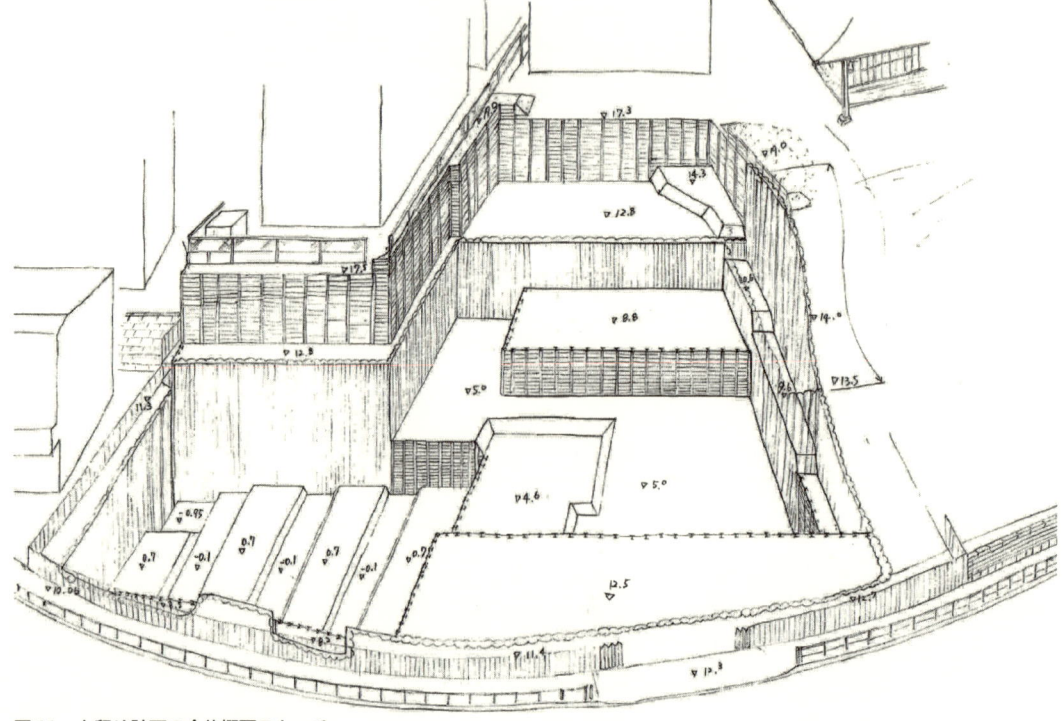

図11 山留め計画の全体概要スケッチ

8. 技能労働とモチベーション

　テーラーやギルブレスによる科学的管理法の発展に伴い、建築プロジェクトの施工現場においても合理的な計画と管理が行われるようになった。その結果、施工計画を立案するときには歩掛かりや標準作業量が重要な基礎データとなっている。

　しかしながら、現実には同じ技能労働者が同じ作業を繰り返す場合でも常に同じ生産性を維持するというわけではない。特に属人的な技能労働に依存している場合、労働に対するモチベーションやかかわり方が大きく影響することが知られている。

（1）マグレガーのX理論とY理論

　マグレガー[21]が整理、体系化した経営理論である**X理論**は一般に独裁的経営（管理）、**Y理論**は参加型経営（管理）と呼ばれている。X理論は、人間は生来怠け者で働くことを嫌い、労働には飴と鞭が必要であるという性悪説に基づいている。一方、Y理論は、人間にはもともと労働に対する前向きな意欲があり、労働に対して責任と達成感を求めているという性善説に基づいている。

　両方の理論とも有効性は認められているものの、ともに十分なものでもない。X理論による指導と統制による経営は労働者の動機付けには不向きであり、Y理論も指導を求める労働者にとって過剰な負担になりうるという問題もある。のちにドラッカーは、X理論もY理論も人間の本性に関する理論ではなく、労働達成への欲求は文化と経験に大きく影響されると述べている。

（2）メーヨーのホーソン実験

　1927年から32年にかけて、シカゴのAT&T向けに電話機や電話関連機器を製造していたウエスタン・エレクトリック社のホーソン工場で行われたメーヨー[22]による実験は、労働条件の変化に伴い、労働者の生産性がどのように変化するかを調べるために行われたものである。

　同社にて先に行われた実験では、現場作業の照明の影響について調べている。2つの労働者グループを設定し、その一方のグループの作業現場の照明を改善すると、そのグループの生産性が目覚しく向上した。メーヨーはこの実験を展開し、労働時間の短縮や休憩条件、各種インセンティブを設けるなど、さまざまな労働条件の設定を行い、比較実験を行った。

　実験対象となったある女性6人からなるグループでは、労働条件を変更するたびに生産性が向上した。さらに、労働条件をもとに戻しても、生産性はさらに向上し、ホーソン工場の最高を記録した。メーヨーはこの結果をふまえて、労働者は機械の歯車のひとつという認識ではなく、個人としてもグループとしても尊重され期待され、それぞれが労働に対する**責任とモチベーション**をもつことが、生産性に対して労働条件の改善以上に大きな影響をもつことを指摘している。

21) ダグラス・マグレガー（1906-64）はアメリカの心理学者・経営学者であり、組織の中の人間行動を専門としている。1960年に出版した著書『企業の人間的側面』の中で提示したX理論とY理論で有名である。

22) エルトン・メーヨー（1880-1949）は、オーストラリア生まれで、産業社会学の父と呼ばれ、特にホーソン工場での実験によって、生産性を高める重要な要因としてモチベーションがあることを発見したことで知られる。

11章 建物を大切に使う方法
―保全と再生の取り組み

　今日の地球環境や経済の動向を見る限り、建物の長寿命化に対する社会的要求は今後も確実に高まるだろう。また地球環境・文化の保全は、建物の長寿命化にとって重要な課題である。近年では、耐震補強・設備更新など積極的な改修によって生まれ変わる建物も増えている。

　本章では、おもに建物の点検・診断や補修・交換の手法、そして建築再生による建物の長寿命化の可能性について解説する。

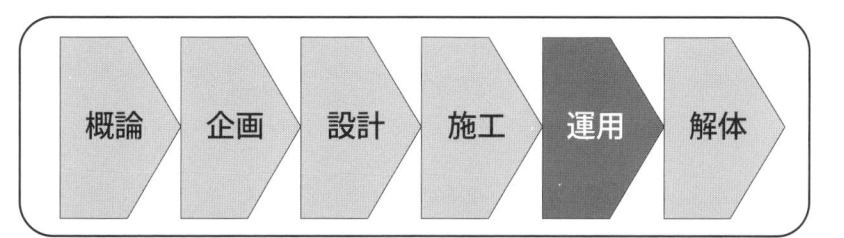

概論 → 企画 → 設計 → 施工 → **運用** → 解体　　建築生産の流れ

【本章の構成】　　　　　　　　　　　　　　　　　　【キーワード】

1. 建物の長寿命化と耐用性
- 建物の長期使用と保全　　　―性能の劣化と要求　　　長寿命化、陳腐化
- 建物の保全・再生の意義　　―地域社会に与える影響　耐用性、社会資産

2. 建物の保全・再生計画
- 計画的な保全活動　　　　　―事後・予防・計画保全　建築保全、事後保全、予防保全、計画保全
- 計画保全・再生の立案　　　―中長期計画の必要性　　中長期計画、建物管理

3. 建物の点検・診断
- 不具合程度・範囲の把握　　―点検・診断の手順　　　点検・診断、補修・交換
- 不具合発生の経緯　　　　　―原因と浸入経路　　　　劣化診断

4. 保全工事の実施
- 建物仕上げ・設備の保全　　―安全性と快適性の確保　保全工事
- 安全性の確保　　　　　　　―災害時のリスク削減　　安全性の向上
　　　　　　　　　　　　　　　　　　　　　　　　　　改修工事

5. 建築再生の手法
- 建築再生の意義　　　　　　―建物再生の利点　　　　建築再生
- 建築再生の可能性　　　　　―建物の印象・容積の変化　リノベーション、コンバージョン、バリューアップ

1．建物の長寿命化と耐用性

　日本の建設業の生産高は31.7兆円（2005年）、GDP（国内総生産）の6.3％を占め、その動向が社会経済や地球環境に与える影響は大きく、従来のスクラップ＆ビルドを前提とした建築生産はもはや成り立たない。また建設業界では経済的な側面ばかりでなく社会的な側面からも、建物の**長寿命化**による資源・エネルギーの有効利用と産業廃棄物の削減が求められている。利用価値が低い既存建物を改修し再生させる建築再生に対する関心の高まりは、そのひとつの表れだろう[1]。

　たしかに建物の性能・機能は、基本的に時間とともに次第に劣化（低下）する。当初の性能・機能を維持する能力を示す建物の耐久性（図1）は、建物の構造や使用材料の品質だけでは決まらない。適切な建築保全による劣化対策や劣化要因の排除が確実に実施されていれば、劣化の進行を最低限に抑えることは可能である。

　また技術の進歩により、建物の性能・機能は基本的に新しい建物ほど向上するため、建物に求められる性能・機能も年数が経つにつれて建設当時よりも高くなる傾向がある。そのため、同じものを使いつづけると**陳腐化**[2]（飽きがきたり関心が低くなる現象）が生じ、建物に対する要求は相対的に高くなる。そのため、新築時の性能・機能を維持していても利用者の要求以上の性能・機能を確保する能力を示す建物の**耐用性**（図2）が低下して建物の放置や取り壊しにつながる場合が多い。建物の長寿命化を実現するためには、建物の耐久性はもちろん、耐用性を向上させる積極的な建築保全や建築再生の実施が不可欠である（図3）。

1）一方で、空き家など有効活用されていない既存建物（建物ストック）は、たとえば2003年には12.2％だった住宅の空き家率が2008年で13.1％まで上昇しているように、年々高くなる傾向が見られる。このまま空き家率の上昇が進むと建物自体の保全はもちろんのこと、周辺環境に対しても悪い影響を与える可能性が高くなるため、早急な対策が求められている。ただし、ある程度（おそらく10％程度）の空き家率は建物ストックの流動性を高めるために必要だと考えられている。

2）商品や技術が新製品の発表や技術革新などで時代遅れになったり、季節商品が売れ残ったりすることで、販売価値がなくなってしまうこと。建物の場合は、設備や仕上げ材などが故障・損傷する前に「古くなった」から破棄し、新しい設備や仕上げ材などに交換する傾向を陳腐化の例としてあげることが多い。

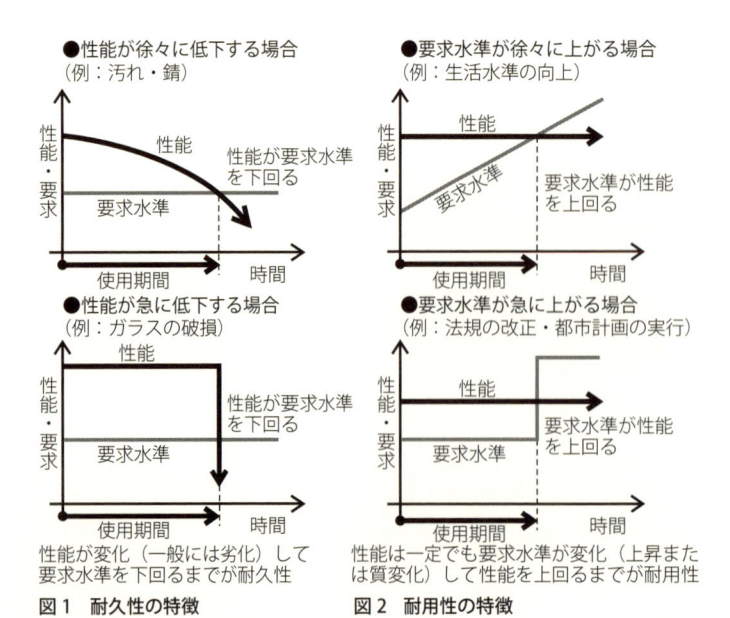

性能が変化（一般には劣化）して要求水準を下回るまでが耐久性

性能は一定でも要求水準が変化（上昇または質変化）して性能を上回るまでが耐用性

図1　耐久性の特徴　　　**図2　耐用性の特徴**

＊図1、2：参考文献11章1）を基に作成

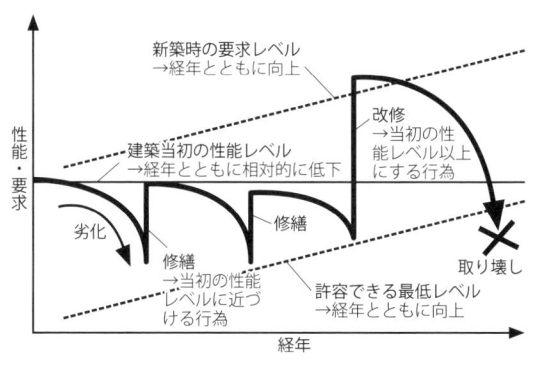

図3 修繕と改修の効果

表1 地域環境に配慮すべき項目

項目	内容
歴史・文化・風土への配慮	周辺の歴史・文化・風土に配慮した素材・工法・構法などにより、地域の街並みとの調和を図る
歴史的建築物・街並みの保存・再生	歴史的建築物・街並みのもつ歴史・文化を尊重する
関連計画との整合・調整	上位計画、関連計画および都市計画との整合・調整を図る
周辺の施設との連携	地域における他施設との連携による相乗効果・機能補完が十分に発揮される
地域活性化	地域振興に配慮し、地域の核として地域の賑わいを創出する

　また建物は、所有者や利用者だけの資産ではなく、**社会資産**の一部として、地域社会の環境・文化を構築する役割（表1）をもつ[3]。そのため、適切な建築保全や建築再生による建物の耐久性・耐用性の向上は、建物の長期的な活用や資産価値の向上による効果的な建物運用に役立つだけでなく、歴史的な街並みの形成にも貢献することを忘れてはならない。

3) たとえば、美しい街並みを構築するためには、個々の意思に加え、地域協定の締結など地域全体の合意と協力が不可欠である。なお、良質の地域環境は建物自体の資産価値の向上にもつながる。

2．建物の保全・再生計画

　建築保全のおもな業務は、建物で発生する不具合[4]を最小限に抑えるために実施する点検・診断や不具合部分の補修・交換などである。

　建築保全は大きく、劣化や破損などの不具合が生じてから対応する**事後保全**と、不具合を未然に防ぐ**予防保全**に分けられる。従来は事後保全が一般的であったが、不具合を発見した後の対応のため、どうしても周囲への影響が生じてしまう。そのため、

4) 具体的な例については、表3、図9、図10、表4などの劣化現象を参照のこと。

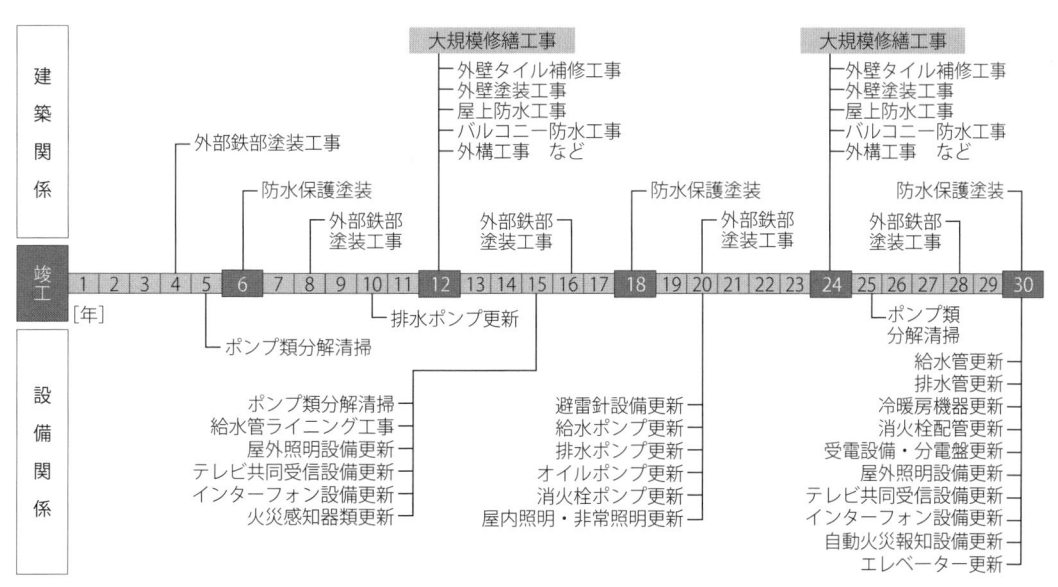

図4 計画保全の目安

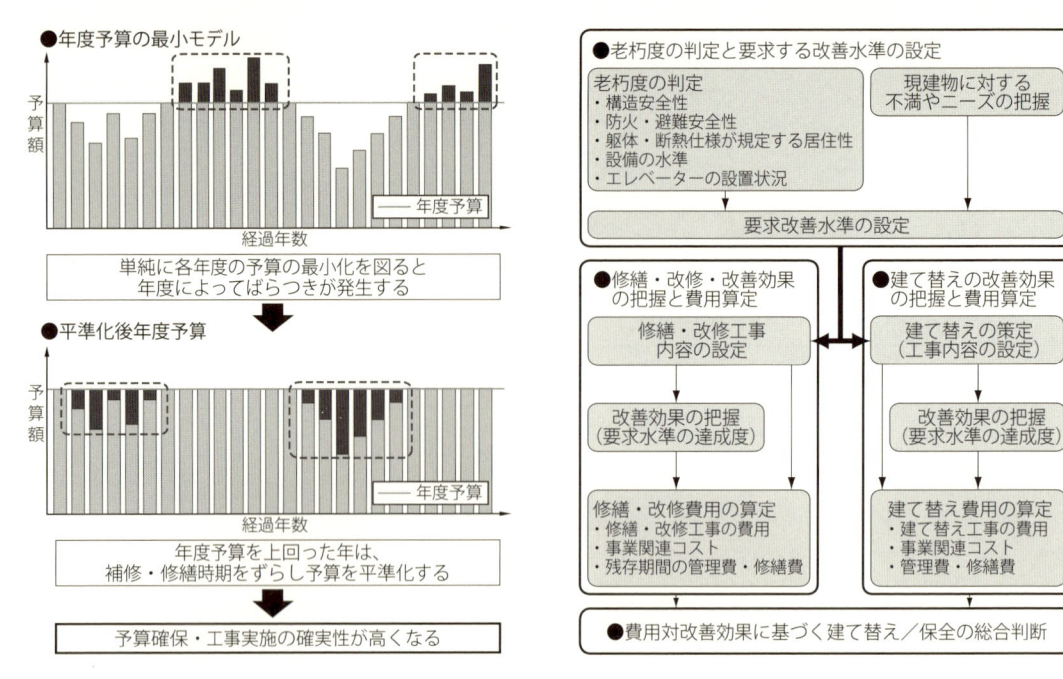

図5　保全予算の平準化　　　　　　　　　図6　建て替え検討の流れ

　本来は不具合発生以前に処置する予防保全が望ましいが、保全時期の判断や予算の確保が現実的には難しい。そこで、不具合の発生確率が高くなる時期に保全周期を設定し、計画的に保全を実施する**計画保全**が実用的である（図4）。

　計画保全の実施には、建材の保証期間やこれまでの点検・診断の分析から保全時期を見定める作業が重要になる。一般には、建設後5～10年で内外壁の塗り替え、10～15年で設備の交換、15～20年で屋根材や配管・配線の交換、20～30年で構造体の補修などの保全工事が必要になる場合が多い。そこで、これらの保全工事を**中長期計画**の中に盛り込み、人員と予算を確保する作業が必要になる。なお、建物の環境や使用状況により耐用性は変動するため、建物管理で蓄積した情報をもとに改修箇所と時期を修正するほど、定期的に保全計画を見直す作業が重要である。

　また計画保全では、補修・交換の時期や範囲を工事間で調整するなど、効率のよい改修計画が求められる。たとえば、同じ仮設が必要な改修は、同時期に行うように日程を調整することで、仮設費の負担削減が可能になる。一方で、大規模な改修工事は時期を分散化するなど、予算の平準化[5]に対する配慮（図5）も重要である。なお、長期間使用するほど建築保全に必要となる手間や費用が増加する傾向にあるため[6]、それらをふまえ保全計画を策定する必要がある。

　なお日本では、建設後20～30年経過すると耐用性の確保が問題になり、建て替えが検討される建物が多い（図6）。実際に、適切な**建物管理**が行われていない建物は、不具合の連鎖

5) 工事や業務負荷などが特定の時期に集中するため、その偏りを調整することで、できる限り毎年の予算要求を均等に配分すること。継続的かつ安定的に予算を確保するためには、建築保全の中長期計画による予算の平準化が求められる。

6) 建築保全に関する研究によると、建設後15～20年を境に建物の維持管理費は以前よりも高くなる傾向にある。つまり、適切な建築保全が行われないと、建物の耐用性は建設後15～20年をすぎると急速に低下する場合が多いと考えられる。

による複合的な不具合が発生し、通常の改修工事・費用では根本的な改善は難しい場合が多い。しかし、今日の技術力の向上はめざましく、本格的な建築再生を実施すれば建物の耐用性は飛躍的に向上する。安易なスクラップ＆ビルドを回避するためにも、建て替えの前に建築再生の可能性を検討する積極的な建物保全の姿勢が求められる。

3．建物の点検・診断

耐震性や耐火性などの建物の安全性[7]は、見た目だけでは判断できない場合が多い。特に仕上げ材に覆われている場合、構造部材や設備の劣化や破損などはなかなか発見しにくい。そのため、建物の**点検・診断**を定期的に行い、必要な箇所は**補修・交換**を行うことで、利用者や所有者の安全を確保する。基本的に、不具合が仕上げ面に表れている状態を放置していると、予想以上に不具合が進行して大きな被害を被ることになるため、早急に対応する必要がある（図7）。

不具合の進行速度や発生箇所は、建物の状況や環境により異なるため、可能であれば頻繁に点検を行い、不具合の兆候もしくは発生を早期に発見することが望ましい。しかし、点検を行う手間や費用を考えると、点検の回数はできるだけ減らしたい。そこで、各部材・設備の耐久年数に合わせて点検周期を設定し、作業を実施する。なお、エレベーターや貯水槽など安全に直結している設備については、法定点検[8]として法令で点検周期や定期報告が定められている（表2）。

また、不具合箇所や範囲を特定するためには、手順に従って診断を行う必要がある。一般的な建物の**劣化診断**（表3）は、まず目視と簡単な検査機器を用いた非破壊検査による1次診断を行い、不具合の程度と範囲を予測する。1次診断で不具合の状況が不明な箇所は、破壊検査や試料の実験・分析などを行う2次診断、さらに必要に応じて大学・研究機関などに分析を依

7) 一般に、建築物に求められる安全性とは、本来の用法に従って使用している間に関係者の生命、健康および財産に損害を与えないことを指す。具体的には、構造耐力上の安全性、防火性・耐火性、耐久性、使用上・避難上の安全性、良好な環境衛生条件の確保が求められる。

8) 建築基準法第12条で、一定の規模要件を満たす建築物について、損傷、腐食その他の劣化の状況の点検を行うことを義務づけている。そのため現場では、法定点検を「12条点検」と呼ぶ場合が多い。また、国の建築物については官公庁施設の建設等に関する法律で、建築基準法の規模要件より範囲が拡大されている。一方、任意点検とは、特に法定点検に定められていない点検内容を指す。

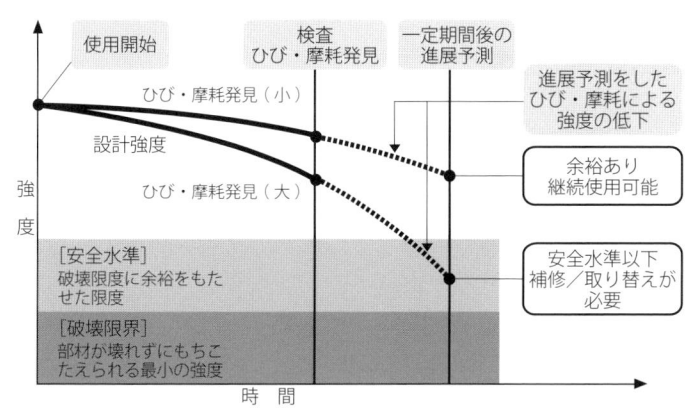

図7　安全性の評価と対応

表2　法定点検の項目

区分	対象物		内容	頻度	根拠法令
建築基準法	敷地関係		特殊建築物等の定期調査	1～3年に1回	建築基準法第12条1項
	構造関係				
	防火・避難関係				
	換気設備（火気使用室・無窓居室）		建築設備の定期検査	1年1回	建築基準法第12条3項
	排煙設備				
	非常用の照明設備				
	給排水衛生設備				
労安法	昇降機	エスカレーター	昇降機の定期検査		
		小荷物専用昇降機			
		エレベーター	昇降機の性能検査	1年1回	労働安全衛生法第41条
消防法	消防用設備	消火設備	外観・機能・作動点検	半年に1回	消防法第17条
		警報設備			
		避難設備			
		非常用電源	総合点検	1年1回	
ビル管理法	環境衛生		空気環境の測定	2カ月に1回	建築物における衛生的環境の確保に関する法律（通称：ビル管理法）第4条
			建物内の定期清掃	半年に1回	
			ネズミ・昆虫などの防除		
	給排水設備		水質検査	半年に1回	
			遊離残留塩素測定	1週間に1回	
			貯水槽の清掃	1年1回	
			排水設備の清掃	半年に1回	
水道法			貯水槽設備の点検	1年1回	水道法第3条7項、第34条の2
			貯水槽の清掃	1年1回	
			水質検査	異常を認めたとき	

頼する3次診断を行い、その結果をもとに補修・交換の方法を決定する（図8）。

　なお、不具合の要因や浸入経路を絶たなければ再発や被害が拡大する可能性が高いため、不具合箇所の補修・交換だけでは不十分である。特に漏水の場合（図9）は再発する可能性が高いため、必ず2次診断を実施し、漏水の浸入経路や被害範囲を特定した後に、具体的な対応を検討すべきである。

4．保全工事の実施

　建物仕上げの**保全工事**では、おもに美観の回復と構造体の保

表3　建物診断の種類と内容

部位	部材		1次診断	2次診断
躯体構造	コンクリート		ひび割れ、浮き、脆さ	圧縮強度、中性化、アルカリ骨材反応
	鉄筋		錆鉄筋露出	腐食状態、配筋状態
仕上げ	露出防水		ひび、ふくれ、剥がれ、穴あき、端部納まり、表面劣化状態、雨漏りの有無	劣化度、雨漏りの有無
	外壁塗装		ひび、ふくれ、剥がれ、変退色、汚れ、表面劣化度	付着力（引張り試験）
	外壁タイル		ひび、ふくれ、剥がれ、汚れ	付着力（引張り試験）
	シーリング		ひび、剥がれ、厚さ、表面劣化度	伸縮率等性状
	手すりなど		腐食状態、固定度、汚れ	支柱埋込み部腐食状態
設備	給水管		赤水、漏水・出水状態	内外発錆腐食状態
	排水管		赤水、漏水、外部腐食、配管状態	内外発錆腐食状態
	電気		配線状態、盤類結線状態、危機腐食状態	絶縁抵抗

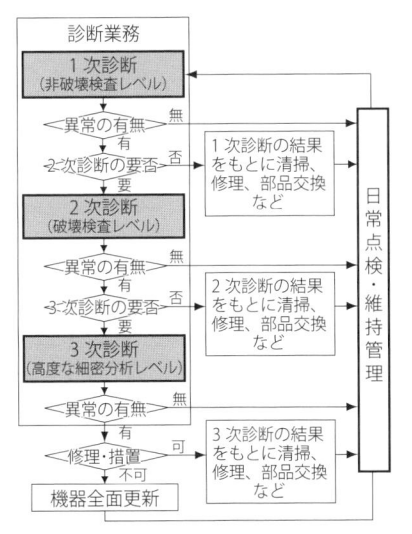

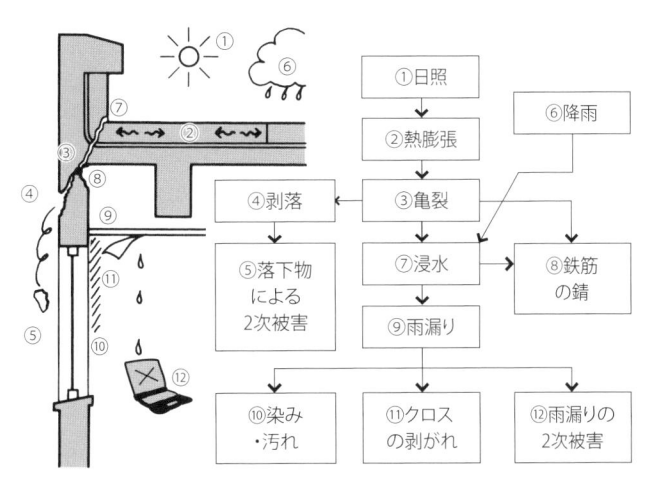

図8 建物の点検と診断の流れ

図9 漏水による不具合現象の連鎖（参考文献11章1）を基に作図）

護が求められる。特に屋根や外壁など建物外部や水回りは、雨水の影響を直接受けるため、劣化や破損が生じやすい。また放置しておくと、構造体にまで雨水が浸入し、被害が大きくなる可能性が高い箇所である（図10）。なお、すでに不具合が生じている場所は迅速な補修が必要になるが、被害が広範囲に及んでいる可能性も考えられるため、被害状況を正確に把握した後に工事を行う必要がある。

また空調・給水・照明など設備の**保全工事**では、快適な室内環境や利用者の作業性を確保することが求められる。特に設備の不具合は、利用者の不満や健康被害に直接結び付くので、早急な補修・交換が求められる。さらに、設備に対する利用者の要求条件は竣工時以上に高くなる傾向があり、ほかの建物部位に比べて交換周期が短くなる可能性が高いことを配慮して保全

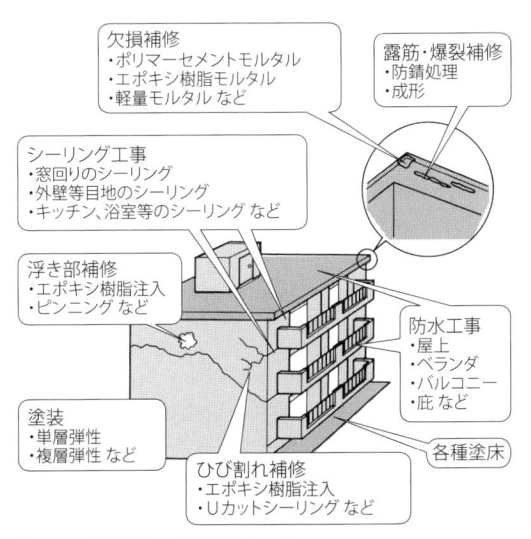

図10 建物外壁の補修箇所と内容

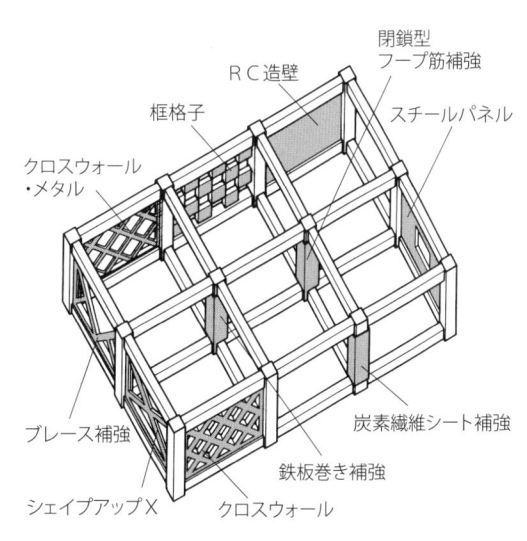

図11 耐震補強の種類

11章 建物を大切に使う方法

表4　構造体の中長期保全活動

部位		おもな劣化現象	点検の時期（竣工より）	定期的な手入れなど	更新・取り替えの時期、内容
基礎	コンクリート基礎立上り	ひび割れ、欠損、沈下、換気口のふさがり、錆、蟻道など	5、10、15、20、25年		建て替え時に更新
土台	土台	基礎からのずれ・浮き、断面欠損、腐朽・蟻害	5、10、15、20、25年	5年ごとに防腐・防蟻処理	建て替え時に更新
床組	大引、床束、根太	腐朽・蟻害、傾斜、たわみ、床鳴り、振動など	5、10、15、20（取り替え）、25年	5年ごとに防腐・防蟻処理	20年で全面取り替えを検討
軸組	柱、間柱、筋かい、胴差し	傾斜、断面欠損、腐朽・蟻害など	10、20年		建て替え時に更新
小屋組	垂木、母屋、棟木、小屋束	雨漏りなどの跡、小屋組の接合部の割れ	10、20年		建て替え時に更新

計画を策定する必要がある。

さらに、利用者の日常的な安全や、地震・火災・台風・水害などの災害による被害を最小限に抑える耐震改修（図11）や防火・耐火改修など、建物の**安全性の向上**を図ることも重要である。しかし、所有者や管理者は危険性を認識しづらいため、建物の安全確保は後回しになりがちであることに留意する。なお、これまでの建物管理が適切でない建物は、耐震補強・防火・耐火工事など大がかりな**改修工事**が必要となる可能性が高いため、改修工事や既存建物を入手する際には、事前に安全性能を確認すること（表4）が重要になる。

なお、建材や設備の補修・交換による耐用性の回復は、近年の技術開発のおかげで容易になった。しかし、補修・交換に配慮していない設計による建物は、補修・交換に必要となる費用がどうしてもかさむため、結果的に取り壊される可能性が高くなる[9]。

5．建築再生の手法

建築再生とは、何らかの理由で利用者の要求を満足できずに利用されなくなった建物や部屋を改修し、再利用を促す行為であるが、広くは改修や増築など新築時以外に行われる工事のすべてを指す[10]（図12）。新築時の性能や機能を復元するだけではなく、新たな形状や機能を付加することで、建物の耐用性と資産価値の向上を実現する。

これまで日本では、劣化・陳腐化・要求条件の変化などにより耐用性が低下した建物は、取り壊し、再度新築しないと有効活用は難しいと一般には考えられていた[11]。しかし近年では、建築産業に関する技術・材料の進歩により、**リノベーション**（古い建物の大規模改修）や**コンバージョン**（用途変更）など、建物の有効活用と要求性能を同時に満足しながら資産の有効活

9）たとえば、設備さえ交換すれば問題なく使用できる状況でも、その設備の交換を周囲の設備・配管や壁・建具が妨げ、現実的には手間や費用の面から交換できない場合が多い。

10）一般に増築とは、既存の建築物に建て増しを行い、床面積を増やす工事を指すが、法令上では同一の敷地内に用途上不可分な建物を別途建築する行為も含まれている。一方、改築とは建築物の内外装に手を加える、いわゆる改修（リフォーム工事）を指すことが多いが、法令上では建築物の全部もしくは一部を撤去した後に、同様の用途・規模・構造の建物を建てる行為（建て替えとほぼ同じ意味）を指す。ちなみに、改修の意味で一般的に使われている「リフォーム（Reform）」は和製英語で、日本語のリフォームに相当する英語は「Renovation」である。

11）欧米では、建築再生が行われている事例が日本に比べて圧倒的に多い。日本とは建物の構法や気候などが異なるため、単純に比較はできないが、欧米では日本よりも古い建物を大切にする文化や意識が強く、結果として欧米では日本よりも建物の長寿命化が実現されていると考えられる。

用を実現した事例が急激に増加している。また、経年劣化や建設後の法基準の改正など（表5）により耐震性能や防火・耐火性能が不適合になった建物（既存不適格建物[12]）は、そのまま改修せず使用しても違法ではないが、災害時のリスクが高いため迅速な対応が必要である。

　なお、建築再生では、既存建物の構造体の位置や構造強度に適した改修や対応が求められるため、新築物件以上に慎重な事前の情報収集と施工計画・管理が必要となる。さらに状況に応じて、劣化・耐震改修などの追加工事を行う必要があるため、工事工程の計画や改修費用の試算が難しく、経験や技術が求められる場合が多い。

　しかし、性能や機能が低い既存建物でも建築再生を実施することで、取り壊して新築するよりも費用・資材・廃棄物などを大幅に削減しつつ、新築以上の性能や機能を付加することが可能である（図13）。近年では、既存建物の構造部材だけを残し、内外装や設備を一新することで、建物の印象・容積・用途・資産価値などを大胆に活性化（**バリューアップ**）させる積極的な建築再生が注目されている（図14）。また既存不適格建物の場合は、法令改正による建ぺい率・容積率の減少は適用されないため、新築よりも余裕をもった設計が可能になる場合もあることから、建築再生を実施する建物は今後さらに増加すると考え

12）新築時には法令に適合していたが、現行の法令には適合しない建物のこと。増築や建て替え等を行う際には法令に適合するよう建築しなければならないが、古い建物を改修により現行基準に適合させようとすると、新築と同程度の費用が必要となる場合がある。そのため耐震改修など、必要不可欠であるが費用がかさむ改修工事はあまり実施されないといった問題を抱えている。

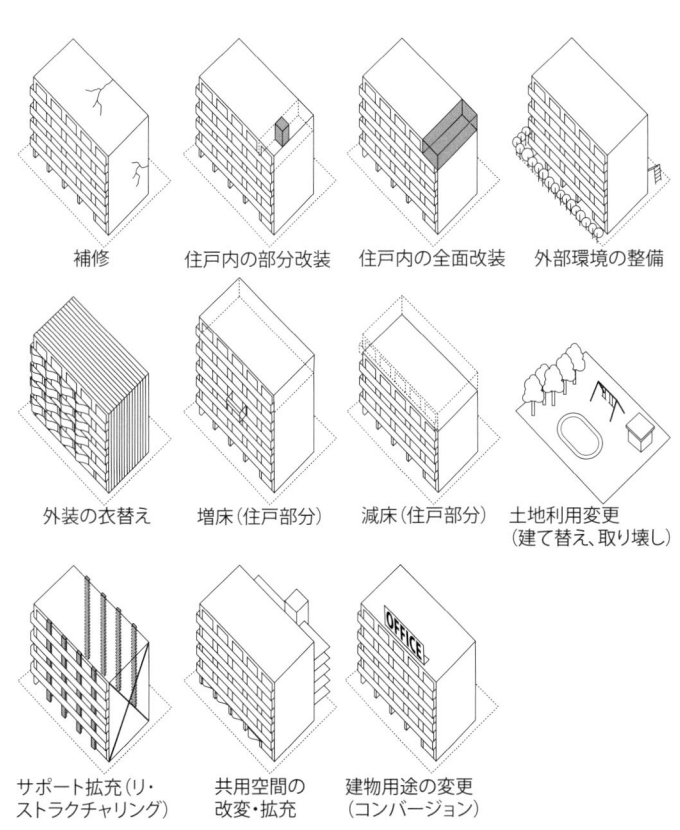

図12　共同住宅における建築再生の手法例（参考文献11章2）を基に作図）

補修／住戸内の部分改装／住戸内の全面改装／外部環境の整備／外装の衣替え／増床（住戸部分）／減床（住戸部分）／土地利用変更（建て替え、取り壊し）／サポート拡充（リ・ストラクチャリング）／共用空間の改変・拡充／建物用途の変更（コンバージョン）

表5 建築に関する法制定・改正例

年	法	おもな内容
1959	建築基準法改正	必要耐力壁量の導入、柱や梁の太さなどの規定、土台と基礎の規定
1969	建築基準法改正	竪穴区画の規定を改正
1970	建築基準法改正	用途地域を整備、容積規定の整備、法35条排煙設備を導入、木造基礎はコンクリート造布基礎と規定
1976	建築基準法改正	日影制限などを導入
1981	建築基準法改正	新耐震設計法の導入(帯筋比や耐震設計2次設計法などの導入)、木造住宅で軸組計算を導入
1995	耐震改修促進法制定	新耐震以前の建築のうち、特定建築物などの所有者に対して、耐震診断をしたうえで必要な耐震補強をする努力義務を課す
1998	建築基準法改正	性能規定を導入
2002	建築基準法改正	シックハウス対策のための規制を導入
2005	建築基準法改正	既存不適格建築物に関する規制の合理化、全体計画認定制度を導入
2006	バリアフリー新法制定	移動円滑化経路協定の認定制度を導入
2006	耐震改修促進法改正	指示などの対象を追加、規模要件を引き上げ
2007	建築基準法改正	新構造基準導入、構造計算適合性判定制度を導入

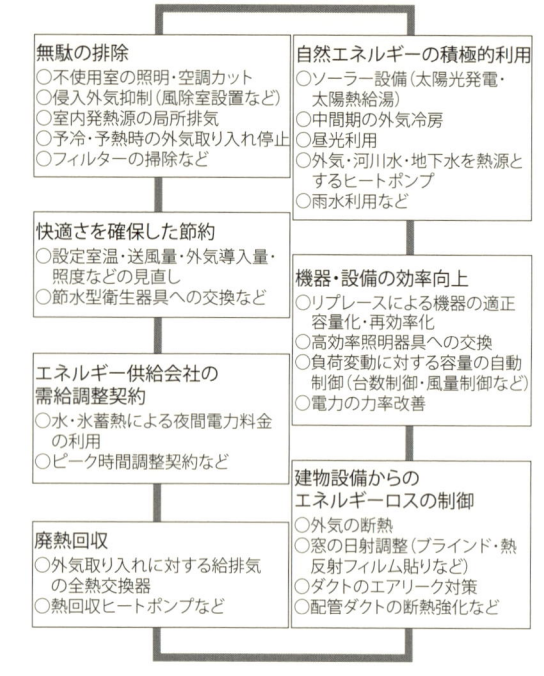

図13 省エネルギー改修の手法例

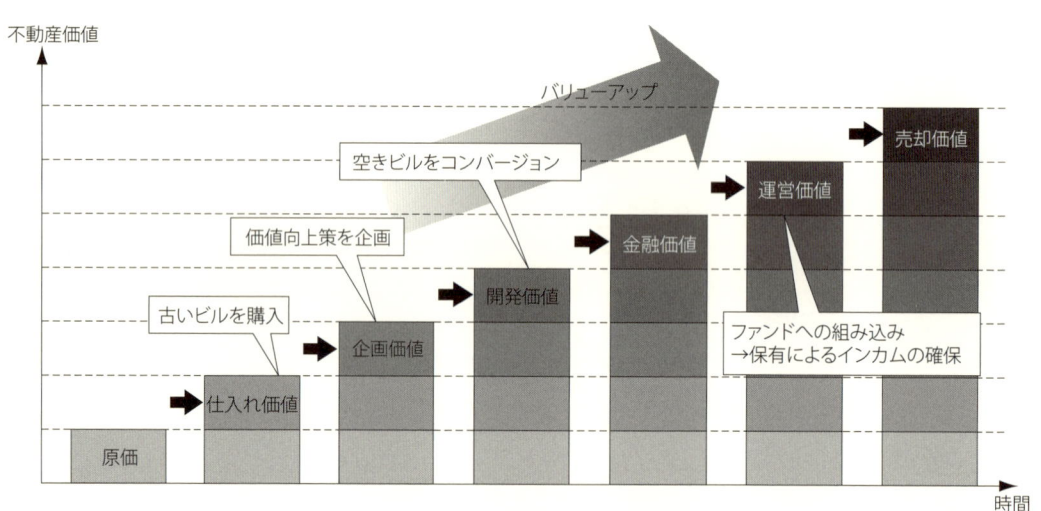

無駄の排除
○不使用室の照明・空調カット
○侵入外気抑制(風除室設置など)
○室内発熱源の局所排気
○予冷・予熱時の外気取り入れ停止
○フィルターの掃除など

快適さを確保した節約
○設定室温・送風量・外気導入量・照度などの見直し
○節水型衛生器具への交換など

エネルギー供給会社の需給調整契約
○水・氷蓄熱による夜間電力料金の利用
○ピーク時間調整契約など

廃熱回収
○外気取り入れに対する給排気の全熱交換器
○熱回収ヒートポンプなど

自然エネルギーの積極的利用
○ソーラー設備(太陽光発電・太陽熱給湯)
○中間期の外気冷房
○昼光利用
○外気・河川水・地下水を熱源とするヒートポンプ
○雨水利用など

機器・設備の効率向上
○リプレースによる機器の適正容量化・再有効化
○高効率照明器具への交換
○負荷変動に対する容量の自動制御(台数制御・風量制御など)
○電力の力率改善

建物設備からのエネルギーロスの制御
○外気の断熱
○窓の日射調整(ブラインド・熱反射フィルム貼りなど)
○ダクトのエアリーク対策
○配管ダクトの断熱強化など

図14 建物におけるバリューアップ例

られる。

　このように、建物再生は、所有者や利用者の利益を確保するだけでなく、省資源・省エネルギー・廃棄物削減など地球環境への負荷を削減し、建物の長寿命化によるストック社会・循環型社会の構築を実現する有効な手段である。これら建築再生への取り組みは、スクラップ&ビルドに依存してきた今日までの建築産業の構造を変えるきっかけになるかもしれない。

12章 建物の有効活用の仕方
―運用と管理のポイント

　建物の運用には、建設時以上に多くの資源・手間・費用が必要になる。そのため、これからの建物管理には、所有建物の性能・機能を確保する保全業務に加え、経営資産として建物を有効活用する運用業務をふまえた効率的な管理手法が求められるだろう。

　本章では、建物管理の基本的な業務となる財務・品質・供給に対する管理手法と、建物管理の実施に不可欠な情報管理について解説する。

建築生産の流れ：概論 → 企画 → 設計 → 施工 → **運用** → 解体

【本章の構成】　　　　　　　　　　　　　　　　　　　　　【キーワード】

1. **建物管理の役割**
   - 建物管理の目標　　　　　―財務・品質・供給の向上　　　建物管理
   　　　　　　　　　　　　　　　　　　　　　　　　　　　　ファシリティマネジメント
   - 建物管理と経営活動　　　―権限と体制の構築　　　　　　経営活動

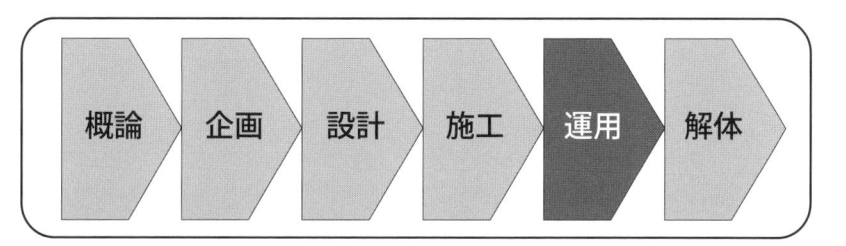

2. **財務管理の業務内容**
   - 財務管理の対象　　　　　―建物の維持・運用・管理　　　財務管理、経費管理
   - 建物の財務評価　　　　　―経営的視点による資産価値　　MNコストチャート

3. **品質管理の業務内容**
   - 品質管理の対象　　　　　―建物の環境・設備・警備　　　品質管理
   - 建物の品質評価　　　　　―利用者満足度の向上　　　　　快適性・安全性

4. **供給管理の業務内容**
   - 供給管理の対象　　　　　―建物面積と利用度　　　　　　供給管理
   - 建物の供給評価　　　　　―保有形態の検討　　　　　　　オフバランス
   　　　　　　　　　　　　　　　　　　　　　　　　　　　　セール＆リースバック

5. **情報管理の重要性**
   - 建物管理と情報管理　　　―情報の蓄積と保管　　　　　　情報管理
   　　　　　　　　　　　　　　　　　　　　　　　　　　　　地理情報システム（GIS）
   　　　　　　　　　　　　　　　　　　　　　　　　　　　　ASP
   - 建物情報の活用方法　　　―管理目標の設定　　　　　　　ベンチマーキング
   　　　　　　　　　　　　　　　　　　　　　　　　　　　　ソーシャルメディア

1．建物管理の役割

　一般に建物は時間が経つほど、部材の劣化の進行や設備の故障などが発生する確率は高くなる。そのため継続的な建物管理により、建物の利用者に快適な空間を提供し、高い満足度や生産性を保持することが求められる。また適切な建物管理は、建物の所有者にとっても、建物の資産価値を維持もしくは向上させ、収益を確保するために必要である。近年では、地域との調和や環境の保全など、社会的な面からも建物管理への関心が高まっている。

　建物管理は、日常的な点検作業から中長期的な資産運用の策定まで、その業務範囲は多岐にわたる（図1）が、大きく、建物の資産や収益・経費を管理する財務管理、建物や設備の保全や改修を行う品質管理、建物の確保と利用度を管理する供給管理の3つに分けられる（図2）。

　どの管理にも専門的な知識と技術に加え、共同作業による継続的な実施が求められる。また適切な建物管理を維持するためには、計画どおりに業務を進めるだけではなく、時間とともに変化する建物状況を的確に把握し、その変化に対応した改善が求められる。そのため、建物の利用者と所有者、そして地域社会が満足する建物管理の実施には、関係する多くの業務や業者を取りまとめるマネジメントが必要になる。

　なお、建物管理とほぼ同義である**ファシリティマネジメント**（FM：Facility Management）[1]の普及、定着を図る機関である日本ファシリティマネジメント推進協会（JFMA）では、FMを「企業・団体等が組織活動のために建物とその環境を総合的に企画・管理・活用する経営活動」と定義している[2]。このように建物管理は、単に場当たり的な補修や交換によって建物を維持する活動ではなく、**経営活動**の柱のひとつとして建物の資

図1　建物管理業務と体制

建物管理業務
・建物メンテナンス保守・管理
・リーシング（入居者募集、契約代行）
・入居者管理（入居者の相談対応）
・家賃管理（収納業務、延滞督促）
・建物収支に関する会計（事業収支の把握）
・税務・法務相談対応
・資産価値向上策の企画提案・実施
・投資物件の管理　　　　　　　　　　　など

1）従来の施設管理は、建物保全の視点から維持管理の手法や効率の向上をめざすのが主流であったが、FMでは経営の視点から建物や設備などの不動産の保有、運用、維持などを最適化する。そのため、建物のランニングコストの低減だけでなく、働く人にとって魅力的な環境を提供し、生産性を向上させるために建物の維持管理を行う。

2）なお、FMと業務内容は実質的にほぼ同じであるが、建物の資産運用が主業務である建物管理はプロパティマネジメント（PM：Property Management）と呼ばれている。近年の景気悪化やJ-REIT市場の拡大をきっかけに企業のFMやPMに対する関心が高まり、実際に導入する企業が急増している。

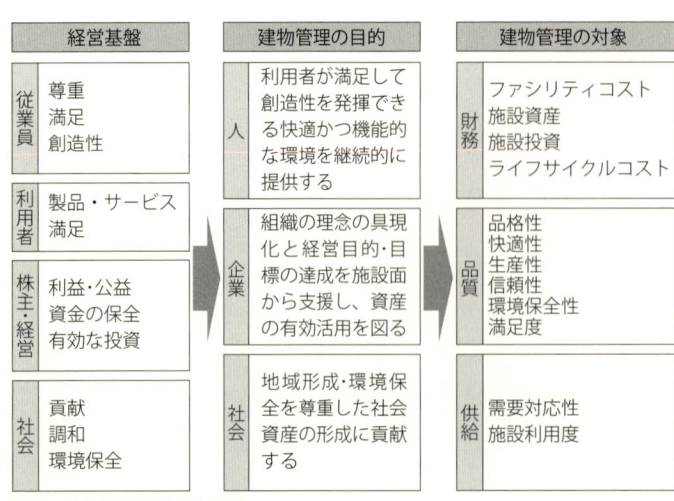

経営基盤		建物管理の目的		建物管理の対象	
従業員	尊重 満足 創造性	人	利用者が満足して創造性を発揮できる快適かつ機能的な環境を継続的に提供する	財務	ファシリティコスト 施設資産 施設投資 ライフサイクルコスト
利用者	製品・サービス満足	企業	組織の理念の具現化と経営目的・目標の達成を施設面から支援し、資産の有効活用を図る	品質	品格性 快適性 生産性 信頼性 環境保全性 満足度
株主・経営	利益・公益 資金の保全 有効な投資	社会	地域形成・環境保全を尊重した社会資産の形成に貢献する	供給	需要対応性 施設利用度
社会	貢献 調和 環境保全				

図2　建物管理の目的と対象

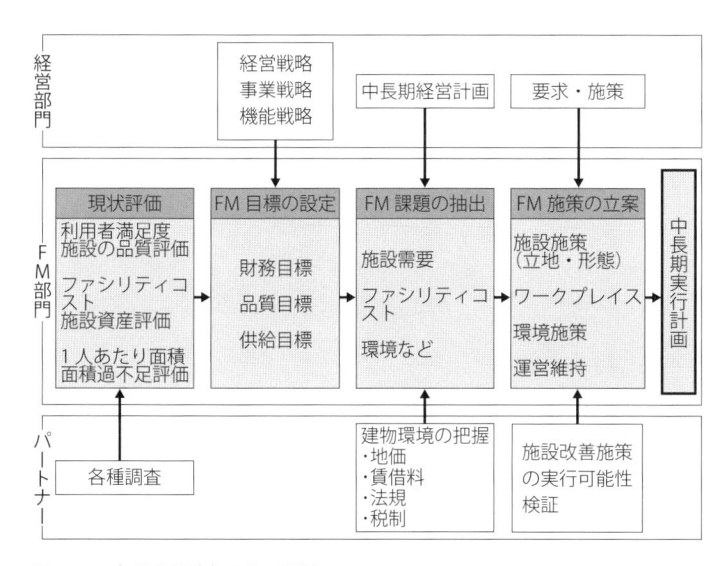

図3 FM部門と関連部門との関係

産価値を向上させる重要な役割を担っている。そのため所有者には、建物管理に必要な責任と権限を委譲した建物管理部門を設置するなど、関連部門との円滑な連携が可能な体制づくり（図3）が不可欠である。

また、所有者が建物管理を直接行う場合、専門知識や技能が必要な業務を継続的に実施する時間と手間が必要になるだけでなく、建物に発生するすべてのリスクや投資を負うことになる。そのため、所有者の事業主体（コアビジネス）が不動産事業でなければ、建物管理を専門業者に委託・信託し、建物の所有と管理を分離する場合が多い。

2. 財務管理の業務内容

財務管理のおもな業務は、建物の賃貸・保険・改修工事などの維持費、水道・光熱費や警備・清掃業務などの運用費、建物管理の実施・分析などの管理費を扱う**経費管理**である（図4）。建物の財務管理の成果は、事業・経営活動に直接影響を与えるため、経費の大部分を占める業務委託費（図5）の削減など効率的な経費管理が求められる。また、維持費・運用費・管理費は、建物を所有していれば継続的に発生するため、年度ごとに各費用の予算を計上し、必要最低限の経費を確保することが重要な作業となる。

特に、大規模改修には多額の費用が必要となるため、中長期的な視野から改修計画を立案し、通常の予算とは別に改修費を積み立てるなどの対応が求められる。たとえば分譲マンションなどでは、管理費の名目（維持費・運用費・管理費）とは別に建物の修繕積立金を徴収する方式が一般的である。しかし地方公共団体では、建物の修繕費を運用費から捻出している[3]ため、

3）自治体に限らず、民間企業でも基本的には単年度決算が行われているため、改修費が積み立てられている建物は少ない。そのため、中長期保全計画で大規模改修が必要なことは把握していても、大規模改修の実施に必要な費用を確保することは難しいのが実情である。

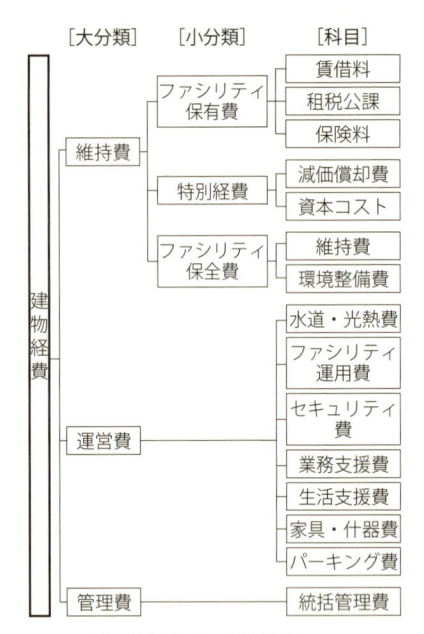

図4 建物の財務管理の対象経費 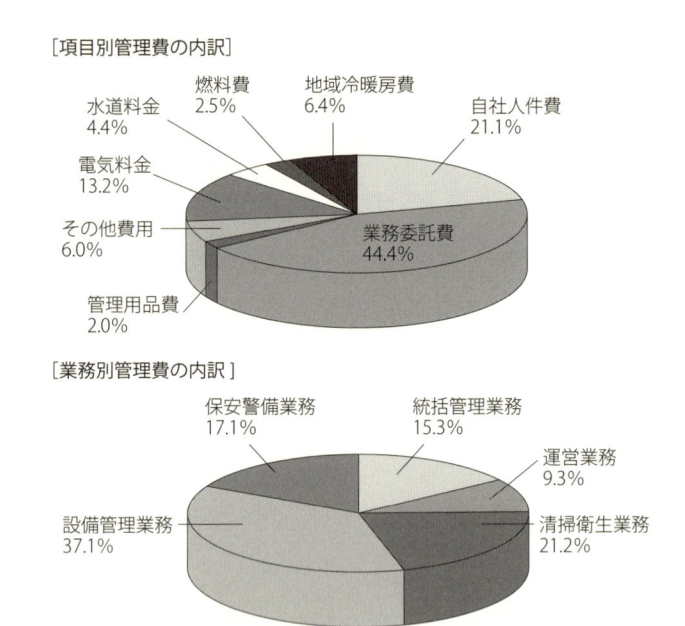　　図5 建物（オフィスビル）の経費の内訳例

　財源が厳しい地方公共団体では、最低限の運用費さえ確保できず、適切な改修が行われていない建物が多い。

　日常的な業務では、建物管理に関する業務や工事の選定と発注、財務情報の記録と管理、必要に応じて会計報告や財務実態の分析など、建物に関する経理業務を行う。また、予算編成時には、各部門からの施設管理に関する要求を取りまとめ、予算に適した業務・工事の調整や優先順位の決定などを行う。

　財務状況の評価には、蓄積した財務情報を用いた財務実態の分析が求められる。たとえば、売上高に占める費用、1人あたりの建物面積、1㎡あたりの費用、1人あたりの売上高の4指標を評価する場合、そのX－Y軸上にプロットした**MNコストチャート**（図6）を用いて財務実態の把握と評価を行う。基本的に4指標の点が囲む長方形の面積が小さいほど運用効率が高いと評価できる[4]ので、FMの成果と目標、自社と他社の特徴、現状と将来の動向などを比較し、現状の問題点を客観的に把握することが可能になる。

　なお、建物管理の経費は、建設後の年数が経過するほど増加する傾向があるため、維持費・運用費の削減、修繕費の積み立て、効率的な伝票管理への変更、業者選定や業務内容の再検討など事業実態に合わせて中長期的な視点から建物管理目標の策定と定期的な財務管理の見直しを行うことが求められる。

3. 品質管理の業務内容

　品質管理のおもな業務は、建物の構造体や内外壁の点検と修理・保全を行う建物保全[5]、空調・給水・照明設備の保全を行

4) 4指標をX－Y軸に四角形でプロットすることで、生産性（1人あたりの売上げ）、単位コスト（単位面積あたりの建物運営費）、単位面積（1人あたりの面積）、運用率（売上げあたりの建物運営費）の4つの要素が明確になる。

5) 建物保全と設備保全の詳細については11章の「2. 建物の保全・再生計画」を参照のこと。

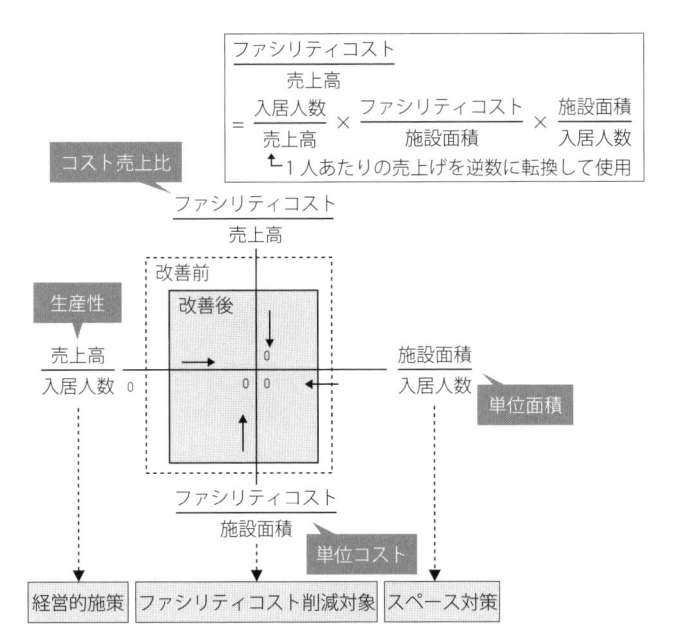

図6　MNコストチャートによるファシリティコストの評価
（参考文献12章1）を基に作図）

図7　建物の品質管理の対象業務

う設備保全、清掃・廃棄処理を行う環境衛生、警報や防火設備の保全を行う警備・防災など、利用者の快適性や安全性の確保にかかわることである（図7）。適切な品質管理は、利用者や所有者の建物への要求を満たし、生産性を向上させるため、結果的に建物の長期的な利用が実現する。また環境負荷の削減の面からも、建物の安易なスクラップ＆ビルドを抑制し、建設時の資源やエネルギーおよび解体時の産業廃棄物の削減をめざした品質管理が求められている。

なお、品質管理に関する業務は、継続的に実施する必要があるため、専門業者に委託する場合が多い。しかし利用者の安全と環境を確保し、建物の資産価値を維持するためには、まずは所有者が中長期的な業務計画と委託業務の範囲を示す姿勢が重要である。

日常的な業務では、建物や設備の破損・故障への対応、定期的な点検と診断、修理・改修工事の確認と計画立案、建物内外の見回りと警備、業務報告書の作成などを行う。また、品質管理の程度は、建物の資産評価に直接結び付くため、経営的な視点からも事業の中長期計画にそって適切な品質管理を実施する体制づくりが重要である。

品質管理の評価には、大きく分けて地域性・環境保全性などの立地条件と、**快適性・安全性**などの建物条件の2つをふまえた分析が必要になる。特に居住空間の快適性は、利用者の生産性に影響を与えるため、光・音・熱・空気など室内環境に対する現状把握が欠かせない。しかし、快適性や安全性などによる定性的な指標は、客観的な評価が難しいため、設備の数量や性

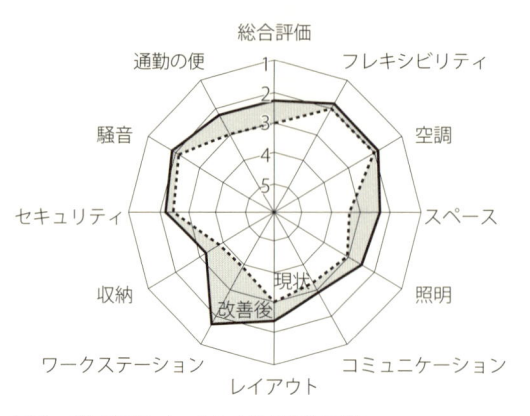

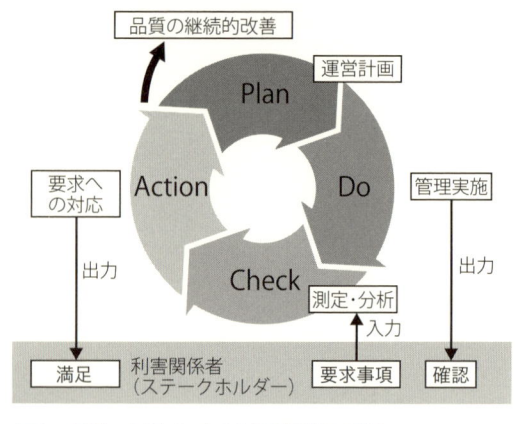

図8　利用者アンケートによる品質評価例

図9　品質マネジメントと利害関係者の関係

能など数値評価だけでなく、利用者の感覚を把握するためにアンケートやヒアリング調査を実施し、総合的な建物評価を行うべきである（図8）。

なお、継続的な品質管理を行うマネジメントシステム（図9）が確立していれば、建物の品質向上は可能である。しかし大規模改修など、通常の建物保全や設備保全の委託業務では対応できない工事や業務が発生する可能性があるため、たとえば大規模改修の実施を前提とした品質管理計画が求められる。なお大規模改修の際には、工事内容・日程・費用などの確保だけでなく、業者の選定・工事の検査・工事期間中の利用者への対応などの調整が必要となる。

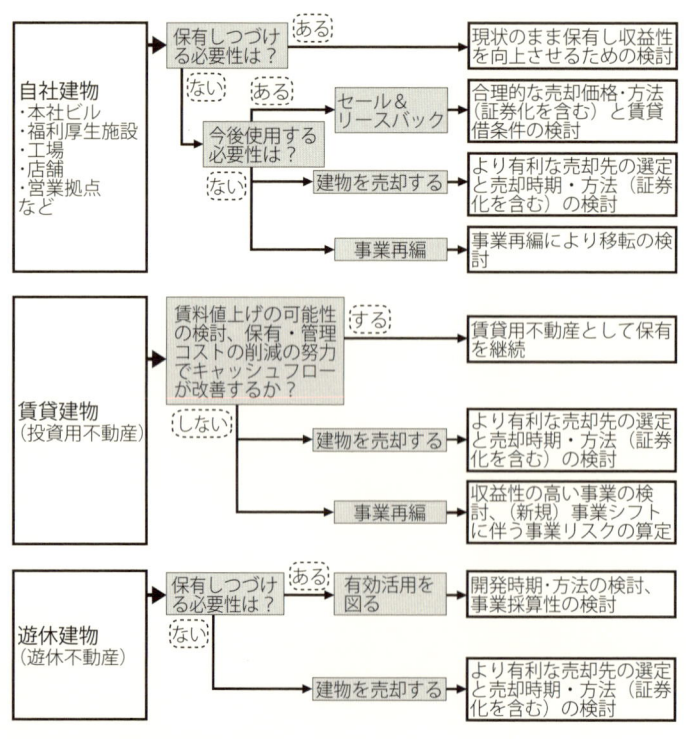

図10　所有建物の見直しと対策

表1 建物の供給管理の調査項目

調査内容	調査対象	調査手法
意識調査	入居者満足度	アンケート調査 ヒアリング調査
実測調査	ワークステーション規模 現状レイアウト関連寸法 収納量・文書量 単位面積（m²／人） 会議室・応接室規模／個数 環境条件（照明・空気・温度など）	計測調査 図面上調査 アンケート調査
観測調査	ワークステーション機能 コミュニケーション 動線（行動パターン） 離席（外出）率 ファイリング 共用スペース利用状況	目視調査 撮影（カメラ・VTR） 記録調査 アンケート調査
要求調査	特殊機能要件（部門特性） 共用部分要件	アンケート調査 ヒアリング調査

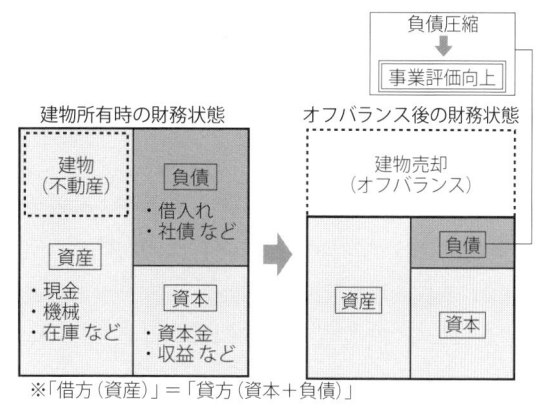

図11 建物（不動産）のオフバランス化

4．供給管理の業務内容

建物の**供給管理**のおもな業務は、資産の活用実態を把握する建物利用度の調査・分析や、建物の過不足に対応した供給の手配など、効率的な空間の運用と配置である。

建物は、経営活動からみれば経営資産の一部であるため、所有建物の資産価値や利用効率が低ければ、取り壊しまたは売却の検討が求められる。つまり、建物の有効活用と長期利用を実現するためには、事業者・所有者と建物管理の他部門との連携による滞りのない供給管理が不可欠である。

たとえば、業務面積は広すぎると必要以上に経費が必要となり、狭すぎると作業効率が悪くなる。そこで、基本的には利用者の人数と作業内容から必要となる作業面積を算出し、その結果をもとに人員や机・棚などの什器の配置計画を行うことで、効率的な空間活用を実現する。また、事業計画から今後必要となる作業面積を確保する対応を協議し、必要であれば建物の統廃合や入手・売却の手続きを行う（図10）。

日常的な業務では、現状の供給実態や事業方針に応じた空間利用の計画や変更を行う。また、建物利用度の調査を実施し、現状の作業面積や人員配置の状況を把握することが求められる（表1）。たとえば、作業面積を什器や収納面積が圧迫している場合が多いため、机の配置変換やフリーアドレス[6]の導入、資料や書類の削減の推進を行う。なお、建物の統廃合や入手・売却が決定すれば、対象建物の情報収集と分析、報告書の作成などが必要になる。

また、供給管理の評価は、おもに建物の資産価値と必要性の関係から、現状の所有形態の適正を分析する。たとえば、建物の資産価値と必要性がともに高い場合は保有、建物の資産価値も必要性も低い場合は売却を検討する。そしてさらに、建物を所有することで発生する建物リスクを減らすため、保有する理由が明確でなければ賃貸や証券化を検討する。

6) 従業員に固有の席はなく、その代わりにオフィスの任意の空いている席を自由に使わせる制度のこと。書類などはすべて個人用のキャビネットか部署の共用キャビネットに保管する。個人専用の空間を設けないため、作業・収納スペースを大幅に削減できる。

なお、所有不動産を売却することで、経営評価の基準となる貸借対照表（バランスシート）[7]から不動産を外し、経営評価を健全化させる手法を不動産の**オフバランス**[8]と呼ぶ（図11）。収益性が見込めず資産評価が低い所有建物であれば、売却によるオフバランスを実施することで、相対的に負債の割合が減少し、企業価値を向上させる効果が期待できる。そのため、不動産の所有形態を所有から賃貸や証券化に変更する企業が増加している。なお、売却した建物を、そのまま賃借する**セール＆リースバック**[9]を採用すれば、作業環境を変えることなく建物のオフバランスが可能である。

5．情報管理の重要性

　財務・品質・供給管理以外にも建物管理において不可欠なものが、建物状況の分析・評価を行うための**情報管理**である。建物情報を建築生産の各段階で確実に入力する体制が不可欠であるが、特に建物管理では、長期的な運用と保管が求められるため、継続的かつ慎重な情報管理が求められる。なお、一般的な建物の情報管理では、建物の基本情報や管理台帳などの内部情報を、他建物の情報などから情報収集を行う外部情報と関連づけて管理することが望まれる。

　近年まで、建物情報を記録以外に活用することは想定されていなかったため、紙ベースの台帳で保管されている場合が多く、分析に活用するのは難しい状況であった。しかし、効果的な建物管理を実現するためには、建築生産の各段階で活用された情報を確実に収集し、統一した書式で保管・閲覧するしくみが必要である。また、過去の建物改善や事業計画を持続的かつ一元的に管理することで、蓄積データをもとに分析・評価するシステムの構築が可能となる（図12）。たとえば1995年1月の阪

[7] 一定時点における企業の財政状態を示す一覧表のこと。企業の「資産」と「負債」「資本」を対照表示することによって、企業の財政状態を明らかにする報告書である。資金の調達源泉と、資金の用途などが記されている企業評価に不可欠な資料である。

[8] バランスシート上の資産や負債を圧縮できれば、資産に占める負債の割合が低くなるため、一般には企業の財政状況が健全化したと判断され、企業評価も高くなる。

[9] 建物の元持主は、リース会社と売買契約を締結し、建物の所有権のみリース会社に移転することで、リース会社からリース物件の売却代金を受け取る。同時に元持主は、リース会社とリース契約を締結し、リース財産（建物）を使用する使用権を受け取ることで、リース会社に対して毎月リース料を支払う。

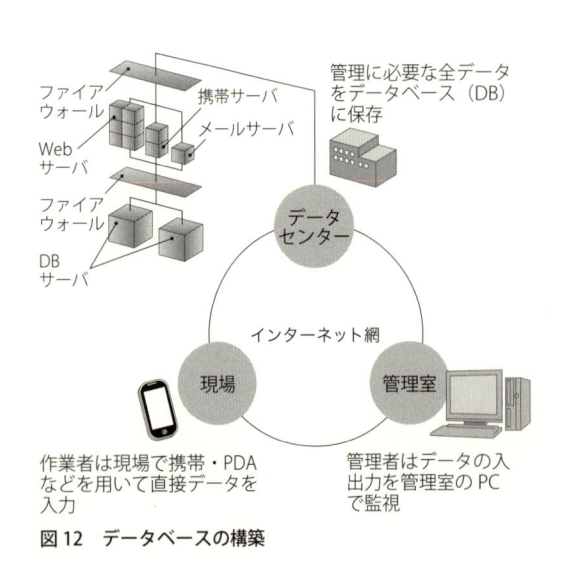

図12　データベースの構築

図13　ASPを活用した情報システム

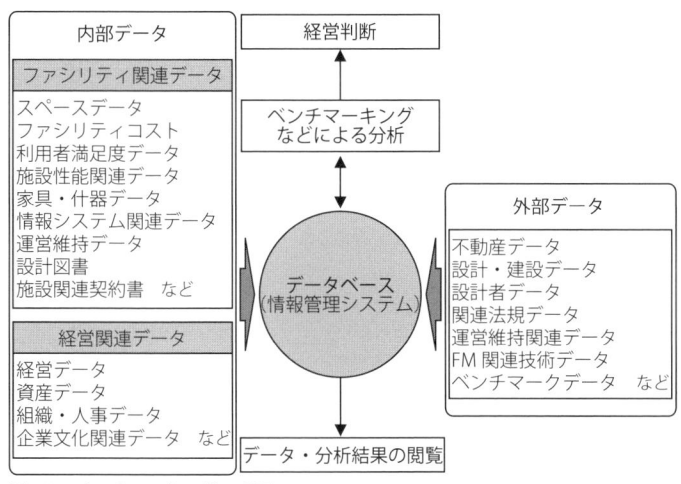

図14　ベンチマーキングの手順

神・淡路大震災の反省等をきっかけに、政府が主導で地理空間情報の整備を行うようになった。その中核となる取り組みが、**地理情報システム**（**GIS**：Geographic Information System）を用いた国土空間データ基盤の整備である。**GIS**は、地理的位置を手がかりに、位置に関するデータ（空間データ）を総合的に管理・加工し、視覚的に表示し、高度な分析や迅速な判断を可能にするシステムである。近年では、端末からの情報入力と情報の一元化が可能な**ASP**[10]（図13）など、情報技術を活用した情報の収集から分析・評価までが可能な情報管理システムの導入が進んでいる。

しかし、情報システムの導入・整備には、多大な費用と手間が必要になるうえ、運用面でも情報入力や簡易検診などを継続的に実施・入力する作業などの負担が増える可能性がある。そのため、情報管理システムの効果的な運用には、情報収集の省力化や他部門との連携による情報交換が不可欠である。また、利用者や業者が直接情報を入力するASPなどの情報システムの導入など管理部門の作業負担を分散させる体制づくりが重要である。

なお、担当部門だけでなく、所有者や利用者に建物管理の成果と必然性を認識させるためには、情報管理の成果を確実に報告する体制が重要である。たとえば、内部情報を用いて建物管理の費用、建物の不具合の発見、中長期保全計画の基礎資料の作成が可能になるが、さらに外部情報を用いた**ベンチマーキング**[11]（図14）を実施することで、建物状況の客観的な評価と具体的な目標や改善程度が明確になる。

また、ASPをはじめとした施設情報管理システムの導入が進めば、施設情報を建物の所有者や管理者だけでなく、利用者と共有し活用することが可能になる。適切なFMを実現するためには、所有者や管理者が利用者の施設に関する情報提供から利

10）ASP（アプリケーションサービスプロバイダ、Application Service Provider）とは、Webを通じてビジネス用のサービスを企業に提供する事業者のこと。建物管理の場合、企業はWebブラウザなどを通じてASPのサーバにあるデータベースや分析ツールを利用する。建物情報の入力や保管・ソフトウェアのインストールやアップグレードなどの手間や費用を節減することができる。

11）経営や業務の非効率な部分を改善するため、競合他社や他分野における優良事例（ベストプラクティス）を探し出して分析し、それを指標（ベンチマーク）に、自社の活動を測定・評価し、改善箇所を明確にする活動のこと。

用者の要求を迅速に把握することが求められるが、すでにtwitter や facebook に代表される**ソーシャルメディア**などを用いた情報共有を活用した各種サービスが普及していることから、施設情報についても今後は公開と共有化が進むだろう。

　特に公共施設については、自治体が管理しているものの基本的に住民の資産であることから、施設情報を公開することで、自治体と住民がともに公共施設の利用状況を評価するしくみが求められている。さらに公共施設の情報公開が進めば、近隣自治体の連携による施設の相互利用や災害時や改修などの理由で休止している施設の代替施設の検索・検討も容易になる。

13章 建物の解体と資源循環 ―材料リサイクル論

　国内には都市圏を中心に数多くの建築ストックがある。これらは20世紀後半における急速な人口増加とともに蓄積されたもので、材料や構法の選択肢の広がりとともに、建物の形態や構造も多様化し、その結果、さまざまな影響が生じている。これまで建物の多くは、スクラップ・アンド・ビルドが短絡的に選択されてきたが、近年は地球環境への配慮により、建物の解体材料の資源循環を促すような方策が選択されつつある。

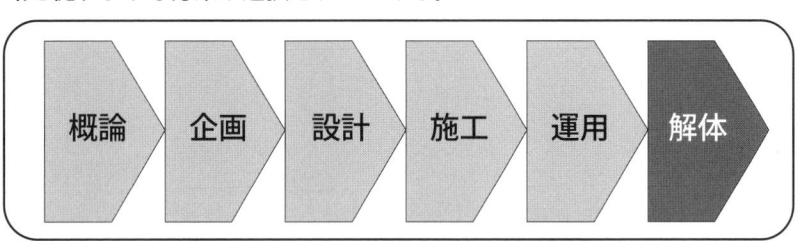

建築生産の流れ: 概論 → 企画 → 設計 → 施工 → 運用 → **解体**

【本書の構成】　　　　　　　　　　　　　　　　　　　　【キーワード】

1. **解体からはじまる資源循環**
   - 資源循環の取り組み　　　―解体廃棄物の再資源化　　　分別解体
   　　　　　　　　　　　　　　　　　　　　　　　　　　　スクラップ＆ビルド

2. **解体と資源循環にかかわる用語の基礎**
   - 排出抑制から再生への誘導　―循環型社会と建設リサイクル　廃棄物、再生資源、再資源化、循環資源

3. **解体と資源循環にかかわる社会の動き**
   - 世界各国の建設廃棄物事情　―排出量の多い先進国　　　世界各国の建設廃棄物発生量
   - 日本国内の建築廃棄物事情　―再生資源化率の向上　　　再資源化率

4. **解体と資源循環にかかわる技術の動き**
   - 解体の技術　　　　　　　―解体の枠組み　　　　　　　マニフェスト
   　　　　　　　　　　　　　―戸建て住宅の解体フロー　　事前解体、分別解体
   　　　　　　　　　　　　　―RC造建物の解体フロー　　　部材解体、破砕解体、転倒解体
   - 資源循環の技術　　　　　―中間処理から資源循環へ　　中間処理
   　　　　　　　　　　　　　　　　　　　　　　　　　　　再生砕石
   　　　　　　　　　　　　　　　　　　　　　　　　　　　再生骨材
   　　　　　　　　　　　　　　　　　　　　　　　　　　　完全リサイクルコンクリート
   　　　　　　　　　　　　　　　　　　　　　　　　　　　セメント回収型、骨材回収型
   　　　　　　　　　　　　　　　　　　　　　　　　　　　完全リサイクル住宅
   - 次世代における資源循環の展望―次世代型マテリアルフロー　クローズドループ、オープンループ

1. 解体からはじまる資源循環

　建築は、他産業分野の耐久消費財とは異なり、天然資源を大量に使用し、大量の廃棄物を生じさせる特徴をもつが、単に、資源を無駄に浪費して多大な環境負荷を与えてきたわけではなく、社会基盤を支える器としての役割を一手に背負い、そのうえで人間の社会活動に多くの利益をもたらしてきた。

　そのような状況下で、主要な建築材料であるコンクリートは、解体後に発生したコンクリート塊を、道路用路盤材や埋め戻し材として有効利用したり、さらに近年は道路需要の低下や最終処分場の減少などの変化に対応し、二次製品や新設の構造用コンクリートに再利用するなど技術開発が積極的に行われている。そして現在、高度成長期以降に建設されたコンクリート構造物が、解体に伴い、膨大な廃棄物として生じる状況が目前に迫っている。

　以上をふまえると、**分別解体**を前提とした既設の建物の資源循環のしくみを考える発想は、**スクラップ＆ビルド**のような短絡的な解体と廃棄処分を実施する以上に、技術的にも高度な活動といえ、課題も山積しているが、社会全体の循環構造化への取り組みとして認識することができる。

　一方で、写真1に、2011年3月11日に発生した東日本大震災による被害建物と地震に伴う津波によって生じたがれき等の廃棄物を示すが、このような自然の猛威により、建物が多大な被害を受け、計画的な解体が困難となる事態も発生している。この場合、解体廃棄物の再資源化はもとより、当該地域において許容される最終処分量を大幅に超えた廃棄物が一度に発生することになるため、中間処理場を介した最終処分が困難になり、結果として廃墟となった建物が数多く取り残される事態も生じる。

　都市部など、建築ストックの蓄積が著しい地域は、上記の問題が生じやすい条件が備わっていることから、解体と資源循環の問題は建物の地域性も含めて考える必要がある。

a 津波により破壊された一般住宅と茅葺建物（石巻市）

b 田畑周辺の臨時保管所に山積する木質混合廃棄物

写真1　2011年東日本大震災による被害建物と津波廃棄物

2. 解体と資源循環にかかわる用語の基礎

　表1に解体と資源循環にかかわる用語を整理したが、大きくは、図1のような流れに基づき、廃棄物として最終処分がなされる。図2に最終処分場の分類を示す。これらの情報より、解

図1　最終処分までの流れ

表1 解体と資源循環にかかわる用語の整理

用語	内容
廃棄物	ごみ、粗大ごみ、燃え殻、汚泥、ふん尿、廃油、廃酸、廃アルカリ、動物の死体その他の汚物または不要物であって、固形状または液状のもの
一般廃棄物	一般家庭から排出される家庭ごみ、および事業所などから排出されるオフィスごみであり、発生源別に、生活系と事業系の2つに区分される。地方自治体が収集・処理・処分の責任を負う
産業廃棄物	事業活動に伴って生じた廃棄物（燃え殻、汚泥、廃油、廃酸、廃アルカリ、廃プラスチック類）であり、汚染者負担の原則に基づき、排出事業者が処理責任を有する20種類の廃棄物
建設副産物	建設工事に伴い副次的に得られたすべての物品（工事現場外に搬出される建設発生土、コンクリート塊、アスファルト・コンクリート塊、建設発生木材、建設汚泥ほか）
循環資源	廃棄物等のうち、有用なものをいう
再使用	循環資源を製品としてそのまま使用すること
再生利用	循環資源の全部または一部を原材料として利用すること
再資源化	使用済み物品等のうち、有用なものの全部または一部を再生資源または再生部品として利用することができる状態にすること
中間処理	最終処分までに行われるさまざまな無害化・安定化・減容化処理。昨今は、焼却・埋め立てを中心とした手法から、再資源化・減容化を目的とする中間処理の重視に向かっている
産業廃棄物管理票制度（マニフェスト制度）	産業廃棄物の収集・運搬や中間処理、最終処分などを他人に委託する場合、排出者が委託者に対して産業廃棄物管理票（マニフェスト）を交付し、委託した内容どおりの処理が適正に行われたことを確認するための制度。マニフェストは、7枚つづりの伝票（A・B1・B2・C1・C2・D・E）であり、産業廃棄物の種類・数量・請負事業者名称などが記載され、請負者は、委託業務終了後にマニフェストの必要部分を委託者に渡し、適正処理を終えたことが確認できる。建設系廃棄物の専用の管理票がある
埋め立て処分	廃棄物を埋め立て廃棄処分することであり、周囲に囲いを設け、一般廃棄物または産業廃棄物の処分場所であることを表示し、処分場からの浸出液や悪臭の発散等、発生がないように適切な措置を講じたもの。産業廃棄物の最終処分場は安定型、管理型、遮断型の3つの類型があり、一般廃棄物の最終処分場は産業廃棄物の管理型処分場と同等の性能をもつ
安定型最終処分場	産業廃棄物の最終処分場3類型のひとつであり、廃棄物の性状が安定している安定型産業廃棄物（廃プラスチック類、ゴムくず、金属くず、建設廃材、ガラスくず、陶磁器くずの安定5品目）を埋め立てる
遮断型最終処分場	産業廃棄物の最終処分場3類型のひとつであり、有害物質が基準を超えて含まれる燃え殻、ばいじん、汚泥、鉱さいなどの有害な産業廃棄物を埋め立てる
管理型最終処分場	安定型処分場・遮断型処分場で処分される産業廃棄物以外の産業廃棄物と一般廃棄物を埋め立てる。埋立地から出る浸出液による地下水域の汚染防止のため、集水設備や処理施設が必要となる

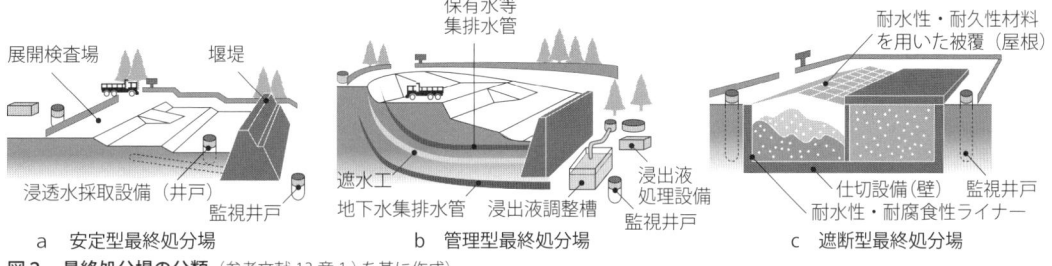

図2 最終処分場の分類（参考文献13章1）を基に作成）
a 安定型最終処分場
b 管理型最終処分場
c 遮断型最終処分場

体と資源循環にかかわる基礎的内容を把握したうえで、後述の内容を把握するのがよい。

なお、「**廃棄物**」にかかわる基本的な考え方は、1970年制定の「廃棄物の処理及び清掃に関する法律（廃棄物処理法）」によって初めて示されたといえる。ここでは「生活環境」や「公衆衛生」の保全を目的に廃棄物の排出抑制を行う原則は説明されているが、「資源循環」にかかわる原則までは強くは意識されてこなかったといえる。

その後、「資源の有効な利用の促進に関する法律（資源有効利用促進法）」（1991年制定）において、「**再生資源**」ならびに「**再資源化**」という言葉が生み出され、使用済み物品から新たな生

産物の原料の全体もしくはその一部を再生するという考え方が生まれた。そして、「循環型社会形成推進基本法[1]」（2000年制定）において、廃棄物などのうち「有用である」と認識されたものすべてを「**循環資源**」として取り扱えるようになり、再生資源の枠組みがさらに拡大するとともに、「建設工事に係る資材の再資源化等に関する法律（建設リサイクル法）」（2000年制定）において、建設資材廃棄物の熱源利用を含めて**再資源化**を行うことが目的化されたため、天然資源に依存した資源利用量を削減する動機も生じるようになった。

[1] 循環型社会形成推進基本法には、3R（Reduce, Reuse, Recycle）の考え方が導入され、リデュース（発生抑制）、リユース（再使用）、リサイクル（再資源化）、サーマルリサイクル（熱回収）、適正処分の順に処理の優先順位で廃棄物処理およびリサイクルが行われるべきであると定めた。この基本法が整備されたことで、廃棄物・リサイクル政策の基盤が確立された。

3. 解体と資源循環にかかわる社会の動き

（1）世界各国の建設廃棄物事情

世界各国の建物は、地域色が豊かでさまざまのものが存在する。そして、解体や資源循環に関しても、法規類の違いをはじめ、地域固有に用いられる建設材料や工法ならびに最終処分方法や資源循環の考え方などの多様な条件の違いが存在する。そうした前提のもとで、図3に**世界各国の建設廃棄物発生量**の比較をみてみると、各国の建設廃棄物総発生量には大きな差があり、日本はEUの2分の1程度、アメリカの3分の2程度の排出量を生じていることがわかる。単位人口あたりの数字に置き換えた場合、日本における単位人口あたりの建設廃棄物発生量（669kg/人/年）は、EUおよびアメリカの値を上回っており、世界的にも排出量が多い国民であることがわかる。

（2）日本国内の建設廃棄物事情

日本国内では、1960、70年代の高度成長期以後、コンクリート材料を中心に大量の都市ストックを生み出している。コンクリートの製造量は、人口動態に合わせて変化する傾向にあるため、その需要動向を探ることで国内全体の建物の需要動向もおよそ推定ができる。そのうえで、図4に2100年までのコンクリート製造量の推計と解体コンクリート塊の発生量の予測を示す。

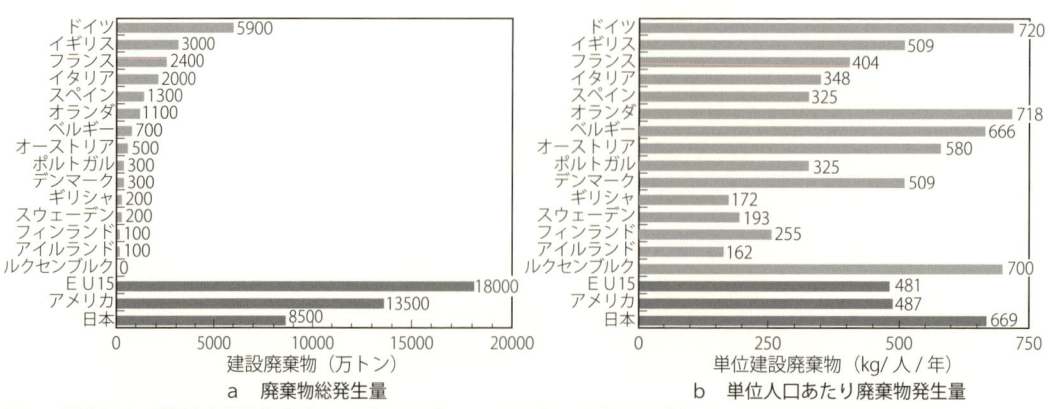

国	a 廃棄物総発生量（万トン）	b 単位人口あたり廃棄物発生量（kg/人/年）
ドイツ	5900	720
イギリス	3000	509
フランス	2400	404
イタリア	2000	348
スペイン	1300	325
オランダ	1100	718
ベルギー	700	666
オーストリア	500	580
ポルトガル	300	325
デンマーク	300	509
ギリシャ	200	172
スウェーデン	200	193
フィンランド	100	255
アイルランド	100	162
ルクセンブルク	0	700
EU15	18000	481
アメリカ	13500	487
日本	8500	669

図3　世界各国の建設廃棄物発生量（アメリカ1998年、EU1999年、日本2000年）

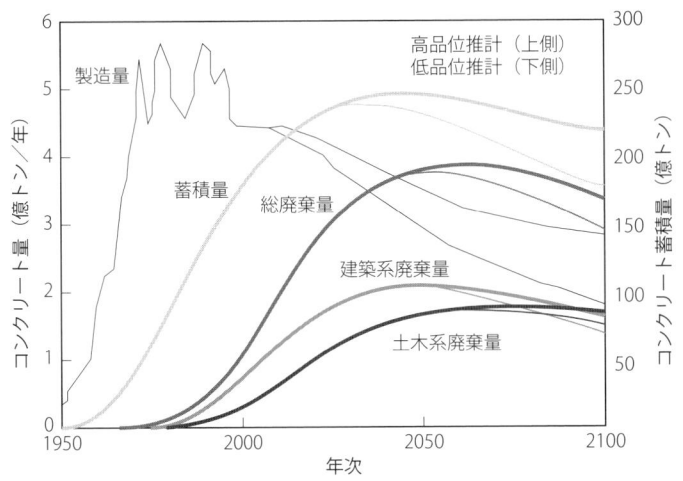

図4　蓄積量および廃棄量の長期的予測

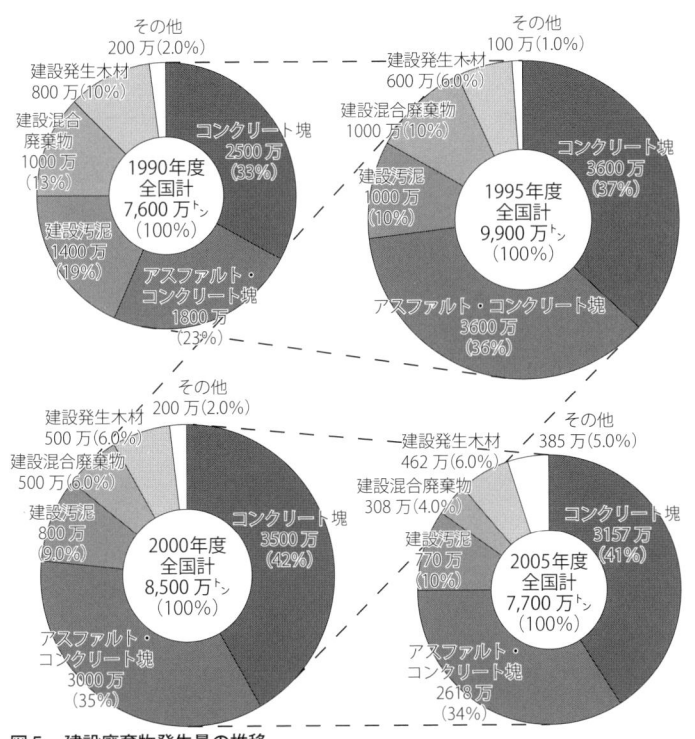

図5　建設廃棄物発生量の推移

　コンクリートの製造量は、1990年代以後は減少しており、2050年ごろには過去の最大需要量の半分以下になるとされている。その一方で、解体コンクリート塊の発生量は、2000年には1億トン程度であるのに対し、2025年には3億トン程度、2055～2060年には4億トン程度になり、今後増加の一途をたどるとされている。昨今の傾向としては、建物の「新築」は「解体」行為と連動していることが多く、市場経済が停滞し、新規の建物需要が低下した場合、必然的に解体量も低下する可能性がある。

　しかしながら基本的には、2005年前後の国内の人口最大年

*図3、4、5：参考文献13章2）を基に作成

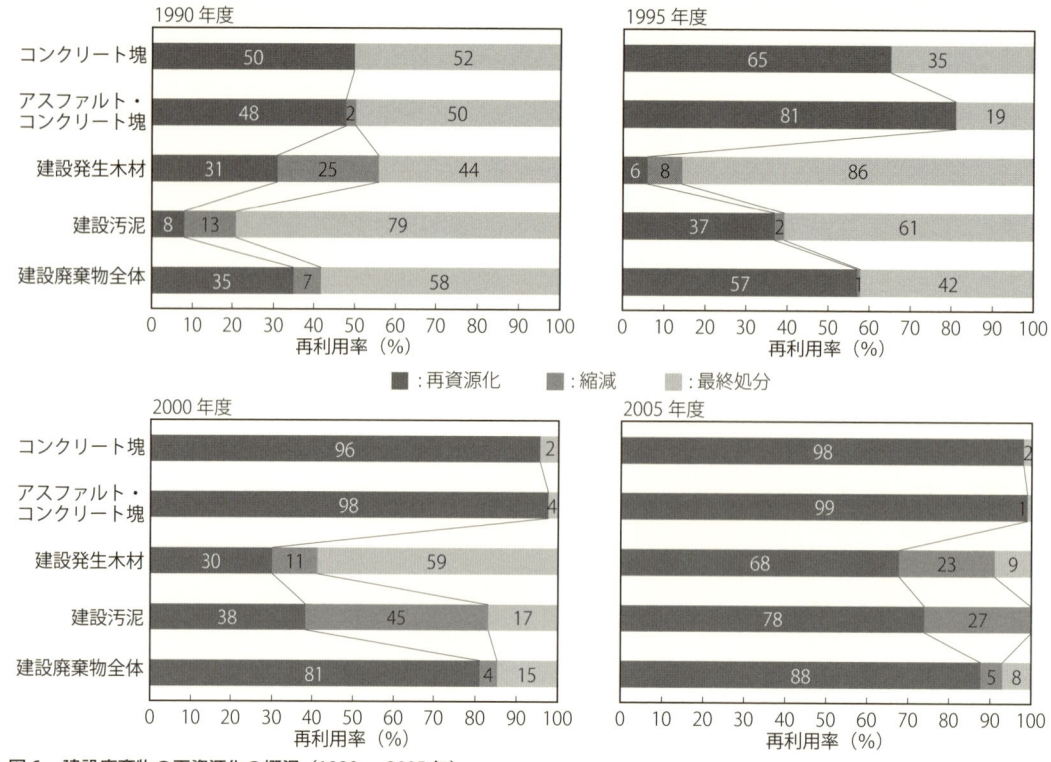

図6　建設廃棄物の再資源化の概況（1990〜2005年）

をピークに人口減少社会に進むこともあって、構造物の新設工事は減少し、既存のコンクリート構造物からの解体コンクリート塊が大量に発生することが予測されるため、建物の延命化や廃棄物の資源循環を通じて、最終処分廃棄物をコントロールする必要がある。

　図5と図6に、経年変化をふまえた建設廃棄物発生量と再資源化の概況を示す。図5より、コンクリート塊およびアスファルト・コンクリート塊は、1990年代以後も最大の排出種目であり、建物のライフサイクルにおける出口の部分でもっとも影響を及ぼす要因となっている。また図6より、各種の建設廃棄物は1990年代後半より**再資源化率**が大幅に向上し、現在は最終処分量が非常に少ない状況を実現している。しかしながら、コンクリート塊に関しては、主たる用途が路盤材や埋め戻し材であり、道路需要が減少することをふまえ、二次製品や構造用コンクリートの原材料として再利用することが望まれる。

4．解体と資源循環にかかわる技術の動き

（1）解体の技術
a）解体の枠組みをとらえる
　建築の解体に関しては、鉄筋コンクリート構造の建物の解体工事を通じて、技術的に大きな進歩が遂げられており、東京オ

表2 解体の作業区分 (参考文献13章3)を基に作成)

区分	内容
事前調査	現場案内図・建物配置図等の作成、事前調査票の作成
リサイクル計画	廃棄物予測表・リサイクル目標の作成ほか
解体計画	解体設計書・解体施工計画書の作成、解体工法・搬出車両等の選定、解体見積書の作成、廃棄物搬出先の選定ほか
解体工事	安全対策の実施、マニフェストの交付ほか
記録・保管・適正処理の確認	実績報告書の作成、リサイクル率の算出、マニフェストの確認

リンピック(1964年)の施設解体工事がその先がけといえる。解体工事は、「建物をつくる」のではなく「建物を壊す」という特殊な工事であるため、通常の工事と比較して、工事の「安全確保・環境保全」および「解体技術の改善」が重要な課題となっている。

表2に解体の作業区分を示す。解体を行う際に生じる問題は、第三者に対する影響を含めて考える必要があり、以下のように分けて考えることができる。

①従事者、使用者、近隣者への直接的負荷(騒音、振動、悪臭、粉塵(石綿[2]を含む)など)

②従事者、使用者、近隣者への間接的負荷(地球温暖化、オゾン層破壊、最終処分、地下水汚染など)

日本建築学会ではこの問題に対して、1998年に、解体コンクリート造建築物の解体工事施工指針を刊行し、安全かつ作業環境に配慮した合理的な解体方法について具体的に示している。工事の実施にあたっては、事前調査、リサイクル計画、解体計画、解体工事、記録・保管・適正処理の確認といった段階をふまえた解体作業を行うことが必要であるとしており、この流れを適正に保つために、**マニフェスト**(産業廃棄物管理票)制度[3]が重要な役割を担っている。

b)戸建住宅の解体フロー

戸建住宅における解体工法の区分を表3に、戸建住宅の解体状況を写真2に示す。実際の戸建住宅における解体の流れは、まず建物の解体作業に先立ち、内外装材、建具および設備などを取り外す作業(**事前解体**)がある。戸建住宅の場合、個人の所有物をはじめ、リユースが可能な設備類などが多くあり、これらの除去が後の解体作業の効率と資源循環性の向上の面で大きく影響を及ぼす。続いて、建設副産物の再利用促進を目的に、構造躯体および仕上げ材などをはじめ、金属、有機物、無機物およびこれらの複合体などに分けて解体する作業(**分別解体**)がある。

近年では、建築仕上げ材の分別解体指針などもまとめられて

2)石綿は、天然の鉱物繊維で、アスベストともいう。耐久性や耐熱性、耐薬品性などに優れ、安価であったため、建設資材や電気製品など、さまざまな用途に使用された。しかしその後、空中に飛散した石綿を長期間かつ大量に摂取すると、肺癌や中皮腫になることから使用が禁止され、現在では生産されていない。

3)マニフェスト制度については10章を参照のこと。

| a 手分別解体による建具の撤去作業 | b 地上レベルに荷卸し可能な専用車台車 | c 再資源化を意図した荷積み作業 |

写真2 戸建住宅の解体状況

表3 解体工法の区分（戸建住宅）

解体工法の区分	内容
手分別解体	シート養生、生活残存物除去、建材の撤去作業（ガラス・建具・クロス・石膏ボード・屋根材ほか）、建材の分別
機械分別解体	建物本体撤去、解体混合廃棄物撤去、基礎・土間コンクリート撤去
手・機械併用解体	手分別と機械分別の併用により、作業能率の向上・リサイクル率の改善

おり、建築仕上げ材も含めた戸建住宅の解体の合理化と資源循環性の確保に向けた取り組みが加速している。

c）鉄筋コンクリート造建築物の解体フロー

　表4に鉄筋コンクリート造建築物における解体工法の区分を、写真3にその解体状況を示す。鉄筋コンクリート造建築物の場合、単に建物を解体撤去するのみではなく、解体副産物の量が膨大であることから、解体処理を通じて資源の有効利用を積極的に図る必要がある。解体の流れは、戸建住宅で実施される事前解体や分別解体に加え、構造躯体を部材状に切り離し解体する作業（**部材解体**）のほか、圧砕機などによりコンクリートや鉄筋を直接破砕し解体する作業（**破砕解体**）、ならびに壁や柱や煙突などの脚部を転倒側からV字状にはつり、引張力を加えたり、鉄筋を切断したりして、所定方向に転倒させて解体する作業（**転倒解体**）などが組み合わされ、建物全体を解体する。

　表5に騒音・振動が問題となる特定建設作業等に該当する建設作業[4]を、写真4に環境に配慮した新しい解体の技術的対策を示す。騒音・振動が問題となる作業とは、騒音規制法（1968年制定）・振動規制法（1976年制定）により規制がなされており、著しい騒音・振動が発生する場合は、特定建設作業として位置づけられ、周辺環境への配慮も含めた対策が必要となる。具体的には、特定建設作業の場合、85dB（デシベル）を規制基準に、作業日・作業時間・作業長などが設定され、その範囲内で作業が実施される。

4）特定建設作業とは、建設工事のうち、くい打ち機やバックホウを使用するなど、著しい騒音や振動を発生する作業をいい、騒音規制法や振動規制法において政令で定められている。指定地域内で特定建設作業を伴う建設工事を行う場合は、作業を開始する日の7日前までに市長に届け出を提出する必要がある。

a 大型ブレーカーによる破砕 　　b 小割解体用圧砕機 　　c 磁集機付き小割圧砕機

d 圧砕機による地上解体の状況 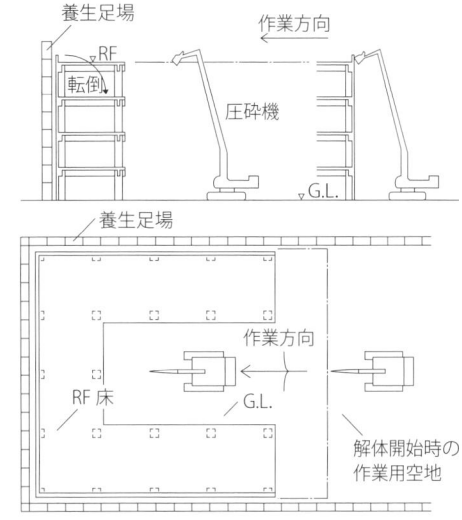　　e 圧砕機による破砕手順

写真3　鉄筋コンクリート造建築物の解体状況

表4　解体工法の区分（鉄筋コンクリート造建築物）

解体工法（機械分別解体）の区分	内容
圧砕・せん断工法	鉄筋切断・圧砕機などによる油圧式
衝撃工法	ハンドブレーカ、大型ブレーカ、削孔機などによる機械式
転倒工法	ハンドブレーカ、大型ブレーカ工法との併用作業
火薬類工法	爆薬、コンクリート破砕機ほか
研磨工法	カッター、ワイヤーソー、コアドリルなどによる機械式
溶断工法	ガス切断器などにより火炎使用
膨張圧力工法	静的破砕器、油圧拡大器ほか
既存杭の解体・撤去工法	地上引き抜き、露出破砕ほか
その他の工法	ウォータージェットほか

表5　騒音・振動が問題となる特定建設作業等に該当する建設作業

建物の解体、鋼球による作業、火薬鉄球による破壊作業、削岩機、コンクリートカッター、アスファルトカッター、路面切断機、穿孔機、バックホウ、パワーシャベル、ブルドーザー、インパクトレンチ、杭抜き機、杭打ち機、びょう打機、空気圧縮機、振動ローラー、振動ランマー、コンクリートプラント、コンクリートバイブレーターほか

＊表3、4、写真3のeの図：参考文献13章3)を基に作成

都市部では、周辺環境の過密性や近隣住民への影響等を考慮すると、特定建設作業であっても低騒音・低振動の技術対策が施された作業が重視される。たとえば、コンクリート躯体に穿孔する場合は、ドリル端部の冷却や廃液の回収などを行い、低騒音・低振動を実現している。さらに、建設工事中の騒音・振動レベルを常時、通行人や近隣住民に示し、第三者への影響も考慮に入れた工事全体の新しい安全・環境対策が実施段階にある。

(2) 資源循環の技術

a) 中間処理施設の役割

　中間処理とは、産業廃棄物を埋め立て処分する前に、分別・減容・安定化などの処理を行うことをいい、その設備をもった

a　騒音・振動低減型穿孔作業の準備 　　b　外壁全面被覆型の工事 　　c　騒音・振動レベルの常時表示パネル

写真4　環境に配慮した新しい解体の技術的対策

a　分別回収されたアルミサッシ　　b　木質系混合廃棄物 　　c　石膏ボード廃材

d　手分別による解体作業 　　e　大規模な中間処理施設 　　f　管理型最終処分場への廃棄

写真5　中間処理施設の処理状況と管理型最終処分場

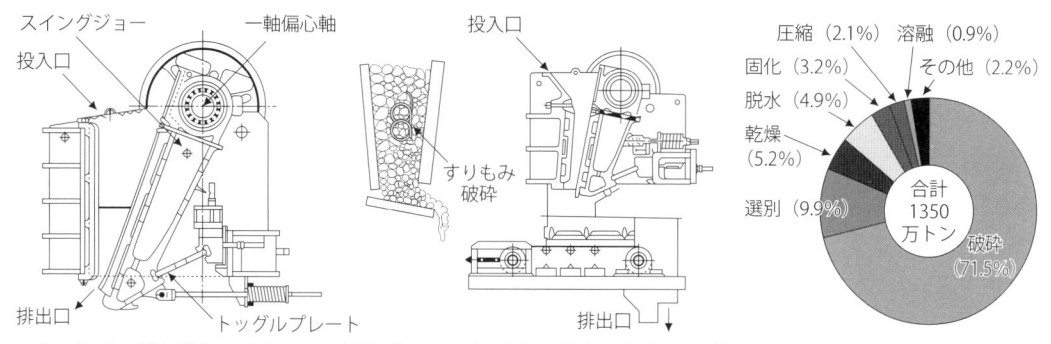

a　シングルトッグル型ジョークラッシャ（圧壊式）　　b　ポラウダー（骨材干渉すりもみ式）　　c　中間処理施設における作業内容

図7　中間処理場における処理状況

施設のことを中間処理施設という。写真5は、中間処理施設の処理状況と、中間処理を行った廃棄物を埋め立て後も維持管理する管理型最終処分場を、図7に中間処理場における処理状況を示す。

中間処理場では、解体現場で分別解体されたサッシ類や石膏ボードをはじめ、コンクリート塊や不均質な木質系の混合廃棄物などが運搬される。それらは、破砕や選別を中心とした作業により、目標とする再生製品の品質レベルに合わせた処理や最終処分のための分別が実行される。使用する機器類は一般に汎用品が用いられるが、近年は再資源化率を高めるために、大規模で特殊な装置を使用したシステムが稼働している施設もある。ちなみに、有機物等が含まれる最終処分廃棄物は「安定型」ではなく「管理型」で最終処理される。

b）再生砕石による資源循環

再資源化施設を有する中間処理施設で製造される**再生砕石**の再利用状況を写真6に、図8に再生砕石を使用したアスファルト舗装とセメントコンクリート舗装の構造を示す。アスファルト・コンクリート塊およびセメント・コンクリート塊を原料に、粗破砕して得られる再生砕石は、クラッシャーラン、再生アスファルト合材および粒度調整材として積極的に再利用されている。

再生砕石を製造する中間処理施設は全国にあり、工事現場から当該施設への距離が40km以内である場合、コンクリート塊やアスファルト・コンクリート塊の施設への持ち込みと、新たに製造された再生砕石の有効利用が義務化されているため、路盤材や住宅の埋め込み材として、再利用されるしくみが整備されている。なお、道路用路盤材として使用される再生砕石の要求性能はさほど高いものではなく、圧壊によるジョークラッシャーなどにより容易に製品化が可能となる。

c）再生骨材による資源循環

写真7に**再生骨材**コンクリートとしての再利用状況を、図9に再生骨材の製造方法例を示す。コンクリート塊はおもにコン

c アスファルト・コンクリート塊から製造した再生砕石

d セメント・コンクリート塊から製造した再生砕石

b 歩道に埋め戻しをする再生砕石

c 住宅用の埋め込み材とする再生砕石

写真6 再生砕石としての再利用状況

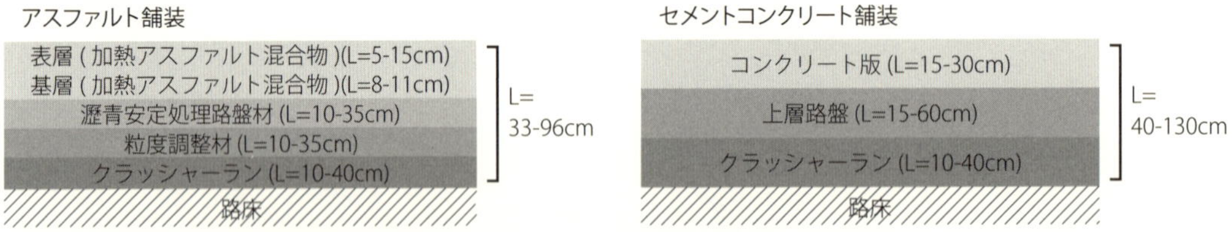

アスファルト舗装
- 表層(加熱アスファルト混合物)(L=5-15cm)
- 基層(加熱アスファルト混合物)(L=8-11cm)
- 瀝青安定処理路盤材(L=10-35cm)
- 粒度調整材(L=10-35cm)
- クラッシャーラン(L=10-40cm)
- 路床

L=33-96cm

セメントコンクリート舗装
- コンクリート版(L=15-30cm)
- 上層路盤(L=15-60cm)
- クラッシャーラン(L=10-40cm)
- 路床

L=40-130cm

注)カッコ内Lは、設計交通量区分(L、A、B、C、D)に応じた舗装厚さを示す。

図8 再生砕石を使用するアスファルト舗装とセメントコンクリート舗装の構造

クリート構造物の解体により発生し、年間3,500万トンに近い膨大な量となっている。その再利用率は99％近くに達しているものの、路盤材および埋め戻し材などに限られ、コンクリート構造体に使用されない状況が続いていた。その後、2008年までに、JIS A 5021（コンクリート用再生骨材H）、JIS A 5022（再生骨材Mを用いたコンクリート）、ならびにJIS A 5023（再生骨材Lを用いたコンクリート）の日本工業規格が制定され[5]、建物の構造用コンクリート原材料として利用される法的なしくみも整備された。

なお、構造用コンクリートとして使用が可能になる再生骨材は、天然骨材と同程度の品質を確保する必要から、骨材表面に付着している不要なセメントペーストを除去する特殊な破砕処理システムが導入されており、粗破砕されたコンクリート塊を300℃程度に加熱してセメントペーストを脆弱化させる場合などもある。また、コンクリートの用途に合わせた品質の改善が

5）コンクリート用骨材には、天然の砂利・砂や砕石・砕砂が多用されてきたが、コンクリート解体材の増加と環境配慮が重視されるに従って、再生骨材の需用が増加している。これらの再生骨材のJIS規格は、再生骨材の密度（品質がよい＝大）と吸水率（品質がよい＝小）など、品質のグレードにより、いわばH(高品質)、M(中品質)、L(低品質)として定められており、用途等に制限も設け、適材適所の使い方を推奨している。

a　再生骨材 M　　　　b　再生骨材 M コンクリートの状態　　　　c　現場打設杭のコンクリート打設状況
写真7　再生骨材コンクリートとしての再利用状況

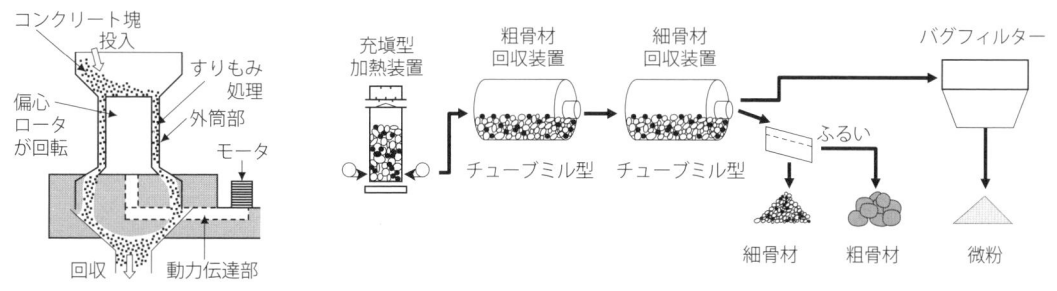

a　偏心ロータ式機械すりもみ装置　　　　b　加熱すりもみ装置
図9　再生骨材の製造方法事例（参考文献13章5）、6）を基に作成）

重要であり、写真7cに示すように、乾燥収縮などによる影響が生じにくい現場打設杭として、汎用的な破砕処理装置で製造される再生骨材Mを用いたコンクリートが実施工される例などがある。

d）完全リサイクルコンクリートによる資源循環

完全リサイクルコンクリート（Completely Recyclable Concrete、以下CRC）とは、「セメントおよびセメント原料となる物質のみがコンクリートの結合材、混合材および骨材として用いられ、硬化後、再度すべての材料がセメント原料および再生骨材として利用可能であるコンクリート」と定義されるものであり、コンクリート構成材料に石灰石骨材を中心とする材料を用い、解体処理後にその全量がセメント原料となる「**セメント回収型**」と、骨材表面に改質処理剤をあらかじめ塗布することで、解体処理後に骨材とセメントペーストとが容易に剥離し、高品位の再生骨材が回収可能となる「**骨材回収型**」がある。表6に完全リサイクルコンクリートに使用可能な材料を示す。

以上のような資源循環型の材料を、設計段階から組み込むことができるしくみ、つまり、コンクリートの全量が最初に利用したときと同等の品質を有する材料として再資源化できるしくみが、現在求められている。なお2000年に、住宅における構成材料のリサイクルを前提に設計施工システムを具体化した**完全リサイクル住宅**（Perfect Recycle House、S-PRH）[8]が実施工されており、その独立基礎の全量はCRCで施工され、世界

表6 完全リサイクルコンクリートに使用可能な材料

分類	名称
細骨材	堆積岩系骨材、火成岩系骨材、変成岩系骨材、珪酸質岩石砕砂、珪砂、高炉スラグ細骨材、膨張頁岩系人工軽量骨材、フライアッシュ焼成細骨材、銅スラグ砕砂、フェロニッケルスラグ細骨材、溶融スラグ細骨材
粗骨材	堆積岩系骨材、火成岩系骨材、変成岩系骨材、珪酸質岩石の砕石または砂利、粘板岩の砕石または砂利、高炉スラグ粗骨材、溶融スラグ細骨材、膨張頁岩系人工軽量骨材、フライアッシュ焼成粗骨材、石炭灰人工軽量骨材
粉体	セメント、高炉スラグ微粉末、フライアッシュ、シリカ質微粉末、シリカヒューム、石灰石微粉末

a 完全リサイクルコンクリート独立基礎

b 完全リサイクル住宅（S-PRH）
写真8 完全リサイクル住宅（S-PRH）の工事概要

初の完全リサイクルコンクリート実施の工事例となった（写真8）。

（3）次世代における資源循環の展望

最後に、次世代におけるコンクリートのマテリアルフローを図10に示す。これまで示した資源循環のための技術的なしくみが、社会システムの中で機能することにより、循環形態と更新形態で区別される三環状の次世代型のマテリアルフローが成立する。そして、コンクリート系の材料は、「構造用コンクリート」「非構造用コンクリート」「充填材料」に区別して用いられる。この中には、特殊な製造設備の使用により品質を保持したレベルリサイクルにより、**クローズドループ**による循環形態[6]を構築するものの、製造時のエネルギー負荷が大きくなる場合や、一般的な製造装置の使用で品質が低下したダウンリサイクルにより、**オープンループ**による循環形態[6]となり用途が限定される場合など、さまざまな状態が生じることになる。しかし次世代の資源循環には、多様な目的に向けた多様な方法が併存するようなしくみが必要とされるため、そうした技術の蓄積が不可欠といえる。

6）クローズドループによる循環形態は、同一製品の原材料として閉じた経路で再資源化されることをいい、オープンループによる循環形態は、他製品の原材料として開いた経路で再資源化されることをいう。

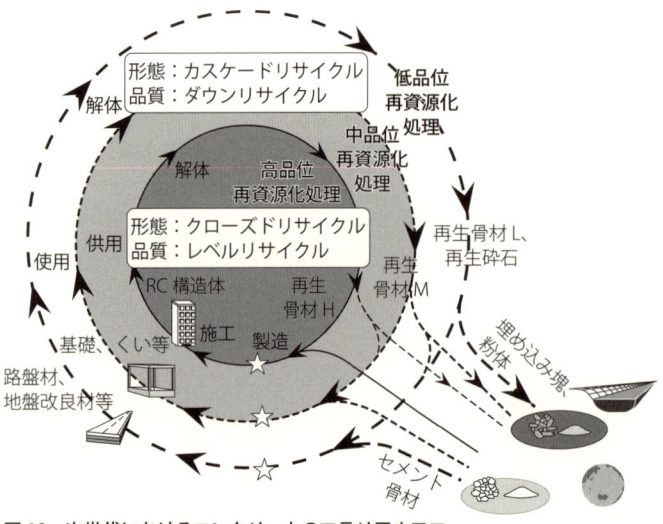

図10 次世代におけるコンクリートのマテリアルフロー

写真・図版クレジット

北田英治　p.8
松井郁夫建築設計事務所　p.12
牛尾幹太　p.54 右
ABCS システム　p.60
セキスイハイム　p.62 上
彰国社写真部　p.63
ベントレー・システムズ　p.77（a、b）
環境シミュレーション　p.77（c、d）
清水建設　p.77（e）
三井住友建設　p.99
けやき建設設計　p.117、p.118、p.122
大林組　p.130
ミサワホーム　p.138

● 参考文献

01 章
マイケル・ポランニー（佐藤 敬三訳）『暗黙知の次元―言語から非言語へ―』紀伊國屋書店、1980
小関 智弘『ものづくりに生きる』岩波書店、1999

02 章
1）社会貢献学会『社会貢献学入門』（第6章）、2011
2）A.H. マズロー（小口忠彦訳）『人間性の心理学』産能大学出版部、1987
3）菅靖彦『心はどこに向かうのか トランスパーソナルの視点』（NHKブックス・No.753）、NHK出版、2005
4）E.B. タイラー（比屋根安定訳）『原始文化』誠信書房、1962
5）『世界大百科事典』平凡社、1972
6）「国際連合教育科学文化機関憲章、宣言文」、1945
7）田村雅紀「『コンクリート文化』創成に向けて」（『コンクリート工学』Vol.45・No.1、2007）

03 章
1）日本建築学会『鉄筋コンクリート造建築物の環境配慮型施工指針（案）・同解説』2008
2）日本コンクリート工学協会『環境対応型コンクリートの環境影響評価手法の構築』2007
3）財団法人日本エネルギー経済研究所『EDMCエネルギー・経済統計要覧2007年度版』
4）伊香賀俊治「サステイナブルな建築・都市づくりのあり方」（『第14回環境工学連合講演会講演論文集』1999）
5）田村雅紀・野口貴文・友澤史紀「コンクリート構造物における環境側面と社会ニーズ抽出手法に関する一考察」（『コンクリート工学年次論文報告集』Vol.27・No.1、2005）

04 章
1）FM推進連絡協議会『総解説 ファシリティマネジメント』日本経済新聞社、2003
2）石塚義高『建築経済学とLCC』経済調査会、2006
3）日本不動産研究所『不動産評価ハンドブック 改訂8版』大成出版社、2006
4）松村秀一編著『建築生産 第2版』市ヶ谷出版社、2010
5）田辺信之著・日経不動産マーケット情報編『基礎から学ぶ不動産投資ビジネス 第3版』日経BP社、2011
6）田中毅弘『建設技術者のためのPFI入門』技術書院、2003
7）建築・設備維持保全推進協会『ビルディングLCビジネス百科』オーム社、1992

05 章
1）日本建築学会『構造用教材（改定第2版）』1995
2）日本建設業協会関西支部『イラスト「建築施工」』2005
3）古阪秀三編著『建築生産』理工図書、2009
4）古阪秀三編集『建築生産ハンドブック』朝倉書店、2007
5）内田祥哉編著『建築施工』市ヶ谷出版社、2000
山辺豊彦：世界で一番やさしい木構造、エクスナレッジ、2008

06 章
1）藤本隆宏他編著『ビジネス・アーキテクチャ 製品・組織・プロセスの戦略的設計』有斐閣、2001
2）木本健二「BIM概論」（社団法人日本建築積算協会『建築と積算 2012 春』Vol.44・No.466、2012）
3）木本健二「BIMの積算への影響の最新事情」（財団法人建築コスト管理システム研究所『建築コスト研究 2010 春』2010）
4）国土交通省、国土交通省告示第十五号及び別添一～四、2009
5）日本建築士連合会・日本建築士事務所協会連合会・日本建築家協会・建築業協会「四会連合協定 建築設計・監理等業務委託契約書類」2009

07 章
1）社会貢献学会『社会貢献学入門』（第6章）2011
2）野口貴文他『ベーシック建築材料』彰国社、2010
3）日本建築学会『鉄筋コンクリート造建築物の耐久設計施工指針（案）・同解説』2004
4）「素材・形態・工法の技術革新と伝承および教育」（日本建築学会材料施工部門研究協議会資料、2011）
5）日本コンクリート工学会『微破壊試験を活用したコンクリート構造物の健全性診断手法調査研究委員会報告書』2012
6）社団法人セメント協会技術資料（http://www.jcassoc.or.jp/）
7）吉川弘之『テクノグローブ』工業調査会、1993
8）梅田靖『インバースマニュファクチャリング ライフサイクル戦略への挑戦』工業調査会、1998
9）日本建築学会『鉄筋コンクリート造建築物の環境配慮型施工指針（案）・同解説』2008
10）日本建築学会『建物のLCA指針』2006
11）社団法人日本鋼構造協会技術資料（http://www.jssc.or.jp/）
12）経済産業省、カーボンフットプリント制度の実用化・普及推進研究会（http://www.meti.go.jp）

08 章
1）Constructability Task Force, Construction Industry Institute, *Constructability, a Primer*, Construction Industry Institute, 1986
2）A.Griffith, *Buildability: the effect of design and management on construction*, Herriot-Watt University, 1984
3）C.T. Hendrickson, T. Au, *Project Management for Construction*, Prentice Hall, 1989
4）朝香鐵一・石川馨・山口裏 共同監修『新版 品質管理

便覧 第 2 版』日本規格協会、1988
5) 古阪秀三編著『建築生産』理工図書、2009
6) 古阪秀三編集『建築生産ハンドブック』朝倉書店、2007
7) 古阪秀三・遠藤和義「生産設計の現状と課題」(第 4 回建築生産と管理技術パネルディスカッション報文集「生産設計をめぐる諸問題」、日本建築学会、1993)
8) 内田祥哉編著『建築施工』市ヶ谷出版社、2000
9) 松村秀一編著『建築生産 第 2 版』市ヶ谷出版社、2010
10) 日本建築学会 建築社会システム委員会コスト小委員会資料「コスト七不思議」

09 章

1) 古川修他著『新建築学大系 44 生産システム』彰国社、1982
2) 松村秀一『「住宅」という考え方—20 世紀的住宅の系譜』東京大学出版会、1999
3) Constructability Task Force, Construction Industry Institute, *Constructability, a Primer*, Construction Industry Institute, 1986
4) A. Griffith, *Buildability: the effect of design and management on construction*, Herriot-Watt University, 1984
5) C.T. Hendrickson, T. Au, *Project Management for Construction*, Prentice Hall, 1989
6) 朝香鐵一・石川馨・山口襄 共同監修『新版 品質管理便覧 第 2 版』日本規格協会、1988
7) 古阪秀三編著『建築生産』理工図書、2009
8) 古阪秀三編集『建築生産ハンドブック』朝倉書店、2007
9) 古阪秀三・遠藤和義「生産設計の現状と課題」(第 4 回建築生産と管理技術パネルディスカッション報文集「生産設計をめぐる諸問題」、日本建築学会、1993)
10) 内田祥哉編著『建築施工』市ヶ谷出版社、2000
11) 松村秀一編著『建築生産 第 2 版』市ヶ谷出版社、2010
12) 建築業協会関西支部『イラスト「建築施工」』2005

10 章

1) C.T. Hendrickson, T. Au, *Project Management for Construction*, Prentice Hall, 1989
2) キャロル・ケネディ(ダイヤモンド・ハーバードビジネス編集部訳)『マネジメントの先覚者(Guide to the Management Gurus)』ダイヤモンド社、2000
3) 建設産業史研究会編『建設産業事典』鹿島出版会、2008
4) 朝香鐵一・石川馨・山口襄 共同監修『新版 品質管理便覧 第 2 版』日本規格協会、1988
5) 古阪秀三編著『建築生産』理工図書、2009
6) 古阪秀三編集『建築生産ハンドブック』朝倉書店、2007
7) 内田祥哉編著『建築施工』市ヶ谷出版社、2000
8) 松村秀一編著『建築生産 第 2 版』市ヶ谷出版社、2010
9) 日本ＣＭ協会『ＣＭガイドブック 改訂版』相模書房、2011

11 章

1) 上杉啓・洪忠憙・河村壯一・真鍋恒博・木村儀一『図解テキスト基本建築学 第二版』彰国社、2003
2) 松村秀一編著『建築生産 第 2 版』市ヶ谷出版社、2010
3) ＦＭ推進連絡協議会『総解説 ファシリティマネジメント』日本経済新聞社、2003
4) 青木茂『建築再生へ リファイン建築の「建築法規」正面突破作戦』建築資料研究社、2010
5) 松村秀一(編集委員長)『建築再生の進め方 ストック時代の建築学入門』市ヶ谷出版社、2007
6) 真鍋恒博『図解 建築構法計画講義 「もののしくみ」から建築を考える』彰国社、1999

12 章

1) ＦＭ推進連絡協議会『総解説 ファシリティマネジメント』日本経済新聞社、2003
2) FM推進連絡協議会『総解説 ファシリティマネジメント 追補版』日本経済新聞出版社、2009
3) 松村秀一編著『建築生産 第 2 版』市ヶ谷出版社、2010
4) 鵜澤昌和監修・一箭憲作著『ファシリティコスト—痛みなきリストラの実践』東洋経済新報社、2003
5) 鵜澤昌和『ファシリティマネジメントが変える経営戦略』NTT 出版、2007
6) 田辺信之著・日経不動産マーケット情報編集『基礎から学ぶ不動産投資ビジネス 第 3 版』日経 BP 社、2011
7) 建設省住宅局建築物防災対策室監修・建築・設備維持保全推進協会著『ビルディング LC(ライフサイクル)ビジネス百科』オーム社、1992

13 章

1) 『解体・リサイクル 技術ノート』財団法人日本建築センター、1999
2) 日本建築学会『鉄筋コンクリート造建築物の環境配慮型施工指針(案)・同解説』2008
3) 日本建築学会『鉄筋コンクリート造建築物等の解体工事施工指針(案)・同解説』1999
4) 日本建築仕上学会『建築物に使用される仕上げ材の分別解体工事施工指針(案)・同解説』2007
5) 柳橋邦生他「高品質再生コンクリートの研究」(日本建築学会学術講演梗概集 A-1、2000)
6) 島裕和、立屋敷久志ほか「加熱すりもみ法によるコンクリート塊からの高品質骨材回収のLCA評価」(『コンクリー

ト工学年次論文集』Vo.23・No.2、2001）

7）友澤史紀・野口貴文・横田紀男・本田優・高橋茂「完全リサイクルコンクリート（エココクリート）の研究」（日本建築学会大会学術講演梗概集 A-1、1994）

8）中島裕輔「特集　再生・リサイクル　パーフェクトリサイクルハウス」（『建築と社会』日本建築協会、No.959、2002）

9）田村雅紀・野口貴文・友澤史紀「セメント回収型完全リサイクルコンクリートの完全リサイクル住宅（SPRH）への実施工検討」（『日本建築学会技術報告集』第 21 号、2005）

キーワード索引

あ行

アーキテクチャ　66
アースアンカー工法　126
ISO9000 ファミリー　104,133
安全性の向上　150
暗黙知　13
委託契約　15
板図　12
一括契約　50
1級建築士　68
インテグラル　66
インバース・マニュファクチャリング　90
インフラ　16
請負　49
請負契約　15
内金支払い　139
ASP　161
X理論　141
MNコストチャート　156
大壁　121
大手ゼネコン　59
オープン　66
オープンな技術　61
オープンループ　176
オフバランス　160

か行

カーボンフットプリント　92,93
改修工事　150
外装工事　117
快適性・安全性　157
科学的管理法　136
瑕疵担保責任　104
壁　123
環境影響　35
環境改善　35
環境負荷　35
環境負荷物質　33
環境倫理の原則　31
完全リサイクルコンクリート　175
完全リサイクル住宅　175
ガントチャート　106
企業の社会的責任　22

基礎工事　115
基礎法　24
技能者　14
基本設計　71
CAD・BIM　139
QC工程表　133
QCDSE　103
QC 7つ道具　133
教育　26
供給管理　159
共通仕様書　97
京都議定書　36
強度率　138
巨大物品・単一生産・多人数利用品　31
切梁　126
近隣状況　98
杭打ち工事　124
杭工事　117
管柱　119
クリティカルパス　107
グリーン購入法　90
クレーン　126,129
クローズド　66
クローズドな技術　61
クローズドなシステム　9
クローズドループ　176
経営活動　154
計画保全　146
経費管理　155
桁　121
建設副産物　137
建築確認　69
建築企画　42
建築基準法　98
建築再生　150
建築士　59
建築士法　68
建築積算士　110
建築保全　145
現場敷地内　98
現場説明　97
現場内の制限寸法　55
行為　30
広義の品質　86,87,88
構工法　57,58
構工法伝承度　85
構工法とデザイン　62
構工法の伝承度　86
工事請負契約　15
工事監理　69,74
工事原価　111
工事施工　73

工事編成　100
工種別内訳書標準書式　110
構造材　60
構造体　81
構造部材　119
構造方式　60
工程管理　105
工程計画　105
工法　58
構法　58
工法計画　100
国際条約　37
国際連合で採択された宣言文　23
国内法　37
個人の生得的素質　27
コストスロープ　108
骨材回収型　175
こと　20
コミッショニング　83
小屋組　123
小屋梁　120
コンクリート蓄積量　89
Constructability　96,97
コンバージョン　150

さ行

サーブリッグ記号　136
再現性　13
再資源化　165,166
再資源化率　168
再生骨材　173
再生砕石　173
再生資源　165
財務管理　155
在来構法　114
材料　80,81
逆打ち工法　126
作業改善　135
作業計画　100
サステナビリティ　25
3Rの原則　137
GIS　161
時間研究　135
敷地外　98
資金調達　47
地業　115
軸組構法　114
資源循環　86
事後保全　145
事前解体　169
事前調査　97
自然的環境　27

181

持続可能性　25
下請　14
質疑応答書　97
実行予算　139
実施設計　71
自動化施工システム　59
地盤改良　117
社会資産　145
社会的環境　27
社会的責任投資　22
収益性評価　48
重層下請　14
住宅着工戸数　17
柔軟かつ普遍的なシステム　25
就労者数　16
熟練職人の技能　12
受注一品（単品）生産　9
循環資源　166
竣工図　13
小物品・大量生産・単独利用品　30
情報管理　160
真壁　121
進捗度管理　135
随意契約　51
スクラップ＆ビルド　164
スケッチ　139
筋かい　121
ステークホルダー　9
ストック重視の時代　18
生産設計　96
生産プログラム　40
世界各国の建設廃棄物発生量　166
積算　110
責任とモチベーション　141
施工管理　99
施工計画　99
施工計画書　101
施工計画図　101
施工図　100,101
施工要領書　101
設計　69
設計施工一貫方式　59
設計図書　69
設備工事　117
セメント回収型　175
セメント需給量　89
セール＆リースバック　160
ゼロエミッション　137
全自動ビル建設システム　129
全社的品質管理　133
全天候施工システム　59
専門職種の協同　9
ソーシャルメディア　162

総合図　101
素材　80
素材加工度　85,86

た行

耐用性　144
建方　116
建物管理　146,154
建物調査　46
建物リスク　45,46
地域環境　109
地球温暖化防止京都会議　36
地球環境　98,109
中間処理　172
中長期計画　146
長寿命化　144
直営　49
直接工事費　110
地理情報システム　161
陳腐化　144
通常法　24
使い手　20,30
つくり手　20,30
つなぎ目　54
定尺　56
デザインレビュー　73
デミング賞　104
点検・診断　147
転倒解体　170
伝統構法　114
統計的品質管理　132
動作研究　135
胴差し　121
通し柱　119
トータルフロート　107
特定調達品目　90
特命　51
度数率　138
塗装工事　129
土台　119
特記仕様書　97

な行

内装工事　117
２級建築士　68
日本工業規格　132
入札　51
布基礎　119
値入れ　110
根切り　115,126
根太　123

ネットワーク工程表　106
軒桁　121

は行

廃棄物　165
破砕解体　170
柱　119
バナナ曲線　108
ばらつきの管理　104
梁　119
バリューアップ　151
搬送機器・ロボット　129
BIM　75
PSR Framework　39
PFI 事業　50
非構造部材　119
PDCA サイクル　132
人手に依存する　9
一人親方　15
評価・格付けシステム　93
標準作業量　135
Buildability　96
拾い出し　110
品質管理　156
品質計画　103
品質精度　104
ファシリティマネジメント　154
VE　112
部材　81
部材解体　170
普請　8
物心両面の成果　26
不動産投資信託　48
部分別内訳書標準書式　110
プレキャスト工法　126
フロント・ローディング　76
文化　26
分別解体　164,169
分離発注　50
べた基礎　119
ベンチマーキング　161
棒線工程表　106
補修・交換　147
保全工事　148,149

ま行

マイルズ　112
マニフェスト　169
マニフェスト制度　137
マネジメント　44
間柱　123

無機材料　81
名義人　15,16
木工事　115,129
木質パネル構法　114
木造建築士　68
モジュール　56
モジュラー　66
もの　20,30

や行

屋根　123
屋根の建方　116
山崩し　108
山留め壁　124

結い　8
有機材料　81
床　122
要求機能　85
要求性能　85
要求品質　103
洋小屋　123
予防保全　145
四号建築物　70
四号特例　70

ら行

ライフサイクル　30,44,45
ライフサイクルコスト　73

ライフステージの変化　32
リノベーション　150
劣化診断　147
労働安全衛生法　109,138
労働基準監督署　138
ロハス　23

わ行

Y理論　141
枠組壁構法　114
和小屋　123

【執筆者略歴】

蟹澤宏剛（かにさわ・ひろたけ）／01章、05章、06章、09章
1965年　東京生まれ
1989年　千葉大学工学部建築学科卒業
1995年　千葉大学大学院自然科学研究科（博士課程）修了
ものつくり大学建設技能工芸学科専任講師を経て、
現在、芝浦工業大学建築学部建築学科教授　博士（工学）

木本健二（きもと・けんじ）／06章、08章、09章、10章
1964年　大阪生まれ
1989年　京都大学工学部建築工学科卒業
2004年　東京大学大学院工学系研究科建築学専攻博士課程単位取得退学
株式会社鴻池組（1989年－2006年）を経て、芝浦工業大学工学部建築工学科教授　博士（工学）
2012年　没

田村雅紀（たむら・まさき）／02章、03章、07章、13章
1973年　岐阜生まれ
1996年　名古屋大学工学部建築学科卒業
1998年　東京大学大学院建築学専攻（修士課程）修了
首都大学東京助教を経て、
現在、工学院大学建築学部教授　博士（工学）

堤洋樹（つつみ・ひろき）／04章、11章、12章
1972年　埼玉生まれ
1997年　早稲田大学理工学部建築学科卒業
2002年　早稲田大学大学院理工学研究科博士後期課程単位修得退学
早稲田大学助手・北九州市立大学EA・九州共立大学准教授を経て、
現在、前橋工科大学工学部建築学科准教授　博士（工学）

建築生産
ものづくりから見た建築のしくみ

2012年11月30日　第1版　発　行
2021年 4月10日　第1版　第2刷

編著者　ものづくり研究会
発行者　下　出　雅　徳
発行所　株式会社　彰　国　社

著作権者との協定により検印省略

162-0067　東京都新宿区富久町8-21
電話 03-3359-3231（大代表）
振替口座 00160-2-173401

自然科学書協会会員
工学書協会会員

Printed in Japan
© ものづくり研究会　2012年

印刷：三美印刷　製本：中尾製本

ISBN 978-4-395-00868-1　C3052　　https://www.shokokusha.co.jp

本書の内容の一部あるいは全部を、無断で複写（コピー）、複製、および磁気または光記録媒体等への入力を禁止します。許諾については小社あてご照会ください。